研究叢書28

民族問題とアイデンティティ

中央大学人文科学研究所 編

中央大学出版部

序

この本の母体をなす研究チーム「民族の諸問題――現象・歴史・理論」は、一九九五年に結成された。一九九五年は第二次大戦終了から半世紀であった。第二次大戦終了から半世紀近くを占めてきた米ソ・東西対立による厳しい冷戦が、一九八九―九〇年にようやく終結した。今度こそ諸民族は対立・抗争から解放されて、解放・自立・協力へと向かうことを期待したのだが、冷戦終結後の状況は、冷戦時代よりもさらに複雑な様相を呈した。

たしかに米ソ対立・東西対立が終わったことは、核戦争の差し迫った脅威から解放されたという意味では、第二次大戦の終結に匹敵する歴史的な転換であった。「冷戦」とはいえ、それはヨーロッパ大陸でのことであって、アジアでは朝鮮戦争・ベトナム戦争という「熱戦」があった。冷戦の終結がその傷を癒す時間を与えてくれるものと期待された。

しかし諸民族の状況は、冷戦の終結によってかえって露な姿をみせた。一九九一年の「湾岸戦争」をはじめとして、旧ユーゴスラビアやソ連の分解過程で起こされた戦闘・戦争・殺戮の惨状は、冷戦下でも予想できないほどの激烈さであった。「世界平和」とは、結局は諸民族の共存・協力である。どのような問題を、どのように解決すれば、それは可能なのか。私たちの研究チームは、こういう問題意識を共にしたものによって作られた。

メンバーの問題意識は共有されたが、メンバーがそれまでに個別に行ってきたテーマは多様だった。だから私たちの研究チームは、その多様性を生かして発展させながら、共通の問題意識で共同研究をする、という方法を原則とした。

その結果、一九九五年にはそれぞれの研究テーマを報告して討論し、メンバーの研究テーマの多様性を認識し合いながら、一九九六年七月には沖縄調査、一九九七年八月には北海道のアイヌ民族訪問、一九九八年八月には中国・吉林省・延辺の朝鮮族自治州を訪問して、共同研究を行って、沖縄調査の結果はすでに「人文研紀要」(一九九七年、第三十号)に「特集・沖縄問題の諸相」として発表した。

また私たちの研究チームのもう一つの特徴は、多民族的に構成されていることであろう。チームのメンバーは、日本人・在日朝鮮人・韓国人・中国人・イラン人から成っている。

本書は私たちの研究チームとしては、一応の締め括りをなすものだが、しかし各人の研究はまだ進行中だという意味では、研究の中間報告であるとも言える。

本書の構成は、対象とされた地域が地理的に身近な所から離れた所へと展開する形をとっているが、それは問題が離れているということではない。問題は、「民族」の名によって少数者が差別・疎外・抑圧される構造はどうして生まれるのか、どうすればこの問題を解決することができるのか、という問題である。

本書は本来一九九九年度に刊行される予定であった。したがって本書を構成するいくつかの論文は、すでに一九九九年の秋には完成していた。主査である私の病気など不測の事態が重なって、刊行を一年延期せざるを得なくなった。そのために特に尹健次研究員には大変ご迷惑をかけることとなった。本書がもっと早く刊行されるという前提で、尹健次研究員の「二十一世紀の〈在日〉のアイデンティティ――〈関係性〉のあり方」は部分的に改稿して同氏の著書『「在日」を考える』(平凡社ライブラリー)の終章に収録された。その結果、改稿を収録した本が先に刊行されることとなったのである。

さらにこの機会にもう一つ言い添えておかねばならないことは、板垣雄三研究員からアラブ問題に関する大変興味深い、すぐれた論文が寄せられたのだが、それが英文であったために、研究所内部で様々な議論の末、結局ここに収録することができなかったことである。

書籍はみなそれぞれの運命を背負って生まれてくるものだが、そういう意味では本書もまたそれなりの運命を背負って生まれてきた。本書に寄稿したもの、していない者を含めて、本書の誕生を支えたわが研究チーム全員の願いは、二十一世紀こそが諸民族の共存・協力による平和の世紀となるために、本書がいくらかでもお役に立てればということだ。

最後に、本書の刊行のためにご苦労いただいた人文科学研究所と出版部のスタッフの皆さんに心から謝意を表したい。

二〇〇一年五月

伊藤　成彦

目次

第Ⅲ部

目　　次

第Ⅰ部

「ウチナーンチュ」とは誰か

長谷川　曾乃江

第一章　「ウチナーンチュ」と「ヤマトンチュ」

沖縄を訪ねるとたいていの人がよく耳にすることばが、「ウチナーンチュ（沖縄人）」、「ヤマトンチュ（大和人、日本人）」という対で用いられる呼称である。(1) 前者はもちろん「ウチナー（沖縄）」の人（主に沖縄県民）を指し、後者は他府県人、特に日本「本土」の人間を指すのだが、沖縄について知れば知るほど、両者の境界線は不明確であると思わざるをえない。

『沖縄大百科事典』によると、日本文化圏を言語学的に「本土方言圏」（トカラ列島以北）と「琉球方言圏」（奄美大島・喜界島以南）に二分した時、後者の生活文化の人たちが「ウチナーンチュ」、前者の生活文化の人たちが「ヤマトンチュ」であるという。(2) しかし、沖縄の新聞等を読むと、「ウチナーンチュ」イコール沖縄県民という印象を与えられる場合が多い。だが、県民の中にも、「ヤマト」からの転勤・移住族が含まれる。彼らはウチナーグチ（沖縄ことば）を話さず、代々続くウチナーンチュの家系とも姻戚関係になければ、沖縄独自の親戚づきあいや年中行事とも縁がないであろう。「三代続けば江戸っ子」とか、北海道ウタリ協会が定めている「アイヌ」の条件（両親あるいは片方の親がアイヌであるか、アイヌの家に育てられた和人）(3) などといった遺伝的あるいは家系的な定義もなさそうである。また、たとえ沖縄で生まれ育った者であっても、世代が下るほど、言語的にも文化的にも「ウチナーンチュ」の原型からははずれていくだろう。さらに、沖縄は移民県であり、ブラジルやペルー、ハワイなどには多くの「日系沖縄人」と呼ばれる人たちがいる。一世の中には強烈な「ウチナーンチュ」意識があるようだが、[4]二世、三世は自分たちが「ウチナーンチュ」であることをどれほど意識しているのだろうか？ また、県外在住の沖縄県出身者や、[5]沖縄島以外の島々の住民や出身者はどうであろうか。特に宮古や八重山は、沖縄島とは異なる言語や文化を育んできた地域であり、沖縄島の差別的支配に対する抵抗の歴史を通じて、独自の文化に対する誇りを抱いてきた。そうした人たちも「ウチナーンチュ」という不透明な概念のなかに押し込んでしまうことはどうか？ 加えて、沖縄にはアメラジアンという存在もある。

しかし反対に、「ヤマトンチュ」とは誰かと考えると、これもまた境界が画定しづらい。「ウチナーンチュ」ではない者が「ヤマトンチュ」であるという定義はもちろん不明確であるし、「本土人」というふうに定義してみても、あまりしっくりこない。筆者はかつて、沖縄の新聞の見出しに「東京の業者」という表現のかわりに「本土業者」という表現が使われているのを見て、非常に不思議に感じた体験があった。[6]ここで「本土」とされているのは「ヤマト」と同じ意味ととらえてよい。しかし、もし、これが、例えば北海道や小笠原諸島など、その歴史的背景を考慮すれば単純に「本土」と呼ぶことが考え直されるような土地の業者であったなら、いったい同紙上ではどのような表現がなされていただろうか、と考えてこんでしまう。[7]それほど、「ヤマト」という表現対象もまたあやふやである。[8]

ところで、こういう疑問は「東京」という地域性の不分明な出身地を持つ私だけかと思っていたが、先日、奄美出身者による同じような指摘を見つけて、少し安心した。それは琉球新報が連載した「日本人であること　沖縄人《うちなーんちゅ》であること」の第六回、鈴木次郎氏の文章「〝沖縄人〟は自明か」である。[9]その中では、沖縄では「沖縄人のアイデンティティ」という言い方がされて少しも怪しまれないのが不思議であること、沖縄は確かに日本に対して地理的・言語的・歴史的な特異性を持ってはいるが、「沖縄人」としての結束のみを追求するアイデンティティとして表現されると疑問を感じる、というようなことが述べられていた。

そこで、本論では「ウチナー」と「ヤマト」の歴史を振り返りつつ、その中でいかにして現在まで使われてきたような「ウチナーンチュ」「ヤマトンチュ」という明確な実態の伴わない概念が沖縄社会に定着していったのかを考察し、またそのような概念が今日では一人歩きしていることを確認すると同時に、今後の沖縄の新しい姿をたぐりよせてみたいと思う。

第二章 「ウチナー」と「ヤマト」の歴史

さて、同じく『沖縄大百科事典』によると、沖縄では古くから交流のあった薩摩の国府、山門院《やまといん》(現在の鹿児島県川内地方)の地名から、薩摩のことを「ヤマト」、その後江戸時代に至っては幕府を指して「オオヤマト」と呼ぶようになり、これがさらに拡大されて日本全体の意味になったとある。しかし他説では、大和朝廷のあった大和地方が語源であるとも言われており、はっきりしたことはわかっていない。(10)

ところで、沖縄と日本との関係史は、一言で言うと日本からの一方的な侵略・支配の歴史である。一六〇九年、島津氏による侵攻を受けて、琉球王国は薩摩藩の支配下に入った。世が明治になると、「琉球処分」と呼ばれる明治新政府の一方的な統合策によって、琉球は日本の国制下に置かれ、沖縄県となった。その後、沖縄人は厳格な同化政策を通じて日本人化を強制され、一五年戦争に至っては日本の「本土」防衛の「捨て石」として壮絶な地上戦を体験した。日本敗戦後は、アメリカによる軍事占領の時代が一九七二年まで続き、さらに「本土」

復帰後も日米安保条約によって広大な米軍基地を抱え続けなければならなかった。

こうした大きな流れの中で、「ウチナーンチュ」「ヤマトンチュ」という呼称がワンセットのものとして作り上げられてきたに違いないのだが、そこには当然、「ヤマトンチュ」への嫌悪感や逆差別意識、歴史的に積み上げられてきたルサンチマン等が込められており、「ウチナーンチュ」という我々意識は、「ヤマト」によるあらゆる物理的・精神的侵略に対して沖縄人が自我を防衛する、最低限の自己防衛機能だったように思える。そのような「ウチナー」意識が沖縄人の心理の深みにおいて形成されていったのは、とりわけ明治政府による同化政策を通じて「皇国臣民」になる努力がなされた時期と、戦後の異民族支配から脱却して「祖国」復帰を目指した運動が展開された時期であったと考えられる。したがって、ここではこの二つの時期に焦点をあててみたい。

沖縄における同化政策の内容は、言語や風習の日本化が中心であったから、学校教育を通じての厳格な標準語の強制とウチナーグチの禁止、皇民化教育としての歴史教育や道徳教育が行われた。さらに、「風俗改良運動」の一環として沖縄の古い風俗であるカタカシラ（男性の髷）やハジチ（女性の手の甲の入れ墨）を禁止する法律がつくられ、モーアシビ（労働後、主に夕方から夜更けにかけて、若い男女が野外で歌や踊りを楽しみながら遊ぶこと）、ユタ（主に女性の民間シャーマン的職能者）も禁止された。

では、これらの厳しい同化政策に対して、沖縄の民衆はどう対応したのであろうか。日本への併合直後における清への亡命や、徴兵忌避運動（一八九〇―一九一〇年代）のような大きな抵抗の動きもあったが、日清戦争における日本の勝利とともに、沖縄人の意識は徐々に日本への同化へと傾斜していったようである。そのことを象徴する出来事が、一九〇三年に大阪で起きた「人類館事件」である。第五回内国勧業博覧会の「場外余興」では、生きた人間を標本として陳列する展示をめぐって、沖縄から抗議の声があがった。展示される予定だったのは、「北海道アイヌ五名、台湾生蕃四名、琉球二名、朝鮮二名、支那三名、印度三名、爪哇《ジャワ》一名、バルガリー一名」

の計二十一名であったが、計画段階で中国人が、陳列開始後に朝鮮人と沖縄人が抗議を行ったため、中止された。沖縄からの抗議の内容は、沖縄人を見せ物として陳列したことに対する怒りの他、陳列された女性が辻の娼妓であったことを「賤業婦」と蔑み、「台湾の生蕃、北海のアイヌ等と共に本県人を撰びたるは、是我に対するの侮辱」であるとしたことであった。廃藩置県以来、国内の一県を置かれた沖縄は、そうでないアイヌや国外植民地の原住民である台湾人と同レベルで扱われたのが侮辱だとしたのである。[11]このような認識は、当時の日本が隣接諸民族を序列化して自民族の下位に差別化していった見方に追随するものであり、まさに日本人化教育を通じて沖縄人の中にも差別意識が植え付けられたことを露呈する事実であったといえよう。

では、沖縄の知識人はどうであったか。沖縄のなかで指導的な立場にあった教育者や新聞人、県庁職員などは、同化政策をむしろ近代化＝文明化として喜ばしく受け取り、沖縄における徴兵令施行についても、兵役を通じて沖縄人が皇国臣民の義務を果たし、日本国民として認知されると歓迎した。「沖縄学の父」と称される伊波普猷が「日琉同祖論」を主張したのも、この時期であった。伊波が一九一一年に出版した『古琉球』は言語分析を中心に展開した沖縄文化論であるが、そこではイギリスの言語学者チェムバレンや古琉球の賢人、向象賢（羽地朝秀）の説を紹介しながら、沖縄人は日本人と同一の祖先を持つという議論を展開している。[12]伊波の議論は、まさに「琉球」と「日本」の間で揺れる沖縄人のアイデンティティを表したものだった。小熊英二が述べているように、「同祖」とは日本との同質性を半ば確保しつつ、琉球ナショナリズムという名の沖縄の異質性・独自性を主張するための防壁だったのである。[13]

その後、日本政府の植民地政策がそれまでの間接統治方式から内地延長主義に変わるとともに、同化政策も急激に進んでいく。すなわち、一九一八年に原敬政権が登場してからは、「五族協和」「八紘一宇」というスローガンを掲げながら、日本を中心とした同心円的構造を持つ混合民族共同体（「大東亜新秩序」「大東亜共栄圏」）が構想されていく。[14]沖縄においても、一九三〇年代後半の国民精神総動員運動以降、沖縄戦に至っては、ますますエスカレートする標準語奨励運動や生活改善運動を通じて、沖縄人が自ら積極的に日本人化しようとする意識が見られていった。[15]しかし、沖縄人の同化主義に対する幻想は、沖縄戦を通じて、日本政府の軍国主義的ナショナリズムに直面することで崩壊していく。[16]

次に、一九七二年の「本土」復帰をめぐる沖縄人の日本人に対する意識を検討しよう。地獄のような沖縄戦と米軍占領下での人権抑圧に苦しんでいた沖縄人が、民族の主権や平和な生活を実現するために、異民族支配を脱して平和憲法である日本国憲法下に復帰し（新川明のことばを借りれば、「再併合」[17]され）たいと望むようになったのは当然のことであった。一九六〇年代には「祖国復帰」運動が激化し、人々は日の丸の旗を振って日本国との一体化を叫んだ。だが、沖縄人が思い描いていたような「復帰」と、日米両政府が考えていた「沖縄返還」との間には大きなズレがあり、「本土復帰」が日米間の軍事同盟強化の一環にしかすぎないことがはっきりしてきた一九七〇年頃の沖縄では、「反復帰論」が台頭してきた。この主張は、沖縄は「国家としての日本」に無条件に帰一するのではなく、「反国家・反国民・反権力・反帝国主義」という志向で闘うべきだとする立場であり、従来沖縄人が日本人に対して抱いてきた「自己卑下」や「事大主義」の原因であった「異質感」や「差意識」を、日本の国家権力を相対化する要因として転換しようという発想を有していた。[18]

例えば、その主な論客の一人である新川明は、復帰直前に次のように述べている。日本「復帰」運動の中には「異民族からの支配」「同一民族としての本来の姿に立ちかえる」という発想によって唱導されたナショナリズムがあった。[19]「現実の沖縄の民衆は、さきにのべたように日本（人）に対する根深い差意識＝距離感を基層にして形成された文化（＝意識）を持続的に所有して今日に至りながら、近代化の仮定で急速に天皇制国家としての『日本』に組み込まれ、天皇制文化（＝意識）に丸ごと包摂されていった。それはすでにのべたように、制度的差別の押しつけと、それによって補強された日本人の対沖縄差別観念に対応して、沖縄内部の言論機関、民権運動、沖縄学をはじめ、もろもろの思想や運動、学問的作業に至るまで、相互補完的に支え合う形の、積極的同化志向＝皇民化志向によって招来されたものである。その結果、沖縄（人）は、少なくともその意識の表層においては、『動物的忠誠心』と例証されたほどに、日本国家の中でもっとも濃密に、天皇制思想＝日本国民意識に染め上げられた地域として今日に至っている」[20]。

反復帰論は、アメリカから日本への施政権返還に対して復帰運動が持っていた幻想と、戦前の同化政策において沖縄人が「日本」なるものに抱いていた幻想が同種のものであることを見抜き、「日本国家の沖縄支配を内から支えてきた沖縄人自身のなかにあるヤマト志向を断ち切ることによって、日本国家と根底的に対決すること」を要求する、沖縄の新しい可能性であった。しかし、この議論は独自の社会構想を持ちえなかったために、理論にとどまらざるをえなかった[21]。一方、復帰後の現実は、「本土」との格差が縮まらないばかりか、本土との制度的一体化や系列化が進んだことによって、民衆のあいだには反「ヤマト」感情が生まれ、それが復帰に対する否定的評価へと結びつくとともに、沖縄社会に「沈潜化」・「底流化」していった[22]。高良勉は復帰運動の弱さの原因として、第一に日本ナショナリズム批判の視点を鍛え上げられなかったこと、第二に「本土」を美化しすぎたために沖縄戦における皇民化思想の誤りや天皇の戦争責任などを本格的に論じ批判することができなかったこと、第三に新川明や川満信一らの提起した反復帰論に対して真剣に対応しようとしなかったことをあげている[23]。こうしたことを考え合わせると、沖縄の日本への同化意識は、沖縄戦で手ひどく裏切られたにもかかわらず、戦争における被害者意識と戦争責任の回避という点で結びついた共犯関係をもとに、「本土」復帰に際して再発酵したというふうに考えざるをえない[24]。そして、それは、日本人に対する「異族感」「距離感」を意識の中に根強く保ちながらも、同時に「本土」、すなわち本土「国民」と本土「政府」＝国家権力に追従するという矛盾したかたちになってあらわれる。[25]

実際、復帰後の沖縄の同化主義は、保守政権の中央志向というかたちを通して典型的に現れてきた。一九七八年から九〇年まで県知事を務めた西銘順治氏が「沖縄のこころ」とは何か、と尋ねられ、「ヤマトンチュになろうとして、なりきれない」ものだと答えたエピソードは有名である。また、一九九八年以降の稲嶺県政においては、普天間基地機能の名護東海岸への移設問題や県立平和祈念資料館の展示内容変更問題、[26]沖縄サミットをめぐる「本土」保守層とのつながりなど、「新しい同化主義」と呼ばれる出来事が次々に起こった。とりわけ、「普天間」・「サミット」と見事にタイミングを合わせた二、〇〇〇円新札の発行は、一般民衆にもわかるかたちで沖縄が日本に再統合されたことをデモンストレートしたと言える。まさに新川明が言うように、首里城の「守礼門」が片面に印刷された新札の発行は、「沖縄（琉球）が名実ともに完全に日本国の版図に入ったことを沖縄人を含む全国民に知らしめ、納得させ、合意を得るための儀式であり、宣言でもあるし、「そのことを広く諸外国の人びとにも周知させる意図も持つ」[27]ものであった。このことは、首里城が復帰二〇周年記念事業としての「国営」公園として復元されたことを思い出させる。新崎盛暉はかつてそれに対して、「日本という国家は、沖縄の異質で独自の文化を、その内にゆっくりと包摂しようとしていたのかもしれない」と語った。[28]

第三章　「ウチナーンチュ」のいま

こうして見てくると、沖縄の人びとが「ヤマトンチュ」とのつながりを否定しきれないまま、しかし「ヤマトンチュ」とは絶対的な距離を隔てた「ウチナーンチュ」、決して「ヤマトンチュ」のようにはなりたくない「ウチナーンチュ」という、いわば「ヤマトンチュ」のカウンターイメージとしての「ウチナーンチュ」を自己の内部に持っており、しかもそうした自己像にこだわり続けてきたことがわかる。しかし、そのような「ウチナーンチュ」像をひとつの「民族性」という集合意識として主張する場合には、しばしば不透明さがつきまとう。なぜなら、「人種」や「民族」といったカテゴリーをつきつめてみると[29]、日常的な場面で実際に存在するのは、集合体としての「ウチナーンチュ」ではなく、ひとりひとりの「ウチナーンチュ」であること、「ウチナー」的民族性が実際に発現されるのは各個人の個性を通してでしかないからである。

また、「ウチナーンチュ」の心性を表すものとしてしばしば使われる「沖縄のこころ」という表現がある。その定義は多様で、例えば、県立の平和祈念資料館の「基本理念」では、「人間の尊厳を何よりも重く見て戦争につながる一切の行為を否定し、平和を求め、人間性の発露である文化をこよなく愛する心」が「沖縄のこころ」であるとしている[30]。また、「沖縄のこころ」は「イチャリバチョーデー（出会えば皆兄弟）」ということばに表されるような、琉球王国以来の友好の精神や、「命《ぬち》どぅ宝（命こそ宝）」という沖縄の生命観・世界観としても使われる[31]。あるいは、沖縄人の特徴としての、人情の深さや共同体意識、テーゲー（いいかげん）主義などを表すこともある[32]。しかし、現実のウチナーンチュの姿や生き方が多様化している現在、「沖縄のこころ」という表現は非常に不透明であり、ひとりひとりのウチナーンチュの多様性や可能性、沖縄の新しい顔を「ウチナー」一般というものによって覆い隠してしまうおそれがあるのではなかろうか。

むしろ、戦争を知らない世代の筆者には、同世代の比嘉律子が語るリアルなウチナー像がより自然なものに思える。「今のウチナーンチュに、限定されたアイデンティティ（沖縄の心）という普遍的な共通認識はないんじゃないか。……『ヤマト』『ウチナー』という区別の中で考える一種のバリアーを、フリーにする時期に来ているのではないだろうか。……出身よりも価値の一致を求めることの中に沖縄の未来も語れると思うのだ」[33]。

八〇年代から九〇年代にかけて、沖縄音楽は全国的なブームをもたらした。その背景には、復帰二十年を受けてのマスコミ等の仕掛け（例えばＮＨＫの大河ドラマ「琉球の風」放映など）があったことは確かだが、復帰時代の「沖縄」とは違う「オキナワ」が若い世代をひきつけるだけの強い魅力を持つようになったことも否定できない。実際、二十代から三十代後半の「ナイチャー」にはオキナワ音楽の熱狂的ファンが多く、そのためにシマウタ（島唄）の伴奏として使われるサンシン（三線）の国内供給が追いつかず、最近では県産ハブの皮でなく、東南アジアから輸入したアミメニシキヘビの皮を使用しているということである。また、沖縄旅行のリピーターから「沖縄病」（病みつきの沖縄ファンになること）の患者になる人々も確実に増加している。こうしたことから、「オキナワ」テイストのブームは単なる一過性のものではなく、着実にひとつの現代的個性となっていると言える。しかも、ナイチャーに人気のある沖縄のアーティストは、照屋林賢であろうがアルベルト城間であろうが、誰もが自らの個性の中に、それぞれ自分の「オキナワ」を持っている。それは、「戦争と占領と貧しさと基地依存・本土依存の沖縄」というお決まりの顔ではない、自信にあふれた豊かなオキナワの顔である。彼らの魅力は、彼らが生まれ育ち、彼らの血肉となった文化の豊かさを通じて思いきり自己表現しているという気持ちよさであり、また、そうした自己表現を可能にさせているオキナワ音楽の多様性や大らかさなのではないか。

また、ヤイマ（八重山）アーティストの活躍も最近ではかなり目立つものがある。かつて那覇を中心とする沖縄の芸能シーンでは、沖縄島の芸能が、八重山、宮古、奄美など各地のスタイルを取り込んでアレンジし、新しいものを生み出していくことによってより豊かなものへと変容していったが、今はその反対に、元来民謡・芸能の宝庫として知られていた八重山の音楽が沖縄島でも認知されるようになり、特に石垣島はオキナワカルチャーシーンの中では沖縄島と並ぶ二大中心地のひとつとなっている。

さらに近年では、戦争どころか「復帰」すら知らない子供たちが活躍を始めている。九〇年代後半には、安室奈美恵を輩出した沖縄アクターズ・スクールが、ＭＡＸ、ＳＰＥＥＤといったアイドルたちを次々とポップミュージックの世界へ送り込んだ。また、ＫｉｒｏｒｏやＣｏｃｃｏといったオリジナリティーあふれる若いアーティストたちの誕生は、新しいことばで沖縄を語る時が来たことを示しているのかもしれない。

「復帰なんて忘れてしまおう」という題名で、新城和博は一九九七年、復帰二十五年に寄せて次のような文章を書いている。「またしても『復帰』という言葉を手にして、日本政府がやってくる。（国主催の復帰記念の式典が沖縄で、何故か十一月にあったのだ。）……［中略］……沖縄と『本土』とは、（主に経済的）格差が絶対必要なのである。その格差にかこつけて、政府は沖縄にさまざまなちょっかいを出すことができた。『復帰後』行われてきた日本政府の沖縄への莫大な投資が、沖縄にストックしなかったというのは、やはりそれなりの狙い目があったはずだ。『格差』を維持しつつ、日本と離れられないような依存体質を作り出せば、結局のところ政府の言いなりになるしかない。ちょっと言葉がきついかもしれないけれど、我々は『格差の奴隷』だ。二十五年たって、まだそこから抜け出せずにいる。『復帰』という物語からスタートしたために『本土なみ』を目指すということは、逆に『本土なみ』には絶対ならないのだ。……［中略］……

もう『復帰』という言葉で語られるもろもろのことは、沖縄側からすっかりぶち壊してもいいんじゃないだろうか。『復帰して良かったんですか』式のアンケートを、二十代の沖縄の若者に質問しちゃうようなことは、もう我々自身止めるべきだ。『復帰』を背負ってしまうと、僕たちはこれまで続いている『本土と沖縄』の力関係まで背負ってしまう」(34)。

新城の中には、沖縄、そしてヤマトの「復帰運動世代」が持っていた「沖縄」イメージの現実的崩壊という景色がある。「彼らは、この一連の［基地問題をめぐる］沖縄の動きを意識的にも無意識的も、『あの頃』に重ねて見ていたようだ。その挫折感さえも重ねようとする。でももう『沖縄の心はひとつ』なんかじゃないことは、誰でも知っていることだ。がっちりと手を結ぼうとするだけじゃ何も変わらない。でもそんなのハナから関係ない世代は、例えばアムロの中に沖縄的なものを見つけだしてしまったりする。これから始まる沖縄の物語には、『沖縄』を主語にしない世代の登場こそが必要なことだと、予感のような期待がするのである」[35]。

第四章　世界の中のオキナワ

日本からの独立だけでなく、「沖縄」そのものからも独立していくイメージをひとりひとりが持つ時に、新たな風が吹くのではないだろうかと新城が言う通り[36]、同化にせよ反発にせよヤマトだけを見ていた視点にかわって、普遍的な価値を指向することの中にこそ、真の独自性と孤立からの解放があるのではなかろうか。

具体的な活動としては、上にあげたような新しいオキナワを世界に発信していこうとする音楽や文化活動の他に、九〇年代になって唱えられるようになった東シナ海経済・貿易圏構想のような国境を越えた自由なつながり、あるいは、アイヌなどの先住民族との交流は、オキナワが「日本」というイメージから自由になる手助けになるはずである。また、オキナワが「ウチナー」という古びた自己イメージから自由になるだけでなく、「ヤマト」という概念の見直しもまた必要であろう。すでに学問的にも、日本列島に居住してきた人間の重層性は確認されており、もともとアイヌや琉球人のような非モンゴロイド的特徴を持つ基層集団とでもいうべきものが分布していたところへ、あとから大陸モンゴロイドが覆いかぶさるように入った結果、今日の日本列島人の二重構成ができあがったということがわかっている[37]。また、今日の歴史学においても、日本人が単一民族の農耕民であるという俗説は誤りであって、実際にはアイヌや琉球人の他、独特の政治勢力と文化圏を有していた時期が長かった東北や、九州、関東など、列島の諸地域に個性豊かな生活文化が形成されていたことがわかってきている[38]。このことは、それぞれの「ヤマトンチュ」にとっても自らの新しい姿を再発見することであり、「ニッポン」も実は多様性に満ちた広がりでありえるのだ、という自信回復へとつながる。[39] なぜなら、「ヤマトンチュ」がつくられていった日本の近代化の過程とは、民衆のひとりひとりがまず歴史的主体としてではなく、思想の抑圧や強制的な思考停止を通じて奴隷のような存在につくりあげられていった過程に他ならなかったからであり、[40] またひとりひとりの「ヤマトンチュ」にとっての祖国たる「ヤマト」などというものは実は存在しなかったとも言えるからである。[41] さらに、このような議論は一五年戦争をより普遍的な視点から語ること、したがって日本国民として戦争責任の問題に正面から取り組むことへも展開していかざるをえない。[42] そして、オキナワにとっては、「ヤマト」「ウチナー」という二項対立図式をはずして戦争を反省することによって、より普遍的な反戦・平和への問題提起を目指すことを意味する。例えば、太田武二の次のような指摘は非常に重要である。

「沖縄戦とは何かといったときに、あれが国内における唯一の地上戦だということを金科玉条のようにして、そこにおける被害体験を告発するという体質は絶対によくないということだ。たとえば日本軍はフィリピン戦線で一〇〇万人くらい死んでいる。太平洋戦争で一番日本軍の死者が多かったんだけど、フィリピンの民衆は日本軍によってその倍殺されている。だとすれば、沖縄戦の特徴である、軍人よりも民間人の方が死者が多いというのは沖縄だけのことではない。国内における唯一の地上戦だったという沖縄の悲惨さの特徴のひとつふたつといったものが、実はもっとフィリピンだったり、あるいはベラウや中国だったり、アジアにおける日本軍の戦闘の一つの典型だった。そのつながりなんだということが見えてくる。沖縄戦は国内における唯一の地上戦じゃなくて、海外で日本軍が侵略戦争をやった最後の地上戦だと考えるべきだと僕はずっと言ってきた。そうすることによって日本の天皇の軍隊というのがより鮮明に見えるわけだし、日本の中における悲惨な体験に止まらない、太平洋地域の民衆が被ってきた戦争被害と戦後補償の問題などとつながる。ところが沖縄人が沖縄戦体験を語っても、アジアの民衆の戦争被害と戦後補償の問題についてはあまり触れてこなかった」[43]。

沖縄の人間の生活実感として、アメリカという国はまず何よりも軍隊の国であり、そして、日本は「軍隊」を派遣することによって関係を強要してきた国だという。(44) しかし、「軍隊」という名であろうが「経済援助」という名であろうが、力によってつながりを維持することは、もし人間の精神が進歩するものならば、いつかは不可能になる。力ではないものによるつながりを増やしていくこと、人の心を豊かにするさまざまな活動を通しての交流を試みることこそが、目にこそ見えないまでも、平和への最も着実な歩みのひとつであると筆者は信じる。方言キャスターとして定評の高い伊狩典子との往復書簡で、親富祖恵子が次のように述べたことばが印象深い。「ともあれ、日本の国内における他文化状況の認識には賛同しつつも、それが決してミニ・エスノセントリズム（自文化中心主義）に陥ることなく、異文化理解につながることを切望するばかりでございます。あくまで沖縄文化の抱える問題は、独創的であると同時に普遍的であることを心したいと思います」(45)。

（1）「ナイチャー（内地人）」という表現もあるが、「ヤマトンチュ」の方が、後に述べるような歴史性を背負った重みのぶん、「外」の人間に対する嫌悪感や差別感といった色彩が濃いらしい。垂水健吾他『沖縄いろいろ事典』新潮社、八九頁。

（2）『沖縄大百科事典』（下）沖縄タイムス社、一九八三年、七五〇頁。

（3）萱野茂『アイヌ民族から見た近代日本』（人文研ブックレット　6）、中央大学人文科学研究所、一九九七年、四八頁。

（4）沖縄県が主催する「世界のウチナーンチュ」大会という催しには、世界各国に散在する沖縄系の人たちが集まる。数年に一度のこの一大フェスティバルの盛り上がり方を見る限り、沖縄系外国人の「ウチナーンチュ」意識は非常に強いようである。

（5）例えば、大阪市大正区、東京都中野区、神奈川県川崎市などは特に沖縄県人出身者が多く、県人会などのコミュニティも大きいことで有名である。
（6）琉球新報二〇〇〇年四月七日付朝刊。
（7）「本土」という呼称は、沖縄では主として九州以北の日本列島全体をさすものであり、戦前は「内地」「他府県」と呼んでいたものを、戦争中に「本土決戦」「本土防衛」等のような軍部の使い方を受けて「本土」と呼ぶようになり、それが戦後、特に復帰運動の中で「本土復帰」ということばとともに定着したという。
（8）新川明は、東江平之のことばを借りつつ、沖縄人にとっては、相手が沖縄出身であるか「本土」出身であるかどうかが極めて重大なことであり、「本土」ならばそれが具体的にどこであろうと同じに感じる、つまり「沖縄人にとって日本人はことごとく同質化して対象化される」と説明している。新川明『反国家の兇区』現代評論社、昭和四十六年、七八頁。
（9）琉球新報二〇〇〇年五月十八日付朝刊。
（10）前掲『沖縄大百科事典』（下）、七四九―七五〇頁。
（11）琉球新報二〇〇〇年五月十三日付朝刊、仲間恵子「人類館事件が伝えること〈下〉」。なお、この事件は、近代以降の大阪における沖縄人に対する最初の差別事件であるとされた。この後、大阪には多くの沖縄人が工場労働者としてやってきたが、「琉球人、朝鮮人お断り」という生活上の排除や、労働上の差別を受けた。
（12）伊波普猷「琉球人の祖先に就いて」「琉球史の趨勢」（『古琉球』、郷土研究社、大正十一年、所収）。
（13）小熊英二『日本人の〈境界〉――沖縄・アイヌ・台湾・朝鮮　植民地支配から復帰運動まで』新曜社、一九九八年、二九四―三〇一頁。また、冨山一郎は沖縄人と日本人を比較する伊波の方法論について、興味深い発見をしている。すなわち、元来、人種学や民族学においては、植民地主義の中での観察主体（西洋）が観察対象（東洋）を描写することによって、すなわち「他者」の輪郭を明確化していくことを通じて、それとはことなるものとしての「自己」イメージを獲得するという「オリエンタリズム」的思考を前提とする。しかし伊波の場合には、「琉球人」

の中に「日本人」の徴候を探し求めると同時に、「日本人」の中にも「琉球人」の徴候を見出そうとすることによって、「日本人」と「同祖」である「琉球人」の「個性」を浮かびあがらそうとする。冨山一郎「国民の誕生と『日本人種』」(『思想』岩波書店、一九九四年十一月号)四九頁。

(14) 森雅雄「日本民族学と近代日本の他者意識」(『民族學研究』六二―一号、一九九七年)、七四頁。

(15) 冨山はこれを、プロレタリア化(生活の必要性)の中に、同時に帝国意識が醸成されていき、両者の動きが相乗的に進んだためだと説明している。冨山一郎『戦場の記憶』日本経済評論社、一九九五年、六四―六五頁。

(16) 沖縄戦でいわゆる「集団自決」が起こった原因は、皇民化教育などを通して「鬼畜米英」などの観念を植えつけられたため、捕虜になる前に自決を選ぶ者が多かったからだという。李静和・長谷川曾乃江「沖縄の女性運動」(『人文研紀要』第三〇号、一九九七年)、一二七―一二九頁。

(17) 新川明『沖縄・統合と反逆』筑摩書房、二〇〇〇年、三頁。

(18) 前掲『沖縄大百科事典』(下)、二七五頁。

(19) 新川、前掲『反国家の兇区』、六九頁。

(20) 前掲書、一三〇頁。新里金福もまた、復帰後に、復帰運動は排外的な民族主義と日本志向にその限界があったこと、したがってそれを乗り越えるインターナショナルな視点の沖縄闘争が必要であることを指摘している。『沖縄解放の思想と文化——差別と侵略の相関構造』新泉社、一九七六年、一三五頁。ところで、新川の批判を裏付けるような、戦後の「人類館事件」とでも呼ぶべきエピソードがある。部落解放教育用に出版した中学生向けの副読本『にんげん』(明治図書、一九七〇年刊)の中の沖縄に関する章の記述について、大阪沖縄県人会と琉球政府は「部落差別と沖縄差別は質的に異なる、両者を同時に取り扱ってもらっては困る」として抗議し、マスコミは連日その教材をめぐるコメントでにぎわった。平恒次「アイヌ、ウチナー、日本——日本少数民族復権論。底辺と縁辺から近代国家の在り方を考える。——」(『沖大経済論叢』、通巻三〇号、昭和六十一年)、一二二頁。

(21) 新崎盛暉『沖縄現代史』(岩波文庫)岩波書店、一九九六年、一〇二頁。

(22) 前掲書、一〇二―一〇三頁。
(23) 高良勉『琉球弧（うるま）の発信――くにざかいの島々から』、お茶の水書房、一九九六年、二二頁。
(24) 復帰が近づくとともに、沖縄戦にかかわる記憶が頻繁に語られるようになったことは、沖縄人の「犠牲の共同体として『日本人』が構成される」ことであったと冨山一郎は説明している。冨山、前掲書、一〇九―一一二頁。
(25) 新川、前掲書、八〇―八一頁。この「異族感」と「距離感」の大きさゆえに、「ウチナーンチュ」は「ヤマトンチュ」が青森県人だろうが広島県人だろうが区別なく、「丸ごと同質的に知覚する」のだと言う。
(26) 二〇〇〇年四月に開館した沖縄県平和祈念資料館では、開館準備中の一九九九年夏、展示内容の一部が監修委員に無断で、県によって変更されてきたことが発覚し、これに対して「歴史改竄」等の批判や憤りが多くの県民のあいだに起こった。事件の詳細な経緯については、長谷川曾乃江「沖縄県新平和祈念資料館問題をめぐって」（中央大学人文科学研究所『人文研紀要』第三七号、二〇〇〇年）、沖縄県歴史教育者協議会編『歴史と実践第二〇号平和祈念資料館問題特集　歴史の真実は歪めてはならない』、一九九九年。また、元監修委員の一人による解説として、安里英子「沖縄県新平和祈念資料館問題の背景とゆくえ」（『アソシエ』第二号、二〇〇〇年）参照。
(27) 新川、前掲『沖縄・統合と反逆』、三九頁。
(28) 新崎、前掲書、一七一頁。
(29) 「人種」については、こんにち人類学者のあいだでは、生物学的な意味での「人種は存在しない」とする立場が多数派であり、例えば皮膚の色によって分類されるといったような通俗的な意味での「人種」概念はヨーロッパの世界観としての概念であり、最近の遺伝学の発達を通して、遺伝的な差異よりも個体間の差異の方が大きいことが指摘されている。また、「民族」に関しては、民族とは実態として存在しているような社会集団ではなく、他者集団との関係において機能的に意識され形成される集団であること、特に国民国家の形成にともなって歴史的に生じた概念であるという見方が妥当だと思われる。竹沢泰子「『人種』～生物学的概念から排他的世界観へ～」、川田順造「『民族』概念についてのメモ」（ともに『民族學研究』六三―四号、一九九九年）参照。

(30) 沖縄県立平和祈念資料館『見学の手引き』にある「平和祈念資料館設立理念」より。

(31) 山内徳信「沖縄問題の解決は日本の民主化がカギです」(『ウチナーンチュは何処へ――沖縄大論争』、実践社、二〇〇〇年)五二頁。

(32) 高良、前掲書、一一四―一一五頁。

(33) ひが律子「ヤマトとウチナーのバリアフリーを」(前掲『ウチナーンチュは何処へ』)一一三―一一四頁。

(34) 新城『ンパッパ! 沖縄白書』ボーダーインク、二〇〇〇年、一五九―一六一頁。

(35) 前掲書、一五四頁。

(36) 同右。

(37) 山口敏『日本人の生いたち――自然人類学の視点から』みすず書房、一九九九年、七三頁。

(38) 網野善彦『「日本」とは何か』(日本の歴史第00巻)、講談社、二〇〇〇年。このことは逆に言えば、「日本人」という概念が充分意図的に作られてきたものでもあることを表している。

(39) 映画評論家の佐藤忠男は鶴見俊輔との対談で次のように述べている。「我々は日本的ということがあたかも存在するかのように簡単に考えますが、日本的なものというのは実際は存在しないと考えますね。日本的なものというのはいろんな階層に分かれておりまして、たとえば侍に代表されるような日本的なものというのはあるように思いますね。それから公家、貴族に代表されるような日本的なものもあると思いますし、それから歌舞伎なんかが代表しているのは町人がつくりあげた日本的なものでしょうし、能は侍文化でしょうね。それから新藤兼人さんの映画を見ると、あくまでも農民的です。ひたすら粘れば何とかなるというところがありまして、非常に農民的です。そしてとにかく徹底自然主義リアリズムみたいなところもやっぱり農民的だと思います。事実を観察することに徹するというような、農民的で真面目主義というのもあります。それから近代のインテリの文化というものも、もう百年以上たてば既に伝統の域に組み込まれていると思いますね。そのように日本の伝統というのは非常に多様なものであってそれぞれお互いまったく矛盾している」。鶴見俊輔編『日本人のこころ』、岩波書店、一九九七年、五〇頁。

(40) 多木浩二は、日本の近代化がヨーロッパとは違って、民衆が「国民」になる前に徴兵令をしいて軍隊を組織したこと、批判精神の徹底的抑圧によって天皇の奴隷を作り出したに過ぎなかったことを論じている。多木浩二『戦争論』(岩波文庫) 岩波書店、一九九九年。また、佐藤忠男は上の鶴見との対談において、戦争中の日本の戦意昂揚映画にはとても悲しげなものが多かったと発言しており、当時の国民の真実をそこにかいま見られるようで、興味深い。「我々は本当はそんなに勇敢な気持ちで戦っていたのではなくて、非常に悲しい、しょうがないと思って、非常に疲れて戦っていたのにすぎないんだということもできるし、そのことを日本映画はよく描いていたともいえるのです」。鶴見、前掲書、二二一―二二四頁。

(41) 天皇制においては、「天皇の支配機構」とは別個の「祖国」の観念は存在していなかった。『藤田省三著作集1 天皇制国家の支配原理』みすず書房、一九九八年、一九二頁。

(42) ノーマ・フィールドは、日本人自身の戦争責任への問いかけがしぼんでしまった原因について、次のようなことをあげている。アメリカの占領政策の円滑さを優先させるために、東京裁判で天皇が免責されたこと、戦犯として軍指導者だけが断罪されたこと。国民としては、だまされた意識、被害者意識が全面を感じることとなったこと。東京裁判も、「日本をアジアの侵略国として考えることを前もって封じてしまうのに一役買った」。知識人たちは、こうした動きとは別に戦争責任や主体性に関する議論を始めたが、「知識人の努力は戦争責任に関する国民の意識には殆ど影響を与えなかった」。ノーマ・フィールド/大島かおり訳『祖母のくに』、みすず書房、二〇〇〇年、一三六―一三八頁。

(43) 太田武二「『日本の中の沖縄』なのか」(前掲『ウチナーンチュは何処へ』) 一三一―一三二頁。

(44) 新城、前掲書、二〇四頁。

(45) 親富祖恵子・伊狩典子「異質性に自信と誇りを――他文化国家日本の中で――」(『新沖縄文学』第九一号、一九九二年)、一七五頁。

二十一世紀の「在日」のアイデンティティ
――「関係性」のあり方

尹健次

第一章　在日の現在

二十一世紀を迎えたいま、世界は「市場経済と民主主義」の時代に入っているといわれる。冷戦が終わったあと、平和で豊かな時代の到来かと期待したのもつかの間、東西のイデオロギー対立に代わって民族紛争が地球上の各地であいつぎ、いまでは市場経済の浸透がアメリカ一極支配の様相を深めるばかりである。

今日の世界はグローバリゼーションが進むなか、国民国家の凋落が予示されながらも、国民＝民族的同一性に還元しえないマイノリティの存在が無視できない問題群を提示している。世界がひとつの市場経済に加速度的に組み込まれていけばいくほど、一方では各種の下位集団が、自らのアイデンティティを求める動きを強めている。そこではときに「マイノリティ・ナショナリズム」という言葉が発せられ、自他ともに「ナショナリズム」と認める集団的政治行為が活発化しているのも事実である。在日朝鮮人（「在日」）は日本のマイノリティであるが、現在、在日全体に共通する意味で、「マイノリティ・ナショナリズム」なるものがあるかどうかは疑わしい。たしかに、今日、アイデンティティをめぐる在日の議論は活発であるが、これをひとつの確固とした民族共同体の存在を前提にしたナショナリズムであると理解するには困難がある。ただこうした議論が活発であるということは、現状にたいする危機感の表明であるとともに、在日の未来にたいする希望への表れでもある。

在日にとって、この二十一世紀はきびしい時代とならざるをえない。二〇〇〇年六月に分断後初の南北首脳会談が実現し、統一の歩みがはじまったとはいえ「祖国」はなお南北に分断されたままである。しかも南は金融危機にはじまった経済の混乱がいまだに継続し、北は極度の食糧危機という苦痛に直面したままである。そのなかにあって在日は、日本における第三世界的要素（南）を帯びた存在でありながらも、物質的には先進国＝中枢（北）に基盤をおいている。在日は、現実には日本の経済不況の影響をもろに受けているだけでなく、一世から二世、さらに三世、四世と世代交代が進むなかで、その意識や価値観、生活形態は多様化している。民族教育を受ける同胞子女が激減するなかで、日本国籍の取得者が増加する一方という状況もある。つまり在日社会はいまや、国籍や血縁、意識のあり方、世代交代などの側面で複雑な様相を呈しており、そのうえ、日本と南北朝鮮の政治状況から自由ではない。

在日の総数は外国人登録有数でいうと、一九九九年末現在で約六三万六〇〇〇人である。戦前からの居住者につらなる特別永住者は約五一万八〇〇〇人である。日本国籍の取得者は一九九五年にはじめて年間一万人を超え、一九五二年から九六年までの累計は二〇万七〇〇〇人を数えるまでになっている。日本国籍取得者のなかには国籍は違っても同じ民族であるという主張が年々強くなっており、日本国籍取得（帰化）＝同化、民族＝国籍という従来の理解には疑問の声があがっている。また在日の若者は同胞どうしの結婚を望みながらも、実際には日本人との結婚がいまや九割を超えるともいわれ、しかもそうした国際結婚の離婚率は日本人の二倍に達している。

こうした現実をみるとき、「在日」をいかに定義するのかという根本的問題がますます重要になるが、ここではやはり戦前来の在日朝鮮人（特別永住者）を中心に議論をすすめていきたい。その場合、在日を規定するのは国家システムによる「韓国」や「朝鮮」という「国籍（表示）」なのか、あるいは朝鮮半島につらなる「血統」なのか、または歴史や文化にまつわる「意識」なのか、さらには在日の権利獲得のために「闘うこと」なのか、等々、さまざまな意見が交錯することになる。その意味では、今日の時点で在日をいかに理解し、また将来への見通しをどのようにもてばいいのか迷うところである。ただ、政治的には、在日が何よりも日本の国家システム、そして南北の分断国家に規定された存在であることはいうまでもない。ここでは、主として思想の問題、あるいはアイデンティティの側面で在日を考えてみたい。

第二章　在日を規定するものは何か

戦後の日本社会においては、日本語、日本文化を基軸とする「単一民族観」が支配的であった。「日本」「日本人」はア・プリオリに存在するものとされ、日本に在住する「外国人」は一方的に自己変容し、適応することが求められた。いわゆる「同化と排外」の論理であり、在日も陰湿なかたちで「日本人」になるか、あるいは排除されるかの選択を迫られた。しかし一九八〇年代以降、「経済大国」日本が急速に「国際化」し、日本社会の「多民族状況」が顕在化するにしたがい、また同時に在日が定住思考を強めて日本社会への「順応」を模索するにおよんで、「民族共生」とか「多文化主義」が課題とされるようになった。言語や文化、歴史の差異は尊重されるべきものとされ、共生の思想、国際理解、多文化主義の言説が日本社会の単一民族観を相対化し、日本を市民社会に成熟させる道でもあるとされた。

一九九〇年代後半以降の在日の議論で特徴的なことは、全体として国籍の放棄、つまり日本国籍の取得をあからさまに主張する論はなく、日本人との共生を主張し、あるいは共生を主張しつつもその落とし穴に注意すべきことを喚起する論が主流を占めていることである。在日本朝鮮人総連合会（総連）や在日本大韓民国民団（民団）の政治的主張と関連していうなら、北系の同胞は「海外公民」である原則論をつらぬき、南系では日本における地方自治体参政権の獲得を当面の目標としてきた。しかし現実には在日の多くはそうした同胞の民族団体に属しているとは言い難く、とくに運動論としての在日の論議はそうした政治的レベルとは違った次元で展開されてきたと考えられる。

日本に定住する在日が日本人との共生を主張し、模索することは当然である。問題はそこに思いもかけない落とし穴が潜んでいることである。「民族」という概念を使うなら、在日と日本人は単なる異民族ではない。在日は日本の植民地支配の所産であり、旧宗主国に居住するかつての被植民地民衆およびその子孫である。歴史的、構造的に在日と日本人は平等ではなく、その「共生」は前提として民族的な不平等を内包したものである。しかも在日は分断国家を「祖国」にもち、国籍ないし国籍表示も「韓国」「朝鮮」に分裂している。中国やＣＩＳ（独立国家共同体、旧ソ連邦）、アメリカなどに居住する在外同胞が基本的には、それぞれに居住する国の国籍ないし市民権をもっているのに反し、在日は国家主権とは関わりのない外国人である。しかも中国の朝鮮族が抗日闘争をつうじて中国建国の主体的存在であったとするなら、在日は日本国家によって植民地支配され、またその延長線上において抑圧され、差別されてきた客体的存在である。のみならず、その日本はいまもってかつての朝鮮植民地支配を「侵略」とは認めず、元軍人・軍属、日本軍「慰安婦」、強制連行者などにたいする謝罪・賠償その他の「過去の清算」を拒んだままである。その意味では、在日にとっていまだ日本は、自由で平等な主体として共生できる市民社会とはなっていない。

在日朝鮮人は植民地時代、そして日本敗戦後の一九六〇年代から七〇年代ごろまでは、かなり明確なかたちで民族意識をもっていたといえる。年代的にいつまでとは厳密に言えないまでも、日本の高度経済成長と関連して「朝鮮人部落」が解体され、中産層化されていくまでは、日本人とは明らかに違う歴史感覚や自己意識をもっていた。それは「日本」「日本人」と対抗的に向き合うものであったという意味では民族にまつわる価値意識、つまり「民族意識」であったといってもそう間違いではない。しかし二十一世紀になった今日、在日のアイデンティティの核が「民族」であると言えるのかどうかとなると、かなり怪しくなる。「在日」を規定するものが何かは必ずしも明確ではないが、強いてあげるなら「国籍」、「血統」、「歴史」、「文化」といったことを一応あげることができる。

ひとによってはこの四つの全部を明確にもち、自らを「在日」として自覚している場合もあろうし、国籍や血統、歴史、文化のどれかひとつだけに強い自己意識をもっている場合もあろう。なかにはこの四つのすべてにたいして明確な自己意識がないにもかかわらず、なおも自らを「在日」であると規定し、あるいは規定したいと漠然と思ってる人もいよう。この場合自己意識とは肯定的なものとは限らず、否定的なものであることもある。在日であることを明確に自覚して祖国の統一や在日の権利擁護、あるいは芸術や学問の創造活動に励んでいる人もいる。逆に父母や祖国を嫌い、在日であることを必死に隠して生きている人もいよう。その意味では、在日を嫌うという不幸なかたちではあるにせよ、在日を意識している限りにおいてはやはり「在日」であるというしかない。しかも在日は日本に居住する外国人であるにもかかわらず、南北朝鮮の政治状況に大きく左右され、本国の国家権力の拘束をさまざまなかたちで受ける存在でもある。

「国籍」という点で考えてみると、今日では日本国籍を取得した人も含めて在日を考えるべきだという論がますます強くなりつつある。現に日本国籍を取得した親（帰化者）のもとで育った若い世代が、成人するにつれてルーツとしての朝鮮（韓国）にめざめ、自らを在日として位置づける場合が決して少なくない。逆にいうと韓国や朝鮮の国籍（表示）をもっていることが、ただちに在日の自覚につながるわけでもない。

「血統」ということを考えてみると、これは目に見えるものではなく、意識の問題である。たしかに具体的人間としての父母の存在や戸籍、パスポートといったものをとおして自らの血統を意識し、自覚することはあろう。しかし在日は、形質的には日本人とほとんど変わるところがなく、人種差別の基本的メルクマールとなる白人と黒人といった皮膚の色の違いもない。顔かたちその他で日本人と在日を区分することも容易ではない。

「歴史」についても同じである。在日が植民地支配の所産であるといっても、日本と朝鮮の近代史を十分に知っているとはいえない場合もあり、日常的にはむしろ自らの根拠を歴史のなかに求めない者のほうが多いともいえる。

「文化」もまたアイデンティティの明確な根拠となるかといえば、その答えはたいへん曖昧なものとならざるをえない。たしかに在日は、朝鮮の伝統を引きつぐ文化の諸相を断片的なかたちでもっているかも知れない。しかし言葉なり、食習慣、礼儀作法、あるいは音楽や趣味などのかたちでそうした文化を引き継いでいるといっても、それが在日のアイデンティティの核であるとはいえない。むしろ在日の多くはそうした文化なるものを持ち合わせていないのが実状である。

評論家の徐京植は「民族」なるものを「資格」として考えたとき、在日はすべて欠格者であると述べている。例えば「民族」についてのスターリンの定義は言語、地域、経済生活、および文化の共通性であるが、在日はそのすべてにおいて欠けているか、不十分であるとして、むしろその無資格さ、その「欠格」というものが在日の所以ではないかと論じている。徐京植自身は、他の在日の議論が本国との関係を欠落させる傾向にあるなかで、南北の分断「国家」ではなく、「統一された朝鮮」の実現、つまり在日の日常の生を大きく規定している朝鮮半島の政治的現実と闘うことに在日としてのアイデンティティ（のひとつの核）を見いだそうとしているようである（徐京植）。

在日をどう考えるかの幅はきわめて大きい。芥川賞作家の柳美里は「家族」という原点に立ちながら人間と社会、国家を問題にしはじめたが、もともとは自らには国籍もなく、アイデンティティも明確にはわからないということを出発点にしていた。しかしいまや否応なく在日であることを考えざるをえない立場におかれるようになっている。

第三章　「関係性」とナショナル・アイデンティティ

人間はひとしく関係性のなかで生を営むものであることは確かである。民族なるものも絶対的で普遍的なものではなく、ましてや文化と照らし合わされた資格の有無ではかるものでもなかろう。もともと、ひとは言語や文化の違いによって差別されるのではなく、人種的・民族的差異それ自体によって区別され、差別されるものであるといえる。

ここで気になるのは、アイデンティティの形成のされ方にたいする理解である。人は誰でも自ら望んでこの世に生まれてくるわけではない。生まれてきたあとも自ら望んで教育を受けるわけではない。気がついてみると、つまり自分で考えるようになったときには、すでにかなりの教育を受けてしまっている。当然、教育とは正しいもの、善なるものとしてみがちであるが、現実には国家や政治のあり方と切り離しては考えられないものであり、教育を受けるということ自体、実際には自らの主体的な意志に関わりなくおこなわれることが多い。

その点からしても、在日が日本のマイノリティであるというとき、そのアイデンティティの形成は当然、マジョリティである日本人＝日本国民の形成と不可分の関係にある。もともとマイノリティというのは、近代国家が

「法の下の平等」を自明の前提に、国民教育によって国民統合を果たしていく過程において作り出されるものである。つまりマジョリティの統合過程においてそれに反発し、あるいは拒否し、さらには同化されえぬ集団として立ち現れるのがマイノリティであり、それはマジョリティの統合理念ないし過程の変化によって変わるものである。マジョリティやその形成過程の中身が変われば、マイノリティのそれも変わってくるとみるのが常識的である。両者の関係を固定的に捉えてしまうと、マイノリティの状況変化がまったくみえてこなくなる。

在日の精神態度は平たくいうと、「日本が好きだけど、嫌いでもある。朝鮮（「在日」）は嫌いだけど、好きでもある」といったようなものである。朝鮮人であって朝鮮人でなく、さりとて日本人にもなりたくない。日本人になりたいという気持ちもあるにはあるが、むしろいまは日本人になりたくないといってあれこれと留保条件（理屈）を探し出そうともする。これは一見、日本と朝鮮という民族の違いの問題であるようにもみえるが、視点を換えてみると、それは自己と他者の関係性の問題であると考えられる。もとより「自己」というのは「他者」がいて存在するのであり、「他者」の存在しない「自己」は存在しようもない。日本は日本でないものがあって存在するのであり、当然、朝鮮も、在日朝鮮人も、他者があって存在し、他者との関係性で意識され、概念化されていくのである。

「日本人」にとって他者とは誰であるのか。幕末、あるいは明治初期まで「日本人」という言葉はあまり使われなかった。普通に人びとを指す場合には「人民」とか「衆庶」という言葉が使われたようであるが、幕末の欧米列強の来航によって「西欧」を発見し、また朝鮮などに出かけることによって「アジア」を発見した。こうして次第に自己意識が確立されていったが、その場合「日本人」とは、内ではアイヌではないもの、琉球人ではないもの、外に向かっては西欧人ではないもの、朝鮮人ではないものとして意識され、アイデンティファイされていったといえる。最初に「日本人ありき」ではなく、あくまで他者との関係性において「日本人」の自己意識が成立し、それが国民教育などを通じて国民統合の核として位置づけられていったと考えられる。もちろん、その場合、さまざまな方言がやがて日本語＝「国語」に統合されていったように、東北や九州その他の人たちも、内なる差異を次第にうち消されていくかたちで「日本人」へと統合されていった。

さきほど在日のアイデンティティの核は「国籍」ないし「血統」なのか、あるいは歴史や文化の「意識」なのか、あるいは在日の権利獲得のために「闘うこと」なのかと述べたが、ここでイギリスの社会学者アントニー・スミスの説に少し耳を傾けてみたい。

スミスは『ナショナリズムの生命力』でナショナル・アイデンティティの諸問題をわかりやすく説明している。その基本的な考え方は、ナショナル・アイデンティティの要素をこれまでの諸説より幅広く捉えようとしたことにある。つまりナショナル・アイデンティティは明確に確定された領域、単一の政治的意志をもつ法律や制度、共通の価値や伝統といった近代西欧を特徴づける諸要素によって構成されているとだけ見るのではなく、出自や言語、習慣などによって構成されるエスニックな、あるいは土着的な次元の要素をもつものとして、複合的・歴史的に捉えるべきだとしている。それは現代世界で民族や宗教にまつわる暴力的紛争が噴出しているなかで、ナショナリズムやエスニシティを時間に関係なく、所与のものとして捉える立場とも、また時期や状況に応じてさまざまに変わりやすいものと捉える立場とも異なるものである。

スミスはナショナリズムやエスニシティを「原初的」なものとも、「状況的」なものとも捉えず、歴史的かつ象徴的・文化的な属性を重視する方向で考えようとする。スミスにとって「ネイション」は、歴史上の領域、共通の神話と歴史的記憶、大衆的・公的な文化、共通の経済と法的権利・義務などをもつものであり、それは文化的であると同時に政治的な共同体である。一方、エスニックな要素とは、集団に固有な名前、共通の祖先に関する神話、歴史的記憶の共有、集団独自の共通文化、特定の「故国」との心理的結びつき、集団を構成する人口の主な部分における連帯感の存在などである。要するに、エスニックの核は、さまざまな慣習と共通の出自をもったひとつの共同体に属するという自覚であり、また主観的な意味で統一された文化的共同体ということであって、歴史的にはこの核からネイションが形成されていった。つまり、西欧を「典型」とする近代の歴史は、各地域の文化的なエスニック共同体が、文化的かつ政治的なネイションに変容するプロセスであった。

歴史社会学的な手法をとるスミスはこうして、集団固有の神話や象徴、歴史的記憶を重視する歴史主義・文化主義の立場にたつことになる。そこでは言語や宗教、慣習、皮膚の色どりといったものの長期的な存続性や独立的な存在性が重要なのではなく、それらが多くの個人や組織によって付与されている意味づけこそが重要であるという。このように理解するとき、インターネットの爆発的普及に象徴されるように、いかにマスメディアや運輸・通信システムの技術的発展が社会・経済生活のグローバリゼーションを加速させ、世界の文化的同質化をうながしたとしても、それがエスニックで、土着的なアイデンティティの核を突き崩すということにはならない。現実に、「グローバル文化」の出現は、少なからぬ人びとにアイデンティティの危機感を呼び起こし、「自分は何者か」という自己の「再発見」をせまり、さらにはナショナリズムの復興といった現象さえもたらしている。

もっとも、スミス自身はあくまで、最終的にはナショナル・アイデンティティやナショナリズムの考察を目的としており、結論としてもネイションが超えられるとか、ナショナリズムがなにか別のものにとってかわられるという可能性は現状ではきわめて小さいことを明らかにしている。つまり現代世界の経済的、政治的、文化的な新しい力がいかにトランスナショナルなインパクトをもっているとしても、また地球規模でコスモポリタニズムが成長しつつあるとしても、それらがナショナル・アイデンティティの力を弱め、ナショナリズムの衰退に結びつくわけではないと論じている。人間はそれ自体、本質的に複数の集合的アイデンティティをもっており、しかもその範囲と強度は時と場所によって変化するもので、結局人びとは状況に応じて、それぞれ別の忠誠心を示したり、帰属意識の重心をあちこちに移したり、ずらしたりするものであるということである。「関係性」の問題ともかかわるスミスのこうした議論は、ナショナル・アイデンティティに占める歴史主義・文化主義的要素を重視しようとするものである。同時に、ナショナル・アイデンティティと定義されるものが今日、集団レベルにおけるその他の文化的アイデンティティに較べて、より強くかつ持続的な影響力をもっていることを主張するものである。しかも現実にそうしたナショナル・アイデンティティは、社会の民主化を促進する要因となり、あるいは虐げられた民衆にとって自尊心の源泉ともなるものである。

第四章　「自己」とふたつの「他者性」

このようにみてくるとき、在日のアイデンティティは一体どのように考えるべきなのか。スミスがナショナル・アイデンティティを語るとき、その「ナショナル」とは日本語的な感覚からすると、「国」とか「国家」、あるいは「民族」という言葉と大きく重なるものである。しかし在日の今日的ありようはその国とか国家、あるいは民族なるものに呪縛されながらも、それから離反し、あるいは背反しようとするものでもある。もとより在日にとっての国や国家は、ひとによってはかつての「(日帝下の) 朝鮮」であり、またひとによっては「朝鮮民主主義人民共和国 (北)」であり、あるいは「大韓民国 (南)」であり、さらには現に暮らしている「日本」でもある。未来形を使うなら夢物語の「統一朝鮮」でもありうるし、子々孫々住むはずの「永住日本」でもありうる。ひとによっては国や国家ではなく、幼い頃過ごした「故郷 (くに)」でもありうる。もちろんこれらと区別される「在日」というカテゴリーがあってもおかしくないし、理屈の上ではそう考えようとする趨勢がますます強くなっている。

在日のアイデンティティを明確な領域（領土）意識や単一の政治的意志をもつ法律や制度の共有という面で考えるのは困難である。いかに民族教育を受けたといっても北や南を「祖国」とみるには無理がある。世代交代がすすみ、圧倒的多数が日本生まれ日本育ちの現実において、祖国（母国）との一体化によるアイデンティティの構築は虚構ですらある。世界では母語と母国語の一致が普通であるとしても、在日にとっては母語は日本語である。しかも若い世代にとっては朝鮮語は多くの場合外国語であり、母国語ではない。

それなら在日にとっては日本が祖国であり、母国であるのかといえば、在日総体のアイデンティティのありようからするとき、それは非現実的な空想にしかすぎない。世界の在外同胞のなかで在日だけが韓国ないし朝鮮の国籍（国籍表示）を保持したままという事実からしても、在日が日本人としてのアイデンティティをもちえていないのは明らかである。在日の多くにとって、出自についての自覚や認識および思考方法をも含めた意味での言語のありよう、身につけている習慣や文化の様相はさまざまである。時と場所、そして状況によって北や南、あるいは日本をそれぞれに強く意識することになり、愛着や嫌悪の感情も激しく移り変わることもある。時に朝鮮半島の祖先に思いをはせても、常日頃は一緒に暮らす日本人の配偶者となんの違和感もなく生活を共有している。サッカーなどスポーツ試合で忠誠心（愛国心）の片りんを見せることもあるが、普段は日本人と同じように国や民族の意識をほとんどもつこともなく過ごしている。さりとて「国際化」「世界化」「地球化」といった言葉が乱舞するなかで、在日を超えるコスモポリタニズムを実感するということもいまだない。むしろ現実には海の彼方の南北朝鮮の政治状況が、在日としての帰属意識を大きく揺り動かすことになる。

在日は一人の人間の中に、日本と朝鮮という二つの国（国家）や民族、出自や言語、習慣や文化などを混在させている。その日本と朝鮮をつなぐのは歴史的記憶であり、現在の生活である。しかもその歴史的記憶は共有されている部分もあれば、分裂している部分もある。現在の生活もなんの違和感もなく共有している部分もあれば、偏見や差別、さらには社会的・政治的処遇において分裂し、鋭く対立している部分もある。それらは固定的ではなく、あくまで流動的である。むしろ在日のアイデンティティの全体が、関係性の変化の連鎖の中にあると言ってよい。

ここで「関係性」とは何か。あるいは在日にとって「他者性」とは何かということである。

在日が日本と朝鮮の関係性の中にある存在であることは確かである。しかし在日にとって日本は「他者」なのか。あるいは若い世代を中心に考えるなら、朝鮮は「他者」なのか。だいいち他者とは在日の「外部」に存在するものなのか。あるいは在日の「内部」、つまり精神の内奥に存在するものなのか。

現実のありようからするとき、「在日」は、「自己」と外部にある「他者」という関係ではなく、「自己」とその内部に潜む「他者性」、それも「自己」に内在化された日本と朝鮮という二つの「他者性」との遭遇、格闘、妥協、協調という困難な日々の営みを求められているのではないかと思われる。つまりこの日本列島に生まれ育った在日は好むと好まざるとにかかわらず、過去を引きずった日本と朝鮮のはざまでアンビヴァレントな自己同一化の作業を必然的に求められている。この場合、日本が明るくて朝鮮が暗いとか、逆に日本が暗くて朝鮮が明るいというように確定したものではなく、その明暗はときどきによって千差万別である。しかしいずれにしろ在日は、日本と朝鮮のどちらか、というよりは日本と朝鮮の両方につねに呪縛された存在である。その呪縛のために自らを歴史と社会に疎外された者として意識するのか、逆にその呪縛にあらがうことによって新たな地平をめざす存在となりうるのかは、在日個々人の努力の如何にかかっている。言い換えれば、所与の条件のなかで歴史と社会の主体として生きられるかどうかは、あげて在日個々人の内面的模索のあり方にかかっていると言えるのではないか。

一九四五年八月の日本の敗戦前、金史良は民族の視点から在日朝鮮人の精神の内奥を凝視している。彼は、

『光の中』(『首都文芸』一九三九年十月)で、日本と朝鮮のはざまで苦悩する少年「山田春雄」とその母を描き、日本と朝鮮の関わり合いが朝鮮人の不幸の根元であり、日本と朝鮮を調和されない、分裂した二元的なものとして捉えている。日本人を父に、朝鮮人を母にもった少年の生い立ちそのものがすでに日本と朝鮮にまたがる悲惨そのものであり、二つの民族の不幸な関わり合いが、個人の生活や内面をいかに規制し、その日常に暗い翳を落とすものであるかを示している。しかも植民地の支配・被支配の関係によってもたらされる民族的コンプレックスが精神を浸食していくが、しかしその少年は、ときに母とその母につらなる朝鮮への愛を屈折した形で表現し、人間存在の複雑さと悲劇の多様性といったものをかいま見せもする。

こうして日本人と朝鮮人の間に生まれた在日の子どもにとって、日本と朝鮮は対立的、分裂的であり、そこには乗り超えがたい亀裂があった。もちろん、戦前の朝鮮人にとって、日本は植民地主義的暴力そのものであり日本であれ、あるいは「満州」やその他のどの地にあっても、日本・日本人は他者であり、抵抗すべき抑圧者であった。

日本の側からするとき、近代西欧との遭遇は自らの弱さの自覚であり、その弱さを克服する方策として朝鮮などアジアへ侵出していった。日本・日本人にとって「朝鮮」や「アジア」は新たな「他者」の発見であった。しかも朝鮮やアジアの発見は、同時に新たな日本・日本人の発見と形成でもあった。他者との出会いは他者の発見であるとともに自己の発見でもあり、やがてその関係性は敵対的、対立的、分裂的なものから次第に相互浸透的、相互補完的なものへと変転していく。

近代の歩みをはじめた日本が、その上昇気流にのって「韓国併合」をおこなった一九一〇年前後、日本国内や朝鮮ではしきりと「朝鮮」「朝鮮人論」が論じられ、その類の本も数多く刊行された。これは日本人による朝鮮・朝鮮人の発見(ねつ造)であるが、同時に日本・日本人という自己自身の再発見ないし再構成でもあった。ここで日本と朝鮮は植民地主義的暴力の関係構造のなかで関係づけられ、日本人のアイデンティティはそれを当然視する形で作り上げられていった。逆に朝鮮人のアイデンティティは植民地主義的暴力にひれ伏し、それをやむを得ないものとする方向で形成させられた。もちろんその植民地主義的暴力にたいして暴力で対決すべきという考え方も各地で芽生え、それは朝鮮内外での義兵闘争やテロ活動、そしてパルチザン闘争などとして展開された。これは不条理な支配体制を解体し、新たな社会を作り出そうとする正義の暴力の発現であった。

近代国家は、それ自体、他者にたいして閉ざされた世界として存立してきたのではなく、むしろ他者との関係性で差異を作り出し、一方で排除・抑圧しながらも、その他者の内部への浸透と他者の自己内部への包摂を常としてきた。日本と朝鮮の関係性もこうして、日本が肯定的、朝鮮が否定的という不幸な形ではじまったが、しかし宗主国と植民地の関係のなかでやがて相互交流を深めていき、互いに外部の他者を内部の他者へと変換させていくことになった。日本・日本人の生活にとって朝鮮・朝鮮人は漸次不可欠のものとなり、朝鮮・朝鮮人にとっても日本・日本人はいまや拒否できないどころか、兵站基地化や皇民化政策などの過程においてより強く結び着くようになった。

近代日本人のアイデンティティは朝鮮人の存在を抜きにしては語れず、近代朝鮮人のアイデンティティも、日本人の存在を抜きにして語ることはできない。見方によっては、一九四五年八月の日本敗戦・朝鮮解放によって、日本と朝鮮の関係性はいったん断ち切れたようにも見える。しかし脱植民地化がある程度進行したとはいえ、歴史的に刻印された暴力やそれに根ざす意識や情念はその後さまざまな形で再生産され、あるいは引きつがれていった。朝鮮の側でいうなら、解放と独立への動きは植民地主義が残した傷跡の剔抉・克服へと連動すべきであったが、実際には南北分断の固定化の過程で、日本の植民地主義によって生まれた「親日派」の問題がより深く歴史に刻印されていった。日本の側でいうなら、戦後日本が過去の侵略史を封印したことによって、日本社会そのものが今日に至るまで排外主義的傾向の強い差別社会として存続してきた。そのなかにあって、在日が、日本を外部の他者というよりは、むしろ内部の他者として精神の内奥に位置づけていったことは容易に想像がつく。

過去を封印した戦後日本が、内部と外部の他者を抑圧することによって自己のアイデンティティを維持しようとしてきたことは明らかである。ここで内部の他者とは、たとえば歴史的に引きつがれてきた朝鮮への蔑視感であり、外部の他者とは目の前に存在する在日朝鮮人であった。戦後の「民主教育」にもかかわらず、朝鮮やアジアへの蔑視感は隠微な形で世代をついで継承され、また在日その他異質な者にたいする排外的政策が一貫して堅持された。事実、多くの場合、指紋押捺制度や厳しい出入国管理、陰湿な就職差別、その他諸々の差別はすべて、「外国人だから仕方ない」という歴史を忘却した勝手な解釈で自己納得されがちであった。一九四五年八月から六五年の日韓基本条約の締結までは、在日はこうして基本的には、ほとんど戦前の植民地主義的暴力の延長線上において処遇されたといえる。日本の知的枠組みからしても、戦後の二十年間、差別問題は階級や近代化といった枠組みで考えられ、とくに民族差別の問題は国家間の問題として放置される傾向にあった。

戦後日本における在日朝鮮人運動は、日本の植民地主義暴力が植民地民衆の在日に刻み込んだ傷を癒すための営みであった。在日は祖国を想いながらも、それと断絶したところで過去の傷跡にうずき、孤独に耐えた。しかもその精神の内部には植民地支配と南北分断がもたらした自己分裂を抱えたままであり、それだけにまだ見ぬ祖国に「彼岸の夢」をかけることにもなった。その意味では北を指向した一九五〇年代、六〇年代の在日の民族運動の高まりも、民族愛、祖国建設といった内部的欲求だけではなく、排外的体質の日本との関係性によって大きく規定されたものであった。五八年に在日の高校生であった李珍宇が日本人女子高生を殺害することによって差別や偏見に抗しようとした事件や、六八年に大井川上流・寸又峡の旅館に閉じこもって銃で警察に闘いを挑んだ金嬉老の事件は、不幸な形ではあるが暴力的な民族差別にたいして暴力でもって対抗するという意味合いをもった。

いずれにしろ戦後の二十年間、在日の意識は主として日本と朝鮮という二項対立を抱え込んだものであったが、そうした状況が変わるのは、七〇年代以降の在日の新しい世代を中心とする民族権利擁護の闘いによってである。日本と朝鮮の対立、分裂ではなく、日本に定住する在日外国人として、日本人と同等の権利を求めていくという新たな目標の設定によって、在日は日本と朝鮮の両方を内部の他者として位置づける歩みを強めていった。そこには南北分断の固定化、北の体質の硬直化、南の経済発展などの理由があり、また日本が高度経済成長をとげることによって開かれた社会になっていったことも大きな要因としてあげられる。

在日のアイデンティティを考える場合、いまや日本と朝鮮、あるいは日本対朝鮮という図式では考えられなくなりつつある。実際にも在日は、さまざまなかたちの植民地的遺制のなかにあるとしても、普通の生活感覚からするとき、もはや日本の植民地主義的暴力という呪縛から解き放たれていると考えてよい。

第五章　在日にとっての「ポストコロニアル」

周知のようにエドワード・サイードが『オリエンタリズム』で明らかにしたように、ヨーロッパ近代の東洋研究ないし東洋学は、オリエントにたいするヨーロッパの知的支配の様式として「オリエンタリズム」なるものを形成したという。そこでは「西洋」が「文明」＝支配者として設定され、それとは明確に区別される「東洋」は後進的、奇矯的、受動的というイメージで捉えられた。いわば「東洋」は、「西洋」と「東洋」という二項対立の虚構（フィクション）のもとで被支配の枠の中に規定され、しかもそうした知の様式が文化的な力を行使する支配的体系として仕立て上げられたというのである。近年日本でそれをまねて「日本的（型）オリエンタリズム」という言葉を使い、近代日本のアジア侵略、アジア蔑視を論議する傾向がみられるが、これは必ずしも的を射た考え方であるとは思えない。近代日本の場合には、欧米崇拝ないしは欧米の脅威といったものがあったし、またアジア蔑視といいながらも同時に、アジアを包摂しようとしたアジア主義や、植民地民衆を「日本人」に同化しようとした皇民化政策というものもあった。もちろん「大東亜共栄圏」や「皇民化政策」を「民族協和」や「文明化」の論理で説明することは難しく、戦前の日本に諸民族共存の思想なり政策がほんとにあったとも思われない。しかし少なくとも「西洋」・「東洋」という二項対立の虚構（フィクション）と同じようなかたちで、「日本」・「東洋」という枠組みを持ち出すのは不適当である。しかも「日本」・「東洋」という枠組み設定が不十分であるからといって、そこに「西洋」を付け加えて「西欧」・「日本」・「東洋」という新たな枠組みを想定すればいいというものでもない。今日のグローバリゼーションの進行を待つまでもなく、世界はずっと以前から、というよりは常に相互浸透的、複合的な作用をもってきた。西洋と東洋、文明と野蛮、白人と黒人（有色人）、男と女、といった二項対立の図式が歴史のある局面の理解や言説の分析などに有効なこともあるが、実際には西洋とか東洋、文明、野蛮、白人、黒人といった概念それ自体の内部に、相互に通じ合う多様性がある。

現にサイードは近年、帝国主義は過去のものではなく、植民地支配が終焉した今日の世界では、旧体制は経済的な覇権構造として持続しており、それに伴う文化的支配が重要な意味をもっていると指摘している。帝国主義支配の歴史の結果、旧宗主国と旧植民地は緊密な関係性をもち、かつての帝国の中枢にはいまや旧植民地出身者が数多く住みつき、中枢の内部で自己の存在を顕著なかたちでアピールしている。こうして帝国主義がもたらしたグローバリゼーションの過程で、かつての支配者と被抑圧者、強者と弱者、多数派と少数派は相互浸透的で、否応なしに共存の時代を迎えている。そうした現状において、中枢の内部では一部排他的なアイデンティティの追求が試みられてはいるが、他方ではそうした排他性の強化ではなく、むしろそれに代わるオルターナティブの提示をめざす動きも盛んである。サイードが冷戦以後の世界を前にして、帝国主義と文化の関係を改めて問い直そうとするのはこのためである。つまり、帝国の歴史的経験を帝国主義と植民地という二項対立的にみるのではなく、重なり合い、絡み合う、いわば相互浸透的、相互依存的なものとして捉えるという視点が重要である（松田京子）。

このサイードの主張は、歴史を自己と他者それぞれの別個のものとしてではなく、ひとつの共通した経験として、自己と他者の関係性のなかで捉えることが大切であることを示している。のみならず、その関係性のあり方、そして推移の仕方をも問題にし、関係性そのものに内在する虚構や矛盾を暴露し、解体することも求められている。このことからするとき、当然、日本や朝鮮、日本人や朝鮮人そして在日、国家や民族といった言葉に隠されている権力支配的、ないし排他的な本質をえぐり出し、それに呪縛された知的枠組みとか支配的な思考をうち破っていくことが重要な課題となってくる。植民地とはもともと、侵すほうも侵されるほうも無傷でいられないものであり、したがって歴史の延長線上において日本・日本人だけでなく、朝鮮・朝鮮人、そして在日の主体的な自己の問い直しも重要な意味をもってくる。

近年「ポストコロニアル」という言葉が一種の流行となっている。「ポスト」というと「ポストモダン」を思い出すが、これは近代があって、その次の時代がポストモダンだというわけではないという。そうした単線的な時代区分ではなく、ある意味で近代の過激化としてのポストモダンという側面を意味するという。つまり近代の問題、近代の諸前提を徹底的に追求していくのがポストモダンだというのである。これと同じようにポストコロニアルというのは、植民地主義体制が終わって、そのあとにポストコロニアルがくるという議論ではないという。現実に植民地体制の遺制があちこちに残っているなかで、植民地体制によって規制された人間関係や支配関係が現代社会の前提となっており、それに対してさまざまな働きかけをするのがポストコロニアルであるという(酒井直樹・米谷匡史)。

ところで、植民地主義的暴力をもっとも鮮明な形で告発した思想家はフランツ・ファノンである。西インド諸島のフランス領マルチニック島に生まれたファノンにおいては、すべてがその黒い肌から出発している。ファノンはフランスの帝国主義支配と闘った希有の思想家であるが、その思想に一貫して流れているのは西欧と自己とのアンビヴァレントな対立関係である。医師として、そしてアルジェリア革命の闘士として生きた彼にとって生涯の課題は、自己に内在化した西欧帝国主義の価値観を革命的に乗り超えようとすることであった。その意味でファノンの著作には、かつて朝鮮人が宗主国言語の日本語で学んだ価値観を必死に乗り超えることによって、朝鮮の解放・独立をめざす革命家に転身しようとしたのと同じ苦悩の軌跡を読みとることができる。

ファノンがその代表作『黒い皮膚　白い仮面』(一九五二年)で論じた自己/他者関係では、黒人は単に黒いのではなく、白人との関係において黒いことが重要であった。黒人は単にひとつの人種ではなく、人種上の他者となるプロセスをとおして白人に従属させられていくのである。しかもファノンは植民地主義を支えている権力関係=知の体系においては、現実には白人が他者性を独占し、黒人は主体性の獲得を可能にする自己/他者の力学からも排除されていたのではないかという。もともと主体性とは、他者の存在を前提として成立するものであり、自己意識は他者意識と表裏の関係にあるものである。

さて、ポストコロニアルの議論は、植民地体制が作り上げた枠組みがいまも残存し、それに規定されているという認識のもとに、これまで常識とされてきた知の体系、知の枠組みを解体・再構築しようとするものである。端的には、帝国主義/民族主義の二項対立の脱構築をはかり、宗主国と植民地が分裂的、対立的でなく、また一方通行でもなく、それぞれ相互浸透的で双方向的であり、そこで形成されるアイデンティティも一元的ではなく、複合的・関係的なものとならざるをえないとする。もともと、帝国主義は、「文明」をひっさげて「野蛮」な植民地を近代化することを表看板にするものである。植民地は帝国主義との接触によって「民族的」アイデンティティを誘発されるとともに、「文明」による近代性をも抱え込んでいくことになる。しかしそこにおいて、帝国主義はあくまで合理的・理性的であり、植民地は非合理・非理性とされる。帝国主義は自ら植民地を保護する役割を担い、その意味で帝国主義＝男、植民地＝女という表象をも動員する。ここでポストコロニアルの問題は、帝国主義とナショナリズム、ナショナリズムとアイデンティティの問題だけではなく、ジェンダーとセクシュアリティの問題とも重なりあい、それらは「西欧」や「近代」にたいする本質的な批判へと連動していく。

帝国主義と民族主義というとき、ポストコロニアルの議論においては帝国主義の遺制が告発されるとともに、いかにして民族ないし民族主義を超えるかが重要な課題とされる。実存主義者、革命思想家のファノンがポストコロニアルの思想家として再評価されるひとつの要因も、ファノンがしばしば「民族」を語りながらも民族主義とはほど遠く、「民族主義ならぬ民族意識は、われわれにインターナショナルな広がりを与える唯一のもの」（鈴木道彦「解説」、フランツ・ファノン著作集3）と、アルジェリアを越えてアフリカ大陸、さらには世界の解放につながる開かれた思想を提示したことによると思われる。ここには帝国主義に対峙し、抵抗する民族主義が、民族独立が達成されたあかつきには必然的にその内部で支配者と被支配者の関係を再生産する役割を担うという、民族主義そのものが抱える他者排除の本質的属性への警戒心がある。

ファノンに関心を寄せるサイードの言葉を借りるなら、自分の民族をおそった惨事を、他の民族がこうむった同じような苦難と結びつけないかぎり不十分であり、したがって危機を普遍的なものと捉え、特定の人種なり民族がこうむった苦難を、人類全体に関わるものとみなし、その苦難を他の苦難と結びつけることこそが重要であった（サイード、大橋洋一訳）。支配者との闘いは同時に自分自身との闘いを伴うものであり、そうしてこそ世界の普遍性に近づきうるというのである。アルジェリア解放闘争に身を投じたファノン自身、『地に呪われたる者』で「人は文化を出発点として民族を証明するのではなく、占領軍に抗して民衆の行なう闘いのなかで文化を表明するのだ」と強調している。文化とはあくまで、民衆が自己を形成しようとする行動や闘いを描き、正当化し、謳いあげるプロセスにおいて、民衆自身によって表現される努力の総体ともいうべきものであった。つまりア・プリオリな文化とそれに規定される民族は存在せず、ファノンにとって民族とは、事実上闘う民衆であり、人民とほとんど同一視されるものであった。しかもその闘いのなかでこそ民族意識が勝ち取られ、それが新たな人間の創出につながっていくのであった。

在日がひとつの共同体であるとするなら、そこで語られる「われわれ」は、他者との共存を前提とするものでなければならない。かつて植民地主義的暴力をことととした日本人は、他者蔑視、他者否認の「われわれ」意識をもっていたが、それはいまとなってはもはや過去の語りとすべきものである。たしかに、今日においても、少なからぬ日本人が在日に蔑視感をいだき、差別的言動をおこなっているのも事実である。しかし逆に、日本社会が変化し、それに伴って在日の処遇改善が実現してきた原動力もまた日本人の良心によるものである。サイード流にいうなら、抵抗と解放の偉大な物語は、植民地化され抑圧された人びとを奮い立たせ、帝国主義的忍従からの脱却を促しただけでなく、その過程において植民地支配の側にいる少なからぬ人びとの心をも動かし、自由で平等な人間共同体の実現という新たな物語のための闘いに参与せしめたのである。

その意味からも、在日がかつて日本人の抑圧・加害に対抗すべく、必死に「民族」に抵抗のエネルギー源を求めたとしても、その民族に寄りかかった帰属意識が今日にあっては、ときに日本人との共生を妨げる他者蔑視、他者否認の要素ともなりうることに注意を向ける必要がある。むしろ民族というよりは、現在では市民意識や民主主義の思想に依拠することが、日本人と在日を含む意味での「われわれ」意識の確保に大切ではないかということにもなる。

在日の若い世代の一人である慎蒼健は、つぎのように言う。

差別される側は「外に向けて」抵抗する言葉を、そのまま「内に向けて」いかなければならない。別の言い方をすれば、差別される側はいつでも自分が差別する側になったらという想像力を働かす必要がある。民族差別に抵抗する場合、否定された民族を肯定し、「私たち」という主体を立ち上げることになるが、そのなかにもジェンダーや階級などの差違がある。こうした差違を無視すれば、民族の強調そのものが内部の性差別を温存し、伝統的な家父長制を維持することにもなる（慎蒼健）。

たしかに、民族のもつ本質的属性からして、民族が自己中心主義、排他主義的性格を帯びるものであることは免れない。民族をナショナル・アイデンティティやエスニシティと呼び換えてみても、それらが基本的に国民国家の枠組みを前提とする意識のありようであり、運動であるかぎり、事態はそんなに変わらない。しかも在日にとって、抵抗の物語は、すでに支配・抑圧に沈黙し、一方的に表象される側のものとしてあるのではない。もはや抵抗の物語は、在日の専有物ではなく、支配・被支配、抑圧・被抑圧、さらには差別や偏見を含んだ社会の諸矛盾の関係性において捉えられなければならず、その関係性のあり方を徹底的に暴露するものとして位置づけられなければならない。

ただし、それでは在日が「民族」に依拠することはすべて間違いなのかといえば、もちろん事はそう単純ではない。植民地主義的暴力があからさまなかたちで存在するとき、抵抗する側の民族意識やナショナル・アイデンティティは、現実には「民族主義」として表現されるほかはない。それは新たな権力関係、社会関係の創出を夢見て、自己の解放を企てるためには欠かすことのできないものである。ただここでいう民族とか、民族意識、ナショナル・アイデンティティといったものは、あくまで弱者、抵抗する者にとって重要な、そして多くの場合肯定的な意味を持つということである。逆にいえば、強者、抑圧者、加害者が民族を語るとき、それは他者蔑視、他者否認、さらにはファシズム的な響きをもつことになる。民族なるものは、弱者、抵抗する者が語ってこそ、自己の尊厳を守り、地域と時代を超えた人類全体の普遍性を追求するのに役立つものとなる。

このことは、在日に即していうなら、二十一世紀を迎えた今日の時点において、日本人、そして南北朝鮮の同胞、さらには世界の人びとと共生しうる排他的でない民族（主義）、民族意識をいかにして持ちうるのか、あるいは民族に代わるアイデンティティをいかにして確保できるのかという問題になる。ここでさきのスミスの議論に戻ると、スミスはナショナリズムの強さと持続性を強調する点では保守的体質を免れないが、ナショナル・アイデンティティに占める歴史主義・文化主義的要素を重視する点においてはインターナショナルな広がりにつながる可能性を秘めた論を提示している。

いまこうして述べてくると、民族や民族主義、民族意識などにまつわる外国語を日本語に翻訳することの困難さが改めて思い起こされる。たとえば日本語訳の『ファノン著作集』で使われている民族や民族主義、民族意識といった言葉が原語ではどのような意味をもって使われた言葉なのか、またそれはたとえば、スミスの日本語訳『ナショナリズムの生命力』で用いられているナショナリズムやナショナル・アイデンティティ、あるいはエスニシティといった言葉とどの程度重なりあうものなのかが気になってくる。英語でいう「ネイション（nation）」や「ナショナリズム（nationalism）」は日本語では国民、民族、国家、そして国民主義、民族主義、国家主義とさまざまに訳されるが、アンダーソンの『想像の共同体』の場合には、「ネイション」は多くの場合「国民」と訳されている。韓国では日本語でいう「ナショナリズム」は原則として「民族主義」と訳されるのが普通で、日本との相違を感じる。

日本語で民族や民族主義、そして民族意識などの言葉を用いるとき、そこには常に曖昧さ、不透明さがつきまとう。しかしいずれにしろ日本語で論じるかぎりにおいては、そうした曖昧さや不透明さを承知のうえで、あくまで日本語で語るという方法しかない。その意味で、ここではスミスのいうナショナリズムを民族主義、ナショナル・アイデンティティを民族意識と捉え、しかもそれらの漢字語がファノンの著作集（翻訳）における民族や民族主義、民族意識と同じ意味合いをもつものとして割り切って考えるしかない。

第六章　自己の出自を確認する歴史意識

今日、在日は、「市場経済と民主主義」のグローバリゼーション時代に生きている。西欧や日本の近代性ないし近代化といった側面からするとき、在日が植民地時代およびその延長線上において「近代なるもの」を受け入れ、吸収する主体的力量に欠けてきたことは当然に予想される。しかも在日そのものは現在、ひとつの確固とした国民国家の枠組みの中にあるのではなく、分断「祖国」を抱え込んだ「境界人」である。のみならず、居住国の日本は国家としてはかつての侵略の事実をなおも否定し、戦争責任や戦後責任、そして旧植民地出身者のマイノリティにたいする責任を拒んだままである。いわば在日は現在、あからさまな形での植民地主義的暴力によってではなく、さまざまなかたちの植民地主義的遺制によって幾重にも縛り付けられ、人間としての尊厳と正当な社会的処遇がふみにじられた状況にあるといってよい。当然、在日のなかには、いまもって民族としての集団的記憶に根ざす強烈な民族意識にアイデンティティの核をおく者も少なくない。それが北や南の民族主義ないし国家主義ともからまって、排他的な自民族中心主義や反日主義として表出されることも少なくない。しかしそれにもかかわらず、在日の総体はいまや日本での定住を既定事実とし、そこに世代の交代や日本人との結婚の増加などが重なって、いまやひとつの民族としてのアイデンティティが急速に拡散、ないし希薄になっていっているのも確かである。

今後、在日が自らをひとつの民族として語るのはますます困難になっていくと思われる。考えてみれば、在日だけでなく、日本人も、「資格」で自らの民族を語ることはできないのではないのか。国民国家日本は日本国民を基盤に構成されているといっても、はたしてその日本国民の資格、特性は何なのか。戸籍などの国家システムを別にすれば、日本国家を支える自立的主体としての日本人が存在するとは考えにくく、むしろそうした自立的主体の存在を措定する、つまり現実には存在しないものを存在すると主張し、強弁することによってはじめて国民という主体は成立しているのではないのか。アンダーソンのいう「想像の共同体」とはまさにそうしたものであり、国家と国民は存在しても、さまざまな歴史や個性をもち、出身や身分、ジェンダー、職業といったさまざまな規定性をもった個人は現実には欠落しているのではないのか。その意味では在日も同じであり、在日を構成する一人ひとりは全体と個人の関係性において、いわば「想像の共同体」としての「在日」に帰属させられているのではないのか。当然、在日を語る資格なるものはないのが当たり前であり、在日を在日たらしめる唯一の装置は、極論するなら日本の国家システムといえるのではないのか。

いま国家システムをはずして考えるとき、かつて在日の祖先は朝鮮半島からやってきて、一世、二世、三世と、日本で暮らし、そして四世、五世、六世と、人類が存続するかぎり日本に住み着いていくものと考えられる。かつては在日朝鮮人という言葉も、在日という言葉もなかった。そして現在は在日という言葉はあっても、未来のいつか、それが死語と化す日も来るであろう。しかし在日という言葉が死語と化しても、在日がかつて存在したこと、そしてその子孫が日本に暮らしていることは事実として否定されることはないであろう。

在日は歴史のひとこまである。当然、在日をどう定義するかは時代によって変化する。絶対的な朝鮮人も、絶対的な日本人も、絶対的な在日も存在しない。他者との関係性で自己も変わり、自己の生き方によって他者との関係性も変化する。国家の枠組みや南北朝鮮の統一など、政治経済の変動によっても変わってくる。要は特定の時代、特定の条件におけるひとつの歴史的存在として、在日がいかに人間としての尊厳を勝ち取り、他者と共存する道を確保していくかである。

在日は今後、「民族」としてのまとまりをもつことがますます困難になっていくのかも知れない。しかも在日は歴史のひとこまであるといっても、現実には、「現在」に悩み、「現在」を生きている。当面は定住外国人としての人権確保と南北の平和的統一が大きな課題であろう。しかしいずれにしろ、在日が自らを意識して生きるとき、そのアイデンティティの根拠は肯定的であれ、否定的であれ、国籍や血統、意識など、さまざまであり、複合的である。その自覚のありようは時には鋭く、また時には曖昧模糊としたものであり、それを的確に表現できないもどかしさを感じるが、微妙な日本語として表現するとき、それを思い切って「民族」意識と呼んでもなおさしつかえないように思われる。

在日の実態はさまざまである。国籍も違い、故郷も違い、言語にたいする感覚も違う。文化や習慣も違い、朝鮮的なものとか、日本的なものにたいする感性のあり方とか、認識の仕方も千差万別である。しかし祖先が朝鮮半島からの渡来者であり、それがかつての日本の朝鮮植民地支配と関わりのあること、しかも歴史のその局面において被抑圧者、被差別者としての立場を強制されたという事実は否定しようもない。人によってはそうした抑圧、差別に抵抗し、闘ってきた人もいれば、そうでない人もいよう。しかし少なくとも植民地民衆、旧植民地出身者としての来歴だけは否定できない。

つまり在日の「民族」意識は、さまざまな要素をもった複合的なものであるが、在日の現実と未来からするとき、とりわけ自己の出自を確認する歴史意識が重要な意味をもってくる。言い換えるなら、在日を規定するのは国籍や、血統、意識、あるいは闘うことなどとさまざまに言われるなかで、なによりも自らの来歴を確認する歴史への省察がもっとも重要な意味を持つということである。血縁（血）ではなく出自、つまり歴史意識、歴史認識、歴史的自覚である。それは「ルーツ」という言葉と重なり合うものである。

歴史といえば、その感じ方は人によってもちろん異なる。もともと「ネイション」とか「ナショナル・アイデンティティ」という語には、国家に代表される政治的単位とは区別される、共通の起源と歴史を共有する人びとのコミュニティの存在を前提とする意味合いがある。当然、在日にとっての歴史は、少なくとも日本の朝鮮植民地支配の事実を凝視するものであるはずである。

その意味では、日本人が戦前、皇国史観の歴史によって国家に回収され、二十世紀末から二十一世紀にかけての現在は「自虐史観」を拒否しつつ、近代の日本国家と民族を丸ごと擁護する歴史によって幻惑されていることに注意を向ける必要がある。在日はあくまで、国家や民族を特権化するのではなく、また抑圧と被抑圧、加害と被害を固定化するのでもなく、近代の日本と朝鮮、さらには世界の歴史的経験をひとつの共通の経験として受け入れられるように努力することのできる歴史意識、民族意識をはぐくむ必要がある。もとより、そうした民族意識は他者にも開かれた民族意識であり、しかも自己および他者にたいする限りない省察と和解への努力、ないしは闘いを不可分の構成要素とするものである。

現実の生活において在日を規定する大きな要素は、国籍に代表される日本の国家システムであり、また南北の国家システムである。しかしアイデンティティという側面では、在日は、民族＝国民のような共同態に同化されえない「自己」の内面を確立することこそが求められている。その際、在日は、歴史的に形成されたマイノリティとして、記憶および確認としての歴史意識、民族意識を保持し続けることが何よりも重要である。それは近代という時代が経験した抵抗の歴史、解放への闘いの歴史の自覚であり、確認でもある。そのことは国籍その他の法的地位がどうであれ、在日が日本社会の構成員として生きていくかぎり、内在化された日本と朝鮮との関係性においてつねに自己の存在を問い直し、人間的価値を共有しうる新しい歴史を切り拓くために、子々孫々、世代を継いであらがい、闘いつづける存在であることを意味する。

〔参考文献〕

徐京植『分断を生きる』影書房、一九九七年。

アントニー・スミス『ナショナリズムの生命力』高柳先男訳、晶文社、一九九八年。

アリ・ラタンシ（本橋哲也訳）「人種差別主義とポストモダニズム　上・下」（『思想』一九九六年十、十二月号）。

松田京子「ポスト・オリエンタリズムを考える―E・サイード著『文化と帝国主義』をめぐって」（『江戸の思想』4、一九九六年七月）。

酒井直樹・米谷匡史「〈帝国〉批判の視座」（『情況』一九九七年十二月号）。

フランツ・ファノン『黒い皮膚　白い仮面』フランツ・ファノン著作集1、海老坂武・加藤晴久共訳、みすず書房、一九七〇年。

フランツ・ファノン『地に呪われたる者』フランツ・ファノン著作集4、鈴木道彦・浦野衣子訳、みすず書房、一九六九年。

エドワード・サイード『知識人とは何か』大橋洋一訳、平凡社、一九九五年。

エドワード・サイード『オリエンタリズム』板垣雄三・杉田英明監修、平凡社、一九八六年。

ベネディクト・アンダーソン『想像の共同体』白石隆・白石さや訳、リブロポート、一九八七年。

慎蒼健「民族は他者に開かれうるか」（『大航海』第15号、新書館、一九九七年四月）。

第Ⅱ部

少数民族の思想／現実と理想の間で

――一九二〇年代の「トランシルヴァニア主義」の動向

伊藤義明

第一章　消極活動から積極活動への転換

第一次世界大戦後の東中欧の混乱した社会情勢では、住民の誰もが不安定な精神状態に動揺を隠しきれなかった。敗戦国ハンガリーは、さらにトリアノン条約によって広大な領土を一瞬にして失った。[1] ルーマニアに併合されたトランシルヴァニアのハンガリー人社会では、知識層の一部の人たちはある程度までこの条約によって引き起こされる打撃的状態を克服し、母国と引き離されて少数民族として生きていかなければならないことを自覚していた。しかし、この未曾有の歴史的事件をその大部分の知識人も、中間層の市民もなかなか認識することができなかった。しばらくの間政治機関と指導者なしで将来の展望も見出せずに、一部の指導的サークルでは国家の支配交代を一時的なものとみなす楽観論さえあった。多数の国家官僚、地方官僚、裁判官、教師がルーマニア当局に誓いをたてずに失職し、ハンガリーへの移住を決意した。ルーマニアに編入された新しい社会の枠組の中で、ハンガリー人は何ら責任と義務を果たしえない「消極活動《パッスイヴィターシュ》」の状態が続いた。[2] このような状態に甘んずる政治家はパリの平和会議の決定を前にして、行動を慎むことを呼びかけた。しかしトリアノン条約の調印と承認の後では、消極活動での慎重論はもろくも崩れ去った。頼みの綱と思われた母国が、トランシルヴァニアのハンガリー人問題を民族統一運動《イレデンタモズガロム》のプロパガンダの切り札としか考えていないことが明らかになると、トランシルヴァニアのハンガリー人はそれまでの行動の反省から新たな方向性、「積極活動《アクティヴィターシュ》」への転換を図った。(3) 彼らの消極活動から積極活動への転換はまず知識層の間で起こり、その第一歩として一九二〇年五月にリベラルな政治活動家でかつてマロシュヴァーシャールヘイの市長でもあったベルナーディ・ジェルジによってその口火が切られた。ベルナーディは既成の事態を受け入れるようにはたらきかけ、ルーマニアのハンガリー人の結束した組織化を呼びかけるために『公開状』という小冊を刊行した。(4)

積極活動は進歩派の間で「自治の思想」とも結びついて、活発に動き始めた。この「自治の思想」とは、いわゆる「東のスイス《ケレティ・シュヴァーイツ》」論と呼ばれているものである。この主張は独立したトランシルヴァニアの自治とそこに共住する諸民族の平等、友好関係を前提に、進歩的なハンガリー系知識人の間でしばしば論議された。そしてこの論調の流れは三人の宣言によって決定的なものになった。

一九二一年一月二十三日にコロジュヴァールでコーシュ・カーロイ、パール・アールパード、ザーゴニ・イシュトヴァーンの連名でパンフレットが出版された。そこでコーシュは『呼び声《キアールトー・ソー》——トランシルヴァニア、バナート、ケレシュヴィデーク、マーラマロシュのハンガリー人に寄せて!』(5) という題で少数民族の公的生活ならびにハンガリー人とルーマニア人の共住による民主主義的構想を発表した。他の二人のうちパールは『政治的積極活動の制度』、ザーゴニは『ハンガリー民族の道』という題で、具体的に自治における「制度のより広い発展」とその「法的かつ歴史的基礎付け」を企てた。そして少数民族文化の独立した発展と少数民族の組織的存続が保障されるべきことを論じ、さらに「地域的自治《テリュレティ・アウトノーミア》」と「民族登録簿《ネムゼティ・カタステル》」を設けることを主張した。この目的設定のモデルとなったのは、オーストリアで発展した民族の文化的自治の思想であった。(6) つまり「民族登録簿」の思想とはオーストリアの社会民主主義者オットー・バウアーに由来するもので、同じくオーストリアの理論家カール・レンナーがかつての少数民族政策の構想をさらに発展させたものである。(7) そこで主張されていることは、いずれの民族も「地域団体としてではなく、単に諸個人の同盟として」決定されなければならず、国民の「自由な族籍の表明」、すなわち少数民族登録簿の設定によって民族ないし少数民族を地域の原理原則と関係なく編成しながら、同一民族、同一少数民族に帰属する市民を公法団体へと再構成しなければならないとする認識であった。ザーゴニ・イシュトヴァーンはこれらの思想を一九一九年にパリで締結された少数民族協定に注意を払いながら、「少数民族登録簿に基づく文化的自治」を受入れ、トランシルヴァニアの伝統に根ざした自治を構想するのに適用しようとした。(8) ハンガリー人の優位と指導的役割に基づく制度ではなく、共住する諸民族の友好関係、相互依存、そして「自らの族籍を自由に表明できること」を基盤に打ち立てようとする新たな「東のスイス」構想は、名称は同じであっても明らかにヤーシ・オスカールの出発点と異なっていることに留意する必要があろう。(9)

第二章　出版物による積極活動

積極活動の根本的な運動方針は、トランシルヴァニアの歴史を溯り、そこに共有する基盤を見出すことでトランシルヴァニア固有の「自己意識《エントゥダト》」と「自己目的性《エンツェールーシャーグ》」を郷土のハンガリー人に認識させることにあった。しかも郷土の歴史と伝統を徹底的に探究する必要性を認めながらも、同時に「偏狭な地方性《ヴィデーキエッシェーグ》」に陥る危険性をも感じ取り、西欧文化から普遍的思考性を取り入れることでそれを克服することが考えられていた。この方向性のモデルとなるべき先例を大戦後トランシルヴァニアの作家は雑誌『ニュガト（西欧）』に求めた。従ってルーマニアのハンガリー文学は前世紀後半にまで溯れる文化的脱中央集権運動の延長線上に成立しているだけではなく、精神的にはニュガト派の文化運動の影響を強く受けている。そのため詩人アディ・エンドレと『ニュガト』の文学観を継承することを目標におきながらも、トランシルヴァニアの土壌へそれを根づかせることに努めることで革命的かつ進歩的文学を志向した。

一九二八年に創刊された『エルデーイ・ヘリコン』にまで連なっていくと思われるこの方向性を、二〇年代前半にすでに進歩的市民層と知識層の雑誌、例えば一九二〇年から二一年の間に刊行されたコロジュヴァールの『ナプケレト（東方）』、一九一九年から二〇年まで出版されたマロシュヴァーシャールヘイの『ゾルド・イドゥー（苦難の時代）』、あるいは一九二四年創刊の『ゲニウス』と翌年その後を継いだ『新ゲニウス』は「ニュガト的」理想の影響をより強く受けていた。その他にも、一九二五年から翌年にかけてアラドで出版されたサーントー・ジェルジの『ペリスコープ（潜望鏡）』は、表現主義の影響下で前衛的文学をめざす実践的活動をおこなった。[10]『ナプケレト』の編集では市民急進主義者リゲティ・エルヌー、カーダール・イムレと人民急進主義者パール・アールパード、センティムレイ・イェヌーの直接的な協力が実を結んだ。ここには『エルデーイ・ヘリコン』に先立って急進主義勢力結集の一つのモデルをみることができる。これら二〇年代前半の文学雑誌にはすでに進歩的色彩が色濃くあらわれていた。

進歩的精神の現れとしては左翼陣営の活動も忘れてはならないであろう。評議会共和国《タナーチケスタールシャシャーグ》が鎮圧された後、ハンガリーでのフォーラムが困難になった左翼勢力はウィーンや「継承国《ウトーダッラモク》」に活動の中心を置いた。その活動の場の一つとして、トランシルヴァニアへの亡命者が中心となって一九二六年にコロジュヴァールで『コルンク（我々の時代）』が創刊された。当初ディーネシュ・ラースローの編集でおこなわれた『コルンク』の主張には、折衷主義的な試行錯誤がみられたが、一九二九年からガール・ガーボルが編集を引き継ぐと徹底したマルクス主義的文化政策を打ち出すようになった。また一九二五年から三〇年にかけてアラディ・ヴィクトルによって編集された『イェヴェー・タールシャダルマ（未来社会）』（後に『フソネジェディク・サーザド（二十一世紀）』に改名）はハンガリーおよび東中欧地域の連携した労働運動を主要課題とみなしていた。アラディはすでに『フサディク・サーザド』時代に、ルーマニアの少数民族問題の専門家としてルーマニア人知識層と親交を結んでおり、一九二六年にコロジュヴァールに移り住んでからはディーネシュ・ラースロー、アンタル・マールクの他にルーマニア人ヴィクトル・チェレステシウ、ペトレ・スチウ、ドミニク・スタンカなどと協力して共産主義の普及をも顧慮した社会科学協会を設立した。彼ら『イェヴェー・タールシャダルマ』のメンバーたちは民族少数者と民族多数者の関係をインターナショナリズムの立場から解決できると考えていた。市民急進主義者、人民急進主義者らの進歩的雑誌が『ニュガト』にその範を仰いでいたのに対し、左翼勢力の雑誌は『フサディク・サーザド』の強い実証主義的影響下で活動を続けた。雑誌の命名の仕方、そして社会科学に対する際立った関心がそのことを如実に示している。(11)

進歩派に対してトランシルヴァニアの保守的傾向のグループは、ハンガリーでのように攻撃的、暴力的勢力としては大きな存在に至らなかった。一九二四年から二九年まで出版された『エルデーイ・セムレ（トランシルヴァニア評論）』にしても、一九二一年に創刊された後に『エルデーイ・セムレ』の路線を継承すべく四五年まで出版され続けた『パーストル・トューズ（牧人の焚き火）』にしても、保守派を代表する雑誌であっても極端な右翼的性格を帯びなかった。レメーニク・シャーンドルやギャライ・ドモコシュなど一部を除いて才能ある作家に恵まれなかったことも保守派を結集することができなかった一因となっている。そして興味深いことに進歩派の雑誌『ナプケレト』や『ゾルド・イドゥー』で執筆、寄稿している作家が同じように『パーストル・トューズ』でもしばしば顔を出しており、すでに『パーストル・トューズ』の保守的理念が半ば形骸化していたことをあらわしていた。(12)

これら様々な文化的積極活動は新聞、雑誌を重要な手段としておこなわれた。ルーマニア政府によるハンガリー人の学術および教育機関の閉鎖[13]は、『エルデーイ・ムーゼウム・エジェシュレト（トランシルヴァニア博物館協会）』の研究活動といったわずかな例を除いて、公共の組織的機関をもてずに孤立した状況の中でハンガリー系少数民族の個々の学問と教育を推し進めていかなければならないことを意味していた。そのため学術活動と公的生活での文化活動は、必然的にこれらの機関の助けを借りずにジャーナリズムと文学活動の中で打開策を見出さなければならなかった。新聞、雑誌を中心に積極活動を活発におこなった背景にはこういった社会事情も絡んでいたのである。

『エレンゼーク（抵抗）』、『ナジヴァーラド』（後の『サバッチャーグ（自由）』）、『ナジヴァーラドィ・ナプロー（ナジヴァーラド日報）』、『ブラッショーイ・ラポク（ブラッショー新聞）』、『テメシュヴァーリ・ヒールラプ（テメシュヴァール新報）』、『アラディ・ケズレニ（アラド日刊新聞）』など既存するもの、あるいは数多く創刊された比較的短命なもの、こうした次々と刊行される新聞、雑誌が文化的積極活動の中心的役割を担った。新たに創刊された雑誌の中には、市民急進派の雑誌で後に全国ハンガリー党の機関紙になった『ケレティ・ウーイシャーグ（東方新聞）』、人民急進派の『ヴァシャールナプ（日曜）』と『ウーイシャーグ（斬新）』、保守派の『マジャル・ネープ（ハンガリー民衆）』、シオニストの『ウーイ・ケレト（新東方）』など影響力の強い出版物もあらわれた。少数民族となってから最初の五年間のうちに、三三〇もの新聞と雑誌が出版され、そのうち二四三の新聞、雑誌が新たに創刊された。この中には政治的出版物も多く、十八の週刊誌と五十三の月刊誌が各政治的主張を代弁していた。しかもこれらの雑誌には文学の組織的役割も与えられていた[14]。

また数多くの新聞、雑誌の出版とならんで書籍出版の活動も注目に値する。二〇年代の文学組織の活動とその成果は、書籍出版の業績とも関わっていた。ジェルジ・ラヨシュによれば、一九一九年から二四年の間に一、六一六冊のハンガリー語の書物が出版され、そのうち三分の一が文学書であった(15)。とはいえ新国家内での少数民族は当初次々と出版企業を設立したが、それに見合った資本と安定した読者数を確保できずに彼らの出版企業は軒並み倒産し、これまでの楽観的展望すら徐々に消え失せていった。ミネルヴァ株式会社のように教会組織の支援を受けて存続できた企業は非常に希なケースであった。経済的に不安定な状況にあって、一連の出版企業設立の最後尾に現れた『エルデーイ・セープミーヴェシュ・ツェー（トランシルヴァニア芸術家協会）』は確固たる基盤を得た唯一例外的に成功した企業であった。『ケレティ・ウーイシャーグ』の寄稿者でもあったコーシュ・カーロイ、パール・アールパード、ニレー・ヨージェフ、カーダール・イムレ、リゲティ・エルヌー、ザーゴニ・イシュトヴァーンによって一九二九年にコロジュヴァールで設立された『エルデーイ・セープミーヴェシュ・ツェー』は年に十二冊の出版を企画し、『愛好家叢書《アマテールショロザト》』の予約購読料によって事業に必要な資金を捻出し、その収益でより安価で好評を得る書籍を出版した(16)。

こうした文化的積極活動の成果と並行して、ルーマニア新国家内の劣悪な政治環境と闘い、保守派と進歩派の間で統一した政治的結束を打ち立てようとする政治的積極活動も生まれた。政治的積極活動とはいえ、作家と政治活動は常に密接な関わり合いをもっていた。「歴史的トランシルヴァニア主義」の形成から見て取れるように、本来トランシルヴァニア主義は政治的行為とともに思索され生成されてきたものであるが、今世紀二〇年代のトランシルヴァニア主義は結局現実的政治活動に失敗し、文化活動がより比重を占めるようになる。そればかりか文化活動にみずからの可能性と活路を探るようになっていく。その推移を大まかに辿っていくことにしよう。

第三章　政治的積極活動

一九二一年一月二十三日に宣言された『呼び声』の後、コーシュ・カーロイはスターナ（バーンフィフニャド近郊の村）に引きこもり、同志と共に次のように訴えた。

「我々はカロタセグ地方三万数千人のハンガリー人の民衆たる諸君に呼びかける。立ち上がれ、全員揃って広げられた旗の下に並べと。我々は憲法で保証された自分たちの権利のために闘うつもりである。自分たちの言語、宗教、文化のために闘うつもりである。そして自分たちの土地、財産、繁栄のために闘うつもりである。(17)」

同時にこの場でトランシルヴァニア・ハンガリー人民党の結党宣言がなされ、同年六月五日にバーンフィフニャドで結党大会がおこなわれた。委員長には弁護士アルブレヒト・ラヨシュ、書記長にコーシュ・カーロイが選出された。この頃コーシュらの党結成を端緒にトランシルヴァニアのハンガリー人の間で政治的気運が高まってきたのは事実であったが、ハンガリー系の各教会組織がルーマニア王に忠誠を宣誓したことも政治的積極活動を活発にさせる契機となった。(18) さらに七月六日に「諸党の上に置かれる幅広い代表」機関として「ハンガリー協会」がコロジュヴァールで発足し、保守的政治家が指導にあたった。ハンガリー協会の発起人たちは人民党の指導者たちに参加を呼びかけ、アルブレヒトは副会長、コーシュは書記長の委任を受け入れた。しかしこの一連の政治活動も十月三十一日に布告されたルーマニア当局の政令によって禁じられた。(19)

一九二二年三月六、七日にかけて新国家のもとで初めてハンガリー人に参政権のある選挙がおこなわれた。この選挙でブラティアヌ政府は少数民族の党だけではなく、トランシルヴァニアのルーマニア人市民を代表するユリウ・マニウ率いる民族党候補者の選出をも妨害しようとした。選挙結果では、ルーマニア国会へ選出されたハンガリー人代議士は保守的政治家で占められていた。同年八月五日にコロジュヴァールでグランドピエール・エミールはハンガリー国民党を新たに結成し、シャーンドル・ヨージェフは党の結成大会でハンガリー人民党との連合を提案した。それを受けて、十二月二十八日両党が統合して生まれた「全国ハンガリー党」の結成党大会がコロジュヴァールでおこなわれた。議長に選出されたヨーシカ・シャームエル男爵は就任演説で、ルーマニア政府によって解散させられたハンガリー協会の綱領を念頭において、ハンガリー系少数民族統一によって統一党を拡大すると宣言した。発表された演説には、他に投票者名簿の新たな作成、登録投票の導入、ハンガリー系教会付属学校の自治の維持、公務から解雇されたハンガリー系官僚の地位の修正が織り込まれていた。[20] しかしながら、コーシュら人民党の民主主義的試みは不首尾に終わった。人民急進派の大部分の者が結局は統一した党組織の中でなんら役割を果たすことができなかったからである。[21]

一九二三年にヨーシカ・シャームエル男爵が亡くなると全国ハンガリー党内部は権謀術数の蠢くところとなり、最適人者と思われていたベルナーディ・ジェルジは議長に選ばれず、ウグロン・イシュトヴァーンが後任を引き継いだ。全国ハンガリー党はますます歴史的階級の利益擁護を第一の使命とする閉鎖的政治グループになっていった。同年十月二十三日に全国ハンガリー党のメンバーの一部が、ブカレストでルーマニア人右翼急進主義者アレクサンドル・アヴェレスクならびにオクタヴィアン・ゴガのルーマニア人民党と協定を結び、十一月二十五日にチュチャの城館で、世に知られる「チュチャの協定」の調印がおこなわれた。ゴガはその際、選挙の勝利の暁には全国ハンガリー党に対し十八名の代議士、十名の上院議員の議席、その他にも少数民族に対する制限の緩和を約束した。[22]

一九二六年二月一日にブラティアヌ政府が選挙をおこなうことが明らかになると、急きょウグロン・イシュトヴァーンはアヴェレスク宛に手紙を書き、チュチャの協定を一方的に破棄した。選挙で全国ハンガリー党は勢いを盛り返したが、一カ月後に四年間のブラティアヌ内閣の任期が切れると、予想に反してルーマニア人民党政府が実権を握り、オクタヴィアン・ゴガの法案が採択された。全国ハンガリー党はチュチャの協定を破棄したため苦境に陥った。そのためウグロンは辞職し、議長職を引き継いだベトレン・ジェルジ伯爵は早急にジェルジ・エレメールにゴガとの交渉をおこなわせ、再度協定を結び、さらに「選挙カルテル」まで結んだ。しかし一九二七年にブラティアヌが選挙を強行したためアヴェレスク内閣も一年で退陣に追い込まれた。全国ハンガリー党は今度はハンス・オットー・ロート率いるルーマニア・ドイツ党と選挙カルテルを結ばざるをえなかった。[23] かくてルーマニア政界の混乱はおよそ内戦の様相を呈していた。ほどなくトランシルヴァニアの民族党とレガート（ルーマニア旧王国のワラキアとモルドヴァを合わせた総称で主に戦前に用いられた名称）の農民党を統合して生まれたマニウの民族農民党が、一九二八年十二月十二日から一五日にかけておこなわれた選挙で大勝し、国会の過半数の議席を獲得した。全国ハンガリー党もこれに便乗して国会で第二党になった。[24] ルーマニア政界の嵐の中で、トランシルヴァニアのハンガリー人はこれに翻弄されたが、全国ハンガリー党の二転三転する一見無節操と思われる行動も、ある意味では生存の知恵がはたらいているとみなすことができる。しかし、この党のより大きな問題点は党内部にあった。ハンガリー民族党とハンガリー人民党が統合してできた全国ハンガリー党はその発足した時点からすでに保守的性格を前面に出していて、結局最後までこの性格を是正することなく、民主主義的改革に失敗した。全国ハンガリー党の貴族、大地主など歴史的階級の利益を最優先する党の体質は一九二四年十二月十四日のブラッショー大会で初めて党批判として告発された。[25] 一九二六年の党大会を前にして、クレンネル・ミクローシュは党指導部とその政策を徹底的に批判する回報を出した。そして次のように表明した。

「トランシルヴァニアのハンガリー人の政治は種子からではなく、挿し木から育った。広範な大衆の精神活動はその中で本当の有効性を得ていない。ハンガリー人組織の根はたいてい十分に広がっておらず、そのため栄養も不十分である。私は思うのだが、ハンガリー党の指導部はハンガリー系少数民族の社会階層と中枢を正確に反映していない。だからその十分な重みと有効な政策が存在しないのだ。[26]」

クレンネルの同調者からなる「改革派グループ」は全国ハンガリー党の改組を要求し、党規約の修正を求めたが党執行委員会はこれを退けた。「改革派グループ」のメンバーはしばらくの間『ケレティ・ウーイシャーグ』で党に対するプレスキャンペーンを展開したが、最終的にこのグループのメンバーのうちコーシュ・カーロイ、ヴァイス・シャーンドル、トルダラギ・ミハーイは脱党を決意した。コーシュはそればかりではなく、政界すら退いた。一九二七年に「改革派グループ」の一部の人たちによって再度民主主義運動が試みられ、人民党が再結成されたがすでにその効力はなかった。[27] コーシュは二〇年代の政治活動の経験から、真の「民族益政策《ネムゼトポリティカ》」[28]の成果を生むのは政党政治によってではなく、文化活動によってもたらされることを自覚した。文化的積極活動に比べると政治的積極活動の成果はそれほどみるべきものはなかったが、三〇年代政治の大きな民主主義的展開の基盤は、二〇年代の市民急進主義者と人民急進主義者の民主主義運動によって用意されたものである。たび重なる政治活動の失敗を背景に、トランシルヴァニア主義運動は政治においてよりも、文化的分野に重心を傾け、特に文学活動においてその中心的活動を見出すことになった。

第四章　対立する思潮

トリアノン条約以後、引き離された母国とトランシルヴァニアの精神思潮は別々の道を歩むことになった。ハンガリー本国は評議会革命後、左翼勢力が一掃され、ホルティ政権が成立すると、一方では戦前の大ハンガリーの復活を待望する「キリスト教」に基づく修正主義的ナショナリズムが強まり、他方では大戦後の唯一の歴史的階級とみなされた農民階層を基盤に、階級のない人種的統合を試みる、いわゆる「農民社会主義」の思想があらわれた。前者は歴史家セクフュー・ジュラが、後者は作家サボー・デジェーがそれぞれ代表していた。戦間期、二〇年代のハンガリーでは、とりわけこの二人のイデオローグが最も大きな影響力をもっていた。

1　セクフューの民族思想とトランシルヴァニア観

セクフューはラーコーツィ・フェレンツ二世の研究をもって世に現れ[29]、一九二〇年に出版された『三世代』はカトリック精神に基づく民族精神の改革と救済を訴えていた。後に、『ハンガリー人とは何か』の序論[30]の中でヨー・ティボルについて好意的に評価したのは、ハンガリーの修正主義的ナショナリズムがキリスト教を守るハンガリーの歴史的使命や人種的権利といったことはもとより、それに基づく精神的、歴史的権利を強く主張していたからである。ヨーによれば民族とは人種的出自とはまったく関係なく、様々な人々によって構成される道徳的、文化的カテゴリーであった。この思想が強まった背景には、ハンガリー政府の要求がハンガリー系少数民族の居住地域よりも広範囲に及ぶ領土回復を含んでいたことにも無論関係があったであろうし、さらには「政治的民族」としての歴史的、文化的優越感がハンガリー人の間ではたらいていたこともこの民族解釈を支える力になっていたのだと思われる。ジョージ・バラニは「特殊なハンガリー的民族概念」に基づくイデオロギーに関連して次のような結論を出した。

「精神的指導権についてのハンガリー人の主張とは、まず第一にハンガリーらしさが何か特殊なもの、特異なものであり、東中欧でそれによって理想化された歴史的役割を取り戻す資格が与えられていると思い込んでいたことである。おまけに、こうしたことがむしろセーチェーニのロマン主義的ナショナリズムに同調せずにこの考え方を支持する人たちの間で広まった。ハンガリー・ナショナリズムが精神的意義を与えているものはハンガリー人の文化的優越感を反映していた。しかし、鋭敏な眼で見るならば、ハンガリー人が特異な存在であるという神話は危険なほど人種論に近づいていた。それ故に、ハンガリー人の文化的優越感は非ハンガリー人すべてにとって呪わしいことだったのである」(31)。

このような見解があるとはいえ、いずれにしてもセクフューらの民族解釈は確かに戦間期のハンガリーで「フォルク」思想(32)に基づくナチズムの人種論に対抗する有力な一翼を担った。しかし民族の一体性、歴史的、精神的要因による共同体の形成過程を重視するこの民族解釈にとって、独立したトランシルヴァニアの自己意識は認めることができないものであった。セクフューはハンガリーの論客として、トランシルヴァニアのハンガリー人の自己意識をめぐって展開された論争に加わった。その際、トランシルヴァニアのハンガリー人が「神からの使命」としてハンガリーとルーマニアの間に介在し、中欧の軸で結び付いている留め金でなければならないことを充分に認めて、一八六七年の妥協以降トランシルヴァニアが自治を失い、政治的にも経済的にも完全にハンガリーの傘下に入ってしまったことに対してブダペストの中央集権体制を批判した。しかしながら、トランシルヴァニアの政治的自己意識は決して認めようとしなかった。セクフューによれば、トランシルヴァニア侯《ヴァイダ》もセーケイ地方の知事制度も中世において王の峠《キラーイハーゴー》を越えた地域に何か内在的な「自主独立《アウタルキア》」制が形成されていたことを何ら示してはいないし、一世紀半にわたって存続した侯国も「自主独立」国と呼ぶことができなかった。そのため、ベトレン・ガーボル治下でも自主独立について「立証しがたいが不可欠の仮定だけはあった。しかし現実には存在しなかった」[33]とみなしていた。従って、一体としてのトランシルヴァニアの自主独立など存在せず、三つの民族が別々に互いに独立して存在していたと強調した。

トランシルヴァニアの独立した政治的発展に関するセクフューの否定的見解をトランシルヴァニア主義者たちは受け入れなかった。その代表的な歴史家の一人アスタロシュ・ミクローシュはセクフューの主張に応答して次のように反駁した。

「従って侯国が形成されていく途上に、トランシルヴァニアの自己意識の発展を我々は探索しなければならない。（中略）国家滅亡の内的原因は国家的自己意識を喪失することにある。故に、国家が存在するところでは、自己意識も存在しなければならない。セクフュー自身『ハンガリー国家の伝記』の中でトランシルヴァニア侯国治下で民族的、国家的発展があらゆる不測の事態の場合にも常に上昇線をみせた。つまり小国が独立した一つのまとまった国家単位に成長したと書いている。[34]」

アスタロシュの見解では、トランシルヴァニアは「スタトゥタリウス」の権利を有する地域としてすでに一五二六年以前に「分離《セパラチオ》」の可能性が認識されていた。[35]さらにこの地域の統合と内的一体性を強めようとするある種の閉鎖性が、むしろ独立性に拍車をかけた。すなわち「エルデーイ（ハンガリー語でトランシルヴァニアの意）

では、自治はすでに民族王国の時代に基盤をもっていた。当地域に自らを明確に区分する名称があることによって、本国から地理的に独立していることがヨーロッパの一般的意識の中で鮮明に息づいていた。それがトランシルヴァニアである」[36]と力説した。そして、一体をなす三つの民族を位置づける「三民族同盟《ウニオ・トリウム・ナチオヌム》」[37]の社会的構造の違いを引き合いに出しながらハンガリーとトランシルヴァニアの内的相違をアスタロシュは強調し、「トランシルヴァニアの意識」の概念を一五二六年から五六年の経験の後、すなわち国家における共通の自己意識と自己目的性が実現された侯国の時代に形成されたとみていた。従って、トランシルヴァニア主義者たちは程度の差はあれ根本的に「トランシルヴァニアは何か固有の政治的、道徳的概念であり、宗教的、民族的多様性が別々に発展する統一体である。(トランシルヴァニアの)ハンガリー人住民は本質的に現在においても、過去においても(本国の)ハンガリー人とは異なる」[38]と考えていた。

2　サボー・デジェーのトランシルヴァニア主義批判

サボー・デジェーは一九一九年に発表した『押し流された村』[39]によって作家としての名声を確立した。この作品の成功は当時のハンガリー人の絶望感をよく代弁していたがために、一気に不動の地位を得た。そしてそればかりではなく、以後戦間期を通して絶大な影響力を保ち続けた。サボーは一八七九年にコロジュヴァールのカルヴィン派の家庭に生まれ(弟のサボー・ラヨシュはカルヴィン派の牧師になった)、一九〇三年にハンガリー諸方言の研究を出発点として、一九〇四年にはヴォグール語のシンタックスの研究論文を大学に提出している。彼の言語学への関心も「トランシルヴァニア性《エルデーイシェーグ》」と密接な関係があると思われるが、一般にトランシルヴァニアのハンガリー人には例えば旅行家でチベット学者ケーレシュ・チョマ・シャーンドル、作家ヨーシカ・ミクローシュ、作曲家バルトーク・ベーラなどのように言語習得の才能に恵まれている人たちを多々見かける。サボーもそれにたがわず八カ国語に通じていたといわれている。大学卒業後、様々な地方の学校で教鞭を執っていた彼の体験は『押し流された村』に反映されていて、主人公ベイテ・ヤーノシュのように大都市で学んだ後、民衆教育のために村へ帰り、天職を全うする若き知識人の人物像は後にトランシルヴァニアでもタマーシ・アーロン、カチョー・シャーンドル、ヤンチョー・ベーラ、ケメーニ・ヤーノシュ、バラージュ・フェレンツらの作品に少なからず影響を及ぼしている。[40] 同世代にはアディ・エンドレを筆頭に、ヤーシ・オスカール、サボー・エルヴィン、バビッチ・ミハーイ、ホルヴァート・ヤーノシュ、ザライ・ベーラ、ヴァルガ・イェヌー、フェレンツィ・シャーンドル、バルトーク・ベーラなどがおり、サボーもまさに「文化運動」の第一世代の一人とみなすことができる。実際に彼は雑誌『フサディク・サーザド』や『ニュガト』、それ以外にも伝統的社会規範を否定する刊行物にしばしば寄稿し、同時代人からも「因習打破論者《ケープロンボロー》」とみられていた。そして第一次大戦後、『押し流された村』によって反革命の代弁者になったものの、数年してハンガリー政府に反対する立場をとるようになった。その理由はハンガリー新政府も結局はキリスト教的、民族的結束を謳うことで表面を装ってはいるが、単なる旧封建体制の復活にすぎず、ハンガリー大衆の願望を裏切っているからであった。彼の告発は表現主義的激情とメシア的強迫観念を帯びていたけれども、彼の孤軍奮闘する姿には確かにハンガリー民衆に深く共感を抱かせる何らかの魔力があった。レメーニの言葉を借りるならば、サボーは「国民の信頼する精神的核ではなかったにもかかわらず、彼の言葉には極めて才能ある作家の抑揚があり、国民の幅広い階層の精神が発現する諸勢力の媒介者のように」[41]感じられた。そしてそのことを意識してか、直面するあらゆる重要なハンガリー国内の問題について至る所で講演して、歯に衣着せぬ言葉で批判し続けた。当然、故郷のトランシルヴァニア問題やトランシルヴァニア主義についてもたびたび発言した。しかしトランシルヴァニアでのサボー・デジェーの反響はハンガリー国内ほどは大きなものにならなかった。なかでもリベラルな作家と市民急進派の作家は初めからこの「暴力の天才《クラフトジェニー》」に対して嫌悪感をあらわにし、警戒心を緩めなかった。

モルテル・カーロイは一九二二年八月二十日の『テュケル（鏡）』誌の記事で『押し流された村』に言及し、辛辣な口調でサボーに対し次のように述べた。

「我々は口角泡を飛ばして激怒する、極端なほど矛盾した破壊者から講義を受けている。この破壊者には神から与えられたきらめく言葉以外に、不朽の価値など露ほどもないのではなかろうか」(42)。

さらにモルテルはサボー・デジェーの作家的才能とモーリッツ・ジグモンドの魂を兼ね合わせた人物が理想だとも付け加えた。同誌において翌年七月一日の記事に再度モルテルはサボーの『押し流された村』に言及した。そこで彼はサボーのこの作品とボーマルシェの『フィガロの結婚』の類似点が共に繰り返しスキャンダルを引き起こすことだと酷評した(43)。それに比べると人民急進主義者らはサボーにある点で共感を抱いていた。ルーマニア当局は検閲で『押し流された村』が広く浸透するのを抑えようと目論んだが、それによってこの作品のハンガリー人に及ぼす精神的意義はしばらくの間弱まることがなかった。一九一九年に『エルデーイ・セムレ』に「サボー・デジェーの本」という題で寄稿したセンティムレイ・イェヌーによれば『押し流された村』はどの数行を取り上げても、ハンガリー人に対してお手本となるべき愛情で満たされていた。さらに同誌に執筆したヴァルテル・ジュラとシュトゥー・ナジ・ラースローすらサボーの作品の中に傑出した名文家として、「唯一の目的がハンガリー人」である「ハンガリー人の天才」をみていた(44)。人民急進派の作家はサボーの作品の中にハンガリー人としてのアイデンティティを求めた。しかしサボーに対する当初抱いていた共感は後に激越な論争に変わっていった。

一九二〇年、トリアノン条約調印の日にレメーニク・シャーンドルは悲痛な思いで詩を詠んだ。

一九二〇年六月四日
私はこの墓石の日付の傍らで立ちすくむ
私はこれ以上一歩も前に進めない(45)

この詩にはハンガリー人の誰もが少なからず抱いていた感情があらわされていた。社会全体に蔓延するこういった無力感、閉塞感は戦間期を通して内在的にハンガリー人の感情を左右した。サボーはこうした社会的雰囲気から、トリアノン条約以後のハンガリーの精神思潮について「我々の時代には三つの大きな情念」が渦巻いており、それは「民族統一運動《イレデンタ》、反ユダヤ主義、キリスト教」であると特徴づけた。そして「民族統一運動は狂気じみた偽りの妄想」であると批判した。この主張は一九二三年に『生と文学』五号で展開されたが、それ以後も民族統一運動が強まっていく中で全くその影響下に入ることはなかった。民族統一運動の支持者はサボーを味方に取り込み、彼の名と影響力を利用しようと企てたが、常にこれにむかって抗議した(46)。

二〇年代後半になってハンガリーでもトランシルヴァニア主義が知られるようになってくると、トリアノン条約以前にはトランシルヴァニア固有の文学、精神、文化について誰も語らなかったとして、サボー自身はトランシルヴァニア主義も民族統一運動と同じようにトリアノン条約の産物だとみなした。それで『エシュティ・クリール（夕刊新報）』紙に「ズグリゲトの手紙」という連載でトランシルヴァニア主義批判をおこなった。一九二七年十一月十七日にはさらに「バランベールの心的動機」という題で、トランシルヴァニア主義者の間で人気のある唯一の文学ジャンルが歴史小説であることについて触れ、「(歴史小説は) すでに生というものが表現されていない。だから芸術が表されていないのである」[47]と批判した。この記事は特にグラーチ・イレーンとタベーリ・ゲーザに向けられたもので、二人はこれを悪意に受け取った。しかしこの問題の指摘は、一九二九年秋にトランシルヴァニア主義者の間で起こった「告白することと義務を負うこと」論争でベルデ・マーリアが歴史小説の流行を煽るだけではなく、自らが置かれている今現在の状況を具に描くべきだと主張する批判に先立って[48]、すでに一面の真理を言い当てているように思われる。一九二七年十二月一日に同じく『エシュティ・クリール』の連載で「トランシルヴァニアの心について洗濯女ピロンチャーク・アンチュルカに寄せて」という題によって明らかにグラーチ・イレーンに向けて記事が書かれた。サボーはグラーチがトランシルヴァニアを舞台に、そこでの人たちを題材に小説を書いているけれども、彼女自身当地に在住したこともなければ、その出身者でもないのに（グラーチの出身地はセゲド郊外のラーザールフェルドプスタ）、自分に「トランシルヴァニアの心《エルデーイ・レーレク》」を教えようとしていると皮肉っぽく述べている。そしてこの記事でトランシルヴァニア主義に関するあらゆる本質的な所見を総括した。

一九二八年に入るとタマーシ・アーロンの小説『聖母マリアの王子』をめぐって論争が再燃した。サボーはタマーシのこの作品を「馬鹿げたしろもの」と呼んだが、この論争には文学的、芸術的関連性以上に政治的、イデオロギー的背景があった。つまり当時大いに活気づくトランシルヴァニア主義の方向性と自らの思想との決定的相違が意図されていた。そこでトランシルヴァニア主義者は実際に置かれている歴史的状況から自らの保身のためにも、何らかの自治の達成とその成立を試み、「固有のトランシルヴァニア文化に基づく一体性」を明確に宣言した[49]。しかしこのような運動は、サボーの目から見ると「太古からの同質的なハンガリー文化の寸断」を画策し、統一したハンガリー文化を危険に晒す「地域の分離化」としかみえなかったのである。そのため再びトランシルヴァニア主義者を痛烈に批判した。

「トリアノン条約がハンガリー人の心、ハンガリー人の精神に影響することはなかった。一つの永遠なる容貌にどんなにたくさんの顔形があったとしても、ハンガリー文学、ハンガリー芸術、ハンガリー文化は一つであり、不可分なものである。トランシルヴァニアの文学は存在しないし、少数民族の文学も存在しない。そして精神生活においてトリアノン・カルテルの成立を支持すること、我々の敵対者によっても悩まされることがなかったもの（つまりハンガリー人の精神的一体性のこと―筆者）を解体することは自殺的罪悪であろう」[50]。

ハンガリー人の精神的一体性を分裂させようとするどんな傾向の試みも、サボーにとっては危険であり、避けねばならないことであった。しかも、この原則を終生貫いた。セーチ・ゾルターンの記述にしたがえば、結局トランシルヴァニア出身でありながら「サボー・デジェーは何よりもまずハンガリー人であって、その次にただ単にトランシルヴァニアの人にすぎなかった」[51]のである。こうしたサボーの民族理念は到底トランシルヴァニアでは受け入れられなかった。そこでトランシルヴァニア主義的作家のほとんどが彼に背を向けた。センティムレイ・イェヌーは『ブラッショーイ・ラポク』に「トランシルヴァニアの友人たちからサボー・デジェーを守りたい」と諧謔的題名で寄稿し、次のように皮肉った。

「我々のもとに来なさい。トランシルヴァニアの作家でなかろうと、あるいはセーケイ人の作家でなかろうとかまいません。精神的境域を分離することに原則として反対であるなら、ハンガリーの作家として来なさい。その時、我々を真実の道に導くのに絶好のチャンスが到来するばかりでなく、共通の苦悩によって一体となった共同体の一員になる。トランシルヴァニアのハンガリー人の才能が難産で苦しんでいる最中に影響を及ぼすことがあなたの権利にさえなる。流産したものと思われていた子供たちを罰することすらあなたの権利になる。ただし、その時だけではあるけれども」[52]。

ここでの発言からもセンティムレイがサボーについてトランシルヴァニア出身の作家でありながら、故郷の現状も実態も把握せずに批判する局外者として、嘲笑的に揶揄しているのが充分に感じ取られる。

第五章 「トランシルヴァニア主義」と文学の役割

当時トランシルヴァニアのハンガリー人の知識層は評議会共和国崩壊後、本国から難を逃れて続々と亡命してくる作家、政治活動家をも含めて、非常に多彩な顔ぶれで構成されていた。すでに当地でリベラルな代表者として知られていたヤノヴィッチ・イェヌー、タベーリ・ゲーザ、リゲティ・エルヌー、バールド・オスカール、ハラース・ジュラ、トゥルノウスキイ・シャーンドル、アンタルフィ・エンドレ、シュトゥー・ナジ・ラースローらがおり、ハンガリー本国からの亡命者バルタ・ラヨシュ、カーダール・イムレ、インディグ・オットー、オシュヴァート・カールマーン（『ニュガト』の編集者オシュヴァート・エルヌーの弟で医師、マロシュヴァーシャールヘイで雑誌『ゾルド・イドゥー』を創刊した）、それからしばらくして亡命してきたイグノートゥシュとベレニ・ジェルジがそれに加わった。しかも亡命者の中にはマルクス主義者アラディ・ヴィクトル、ディーネシュ・ラースロー、ガール・ガーボル（ガリレオ・サークルの一員であった）のように後に雑誌『コルンク』を創刊して、トランシルヴァニアの社会主義運動で重要な役割を果たす人たちがいた。これら市民急進派、進歩派は『ケレティ・ウーイシャーグ（東方新聞）』、『ブカレスティ・ヒールラプ（ブカレスト日報）』、『タヴァス（春）』、『マジャル・ソー（ハンガリー人の言葉）』、『ナプケレト（東方）』、『ゾルド・イドゥー（苦難の時代）』といった新聞、雑誌を創刊し、明らかに伝統的ナショナリズムと民族統一主義に対する決別を表明した。他方、カーロイ政府時代にウドヴァルヘイ県の副知事の職にあったパール・アールパードは新たな環境の中で労働者と農民の協調を推し進め、両者の基盤の上に少数民族としての政治を構築しなければならないと考えた。そして、より広い視野に立ってトランシルヴァニアの諸民族を拠り所とする共属的関係を考慮しながら「憎しみの山でしかない人間ピラミッド型社会はもう必要ありません。諸民族の上にではなく、諸民族の中から、諸民族の基盤と感じられる大きな共同体の中から育つ社会構造だけが必要なのです」[53]と言明した。パールはトランシルヴァニアのハンガリー人の政治的基盤と少数民族としての存続をとりわけ農民層の中に見出していたが、これに共鳴する見解を示し、賛同する代表者にはコーシュ・カーロイ、ザーゴニ・イシュトヴァーン、センティムレイ・イェヌー、他にタマーシ・アーロンやカチョー・シャーンドルなどがいた。彼ら人民急進派はハンガリー本国での人民作家《ネーピイーロー》の運動を先取りしていた。

トランシルヴァニアがルーマニアに併合されるや急きょ帰郷し、晩年をそこで暮らすことを切望していたベネデク・エレクは郷土の若き作家たちと幅広く接触を保ち、なかでも人民急進派の作家たちの人望を集めた。[54] エレクの息子マルツェルと友人関係にあったルカーチ・ジェルジは後年エレクの人柄を回顧して、強く彼の文学的倫理観の影響下にあったことを告白している。

「ベネデク・エレクのひととなりがわたしにおよぼした単に文学的なものではない文学倫理的な影響が、ひとつの役割を演じていたのです。(中略)ピューリタン的なやりかたで、ベネデク・エレクはつねに自分自身の真実を擁護しました。しかもそれは、妥協やあるいはもっと悪いものによって達成された成功だけが人間の価値のいわば唯一の基準とされたような環境にさからってのことだったのです。この真実のいったい何が問題なのか、あの当時もその後も、わたしにはいっこうに関心がなかった、とわたしは言うことができる。けれども、事実そのもの、そういう態度をとったというその事実は、ベネデク・エレクが倫理的な人物として、わたしの青年時代に、もっとも持続的な影響をわたしにおよぼす結果となったのです」(55)。

確かにベネデクの「息子たち」と呼ばれていたセーケイ人作家グループのセンティムレイ・イェヌー、タマーシ・アーロン、カチョー・シャーンドル、ニレー・ヨージェフ、ヤンチョー・ベーラ、バルタリシュ・ヤーノシュが精神的にこの高潔な老作家の強い影響下にあったことは想像に難くない。人民急進派の作家が当時ハンガリーで絶大な影響力をもちはじめたサボー・デジェーの民族主義的農民神話のイデオロギーに陥らずに踏みとどまったのもベネデク・エレクの文学的倫理観の感化によるところが大きい、と私はみている。とはいえ、人民急進派が当初心情的にサボーに共感し、称賛していた事実はすでに述べたとおりである。

人民急進派の雑誌『ウーイシャーグ』と『ヴァシャールナプ』が少数民族の生活における民主主義的発展とこの地の民族間の友好関係に寄与し、コロジュヴァールの『ナプケレト』とマロシュヴァーシャールヘイの『ゾルド・イドゥー』両誌によって市民急進派のリベラルな運動が開始され、二〇年代前半には両派によってほぼ積極活動推進の中心勢力ができあがっていた。そしてこの中にはトランシルヴァニア主義者として、後にマロシュヴェーチの城館に結集した『エルデーイ・ヘリコン』の有力な構成員が多数あらわれていた。

一九二一年一月二十三日の『呼び声』の宣言によってコーシュ、パール、ザーゴニは積極活動ののろしを挙げると共に、人民急進派の立場を鮮明に表していた。コーシュの宣言にみられる「我々に生きる意志があるならば、生きることを望むならば、活動しなければならない。だから活動しよう」(56)と呼びかける言葉には、危急存亡の状況にある少数民族の「崖っ縁に立たされている意識《ヘイゼトトゥダト》」に強く訴えかける力があった。しかもこの宣言は二〇年代トランシルヴァニア主義運動の出発点をも意味していた。コーシュは少数民族となったハンガリー人の立場からトランシルヴァニアの確固たる実在性と独立性を次のように表現した。

「我々にとって古いハンガリーはもはや存在しない。しかしエルデーイ、アルデアル、ジーベンビュルゲン、トランシルヴァニア、すなわち世界じゅうの人たちがこれをたとえどんな言葉で過去に呼んでいたにしても、あるいは今呼んでいるにしても、我々自身がそう信じていたときも存在していたように、よみがえって現に存在している。古いハンガリーは存在せず、単なるハンガリーしか存在しないということを我々は信じようとしたからである。トランシルヴァニアはその当時も存在したけれども今日も存在し、どんな意志がどれほど（トランシルヴァニアを）欲しようとも永遠に、真に永遠に存在し続けるであろう。(57)」

こうした表明はトランシルヴァニアのハンガリー人の知識層、中間層、さらにより幅広い階層の人々が長年にわたって培ってきた共通の歴史、社会習慣、郷土愛、心性、これらによって感受されたトランシルヴァニア的事象の概念化、すなわち「トランシルヴァニア性」を探究する試みにおいて少なからず影響力を及ぼした。

徐々に拡がるこの自己探究とアイデンティティの模索を試みようとする運動は、トランシルヴァニアの歴史についての関心が高まっていく一般的ムードづくりの大きな原動力ともなり、そこから文化的積極活動も各分野にわたって活発におこなわれはじめるようになった。その際活動の要として中心的役割を担ったのは文学であった。西欧とは異なり今世紀においても「文学の全能性《イロダロムケスポントウーシャーグ》」の伝統が東中欧の他の地域と同じように、トランシルヴァニアでもなお強く保持されていた。つまり文学には精神生活だけではなく、社会のあらゆる面で責任を果たそうとする強い意志がある。こういった文学の特性は、否応なくトランシルヴァニアの歴史の中で文学を檜舞台に立たせせた。戦間期においてもこの地では文学が政治と密接に絡みあい、あるいはその中心的な推進力になっていることは、我々からみると極めて奇異な感じがしないでもないが、東中欧地域の歴史的脈絡から考えてみると、べつだん特殊な現象でないことが理解されよう。民族の独立性とアイデンティティにとって固有の文学の創出は不可欠なことであった。東中欧地域のように極めて狭い土地に数多くの民族が混住し共存している地域では、文学は言語そのものと同じぐらいあるいはそれ以上に自文化の防波堤としての役割を果たしている。そして民族の死活問題と深くかかわりあい、それを反映する単なる文芸以上の意義をもっていた。従って、こうした状況の中でトランシルヴァニア主義もまさにこの伝統の上に築かれているといっても過言ではない。文学の担う役割は我々が考えているよりもはるかに大きいのである。いずれにしても、こうした状況の中で文学を通して「トランシルヴァニアの思想《エルデーイ・ゴンドラト》」はハンガリー人の間へ浸透し、大きく展開した。

クンツ・アラダールは進歩的雑誌『ナプケレト』から『エルデーイ・ヘリコン』までの橋渡し役を引き受ける『エレンゼーク（抵抗）』でリベラルな精神からあらゆる傾向の作家に門戸を開き、トランシルヴァニアに生まれつつある新たなハンガリー文学の発展のためにその「日曜増補版」で短編小説の懸賞募集をおこなった。そして歴史的テーマをこの懸賞募集の課題にすることによって、ハンガリー人の自己意識の覚醒を促し、沈滞しているハンガリー系少数民族の社会を活性化しようと努めた。この試みは文壇に限らず、少数民族の社会全体の大きな励みにもなった。一九二三年十一月十一日に第一回目の懸賞募集を次のように呼びかけた。

「エレンゼークは今日歴史小説と歴史物語に関する懸賞募集を決定した。懸賞募集の条件は、物語の題材と同様に小説の題材をトランシルヴァニアの歴史から取り上げなければならない。より厳密にいうと、ハンガリー人の揺籃の時代から一八八〇年代の時代まで、どの時代からでもかまわない。現代歴史小説の成果の他に人物描写、構成、加えて興味深い、人を惹きつけるストーリーについても、細心の注意をはらう必要のある、文学的価値を有する作品のみ募集することができる」[58]。

最初の短編小説の懸賞募集に送られてきた二一の作品のうち、ニレー・ヨージェフの『ラプション夫人の薔薇』という作品が栄冠を手にした。他にギャライ・ドモコシュが二位を、インディグ・オットーが三位を獲得した。一九二五年一月二十六日に二回目の短編小説の懸賞募集がおこなわれた。クンツは前回の募集とは趣を変えて斬新さをアピールしようとした。そこで作品内容ばかりではなく、読者の教育のためにもこの機会を利用した。すなわち送られてくる作品を無記名で発表し、新聞に投票用紙を添えて読者にその決定権を委ねた。作品は読者の嗜好に応えるかたちで選考された。決定を前に発表された作品について公開討論がおこなわれ、トンパ・ラースロー、モルテル・カーロイ、ベネデク・エレク、クレンネル・ミクローシュ、タベーリ・ゲーザ、カーダール・イムレ、ビタイ・アールパード、センティムレイ・イェヌー、ギャライ・ドモコシュが意見を述べ合った。討論会と一般投票は成果をあげ、その結果ベルデ・マーリアの『余寒』とシポシュ・ドモコシュの『産みの苦しみを味わう時代の始まりで』という短編小説が賞を勝ち取った。二度にわたる懸賞募集はトランシルヴァニアのハンガリー人に自己の歴史への新たな認識を与えたばかりでなく、ルーマニアのハンガリー文学において歴史小説と歴史物語を流行らせる先駆けとなった。他の懸賞募集でも似たような役割を果たしたものがあった。一九二四年に劇場支配人ヤノヴィッチ・イェヌーはコロジュヴァールのハンガリー国民劇場の懸賞募集をおこなった。グラーチ・イレーンの農民演劇による戯曲作品『日々の犠牲』(一九二五年の舞台で『為替相場』に改名)がこの賞を得た。そして一九二六年に作家バーンフィ・ミクローシュ伯爵が十七世紀から十九世紀までのトランシルヴァニアの歴史論に関する懸賞募集を公表した。これは地元の学会を励ますうえでも一役買った。結果はビーロー・ヴェンツェルとヘレペイ・ヤーノシュの論文が賞を獲得した[59]。

こうした文化的積極活動はトランシルヴァニアのハンガリー人の自己意識を高めるのに大いに成果をあげた。文学と並行して歴史学の分野でも二〇年代に盛んに研究がはじめられた。とりわけトランシルヴァニア在住の学者とトランシルヴァニア出身の学者——すなわちアスタロシュ・ミクローシュ、ビーロー・ヴェンツェル、ボロシュ・ジェルジ、ブダイ・アールパード、ガール・ケレメン、ヤンチョー・ベネデク、カラーチョニ・ヤーノシュ、ケレメン・ラヨシュ、クレンネル・ミクローシュ、ラッシュ・カーロイ、テメシュヴァーリ・ヤーノシュ、ヴェレシュ・エンドレなど——は精力的にトランシルヴァニアの自己意識の歴史的形成とその発現の様態を研究した。作家がトランシルヴァニアの歴史的題材からインスピレーションをえて創作し大衆への啓蒙につとめ、歴史家は詳細な史的事象の研究を実証的におこなうことで、相互補完的にトランシルヴァニア主義的気運を盛り上げ普及させた。

トランシルヴァニア主義の文学は一方において主要なジャンルである歴史小説と歴史物語によって、トランシルヴァニアの伝統と諸民族の共有する心性を描写し、少数民族として最も大きな課題を引き受けた。そして、他方において作家たちは次々とトランシルヴァニア史上重大な出来事、すなわちトランシルヴァニア侯国と宗教改革の時代から好んで題材を選び執筆し、実際にこれらの作品は大いに人気を呼んだ。当然作品の主人公は歴史上の英雄、たとえばブダイ・ナジ・アンタル、ドージャ・ジェルジ、ベトレン・ガーボル、アパーツァイ・チェレ・ヤーノシュ、ケーレシ・チョマ・シャーンドル、ボヤイ・ヤーノシュ、ヴェッシェレーニ・ミクローシュなどが引き合いに出された。トランシルヴァニア主義の作家たちが新たな自らの文学を創出するために、過去の遺産と自らの文学を結びつけようとする悲壮な決意をセンティムレイ・イェヌーは次のように代弁している。

「ここに独立したトランシルヴァニアの生活基盤があるということを我々自身のために、我々の民衆のために証明しなければならなかった。なぜならば、これらの基盤がなければ今日まじめにトランシルヴァニアの文学についても語ることができないからである。基盤なくして単なる空中楼閣でしかありえない城壁を築かなければならなかった。煉瓦を敷きつめるために、漆喰を塗るために、そしてより良い事の作業のために危機的時代にはそんなことも必要なのである。[60]」

トランシルヴァニア主義者は過去の遺産、特に自治の伝統に目をむけ、それを自らの歴史観の中心に据えた。それゆえに、独立したトランシルヴァニア侯国時代の政治家と歴史家は彼らの格好の題材となったのである。

第六章　おわりに――マロシュヴェーチの『エルデーイ・ヘリコン』

トランシルヴァニア主義は第一次大戦後、ルーマニアに併合されたトランシルヴァニアのハンガリー系少数民族の間で生まれた少数民族の思想である。こう言ってしまうと、歴史的宿命から必然的に創り出さねばならなかった観念的産物のようにも聞こえてしまうが、その成り立ちには、トランシルヴァニアの歴史から紡ぎ出された様々な伝統と精神性が有機的に結びつきながらこの思想に流入し、さらには、前世紀の脱中央集権運動、今世紀初頭から大戦末の間に開花したブダペストの進歩的思想が強く影響を及ぼしている。こうしてみると、トランシルヴァニア主義は少数民族の思想というだけではなく、ハンガリー史の中での反体制運動の系譜としても現れてくるのかもしれない。

この思想活動を二〇年代の流れに沿ってみたとき、前半と後半に大きく分かれるように思われる。つまり、現実的政策として政治に参加する前半と文化的に理想主義化していく後半とにである。すでにみてきたように、トランシルヴァニア主義者は政治的積極活動において、全国ハンガリー党の保守的指導部とその政策に失望し、ほぼ二〇年代半ばには政治活動から身を引いていた。そして、市民急進派も人民急進派もこの時期に政治活動から遠ざかっていくことで、トランシルヴァニア主義の次の段階に移行するための条件が揃っていたともいえる。

市民急進派、人民急進派、リベラル派は保守的政治に失望する諸勢力と理解を深めていくことで、より広範な文化的創作活動の可能性を探ろうとした。そして、文壇の諸勢力とその組織団体の結集こそがその可能性を開く鍵だとみなしていた。そこには、二〇年代前半の様々な非組織的活動による一連の失敗も、少数民族の諸勢力結集の可能性に目を向けさせる契機となっていた。そのため急進派は穏健な保守的代表も歩み寄ることのできる相対的統一を模索した。この相対的統一がマロシュヴェーチの城館で、雑誌『エルデーイ・ヘリコン』として結実したのだった。

マロシュヴェーチはサースレーゲン近郊に位置する村で、そこには十六世紀以来三百年間続くケメーニ家所有の城館があった（現在は精神障害児の施設にされている）。若きケメーニ・ヤーノシュ男爵はその城館を新たな文学統一の場に提供した。『エルデーイ・ヘリコン』が創刊される以前から、ケメーニは毎夏「会員証」を意味する招待状をめぼしい作家に送り、それが『エルデーイ・ヘリコン』の母体となった。当初二十八人の作家が招待を受けていたが（後に多少の変動があった）、彼らヘリコン主義者を結び付けているのは共通の思想でもなければ、共通の美学でもなかった。保守派を代表するバーンフィ・ミクローシュ、レメーニク・シャーンドル、コヴァーチ・ラースロー、改革的保守派の代表マッカイ・シャーンドル、タヴァスィ・シャーンドル、リベラリストのクンツ・アラダール、アープリリ・ラヨシュ、モルテル・カーロイ、タベーリ・ゲーザ、市民急進派代表のサーントー・ジェルジ、リゲティ・エルヌー、カーダール・イムレ、人民急進派代表コーシュ・カーロイ、センティムレイ・イェヌー、タマーシ・アーロン、カチョー・シャーンドル、彼らを公分母でくくることは難しい。さらに、彼らは後期ロマン主義、象徴主義、リアリズム、表現主義、アヴァンギャルドといった様々な芸術観をもち、職業的にも作家以外に、もともと哲学者、聖職者、新聞記者、教師、弁護士など（とはいっても、皆文学作品を書いている）多岐にわたっていた。彼らを結び付けている求心力は、トランシルヴァニアそのものが問題であり、責任であるという唯一共通の認識であった。

トランシルヴァニア主義は一九二八年五月に創刊された『エルデーイ・ヘリコン』によって、一応のピークに達した。綱領らしい綱領もなかったこの自由な拘束されない作家共同体は、多分に「トランシルヴァニアの思想」を写し出している。それは多様性と自由な内的ダイナミズムの尊重である。確かに、トランシルヴァニア主義は一度も体系づけられ、明確な概念を与えられたことのない思想であった。しかし、幾つかの異形を生み出し、互いに矛盾し合う思想を許容し、概してこれを唱える人の個人的な信念に左右される柔軟性のある思想でもあった。

多様性と寛容性、これは「トランシルヴァニア性」の重要なモチーフといって差し支えないと思うが、これを培ってきたトランシルヴァニアの歴史を、あまりに理想化しすぎた面はなかったのだろうか。二〇年代末にベルデ・マーリアによって指摘されたように、「歴史小説」、「歴史物語」の流行は結局のところトランシルヴァニア主義者の現実逃避とロマン主義的幻想を生まずにはおかなかった。そのため、本来の現実的思考を尊重する精神性が薄まり、刻々と変化する国内状況に追いつけず、自らの現実の姿を見失ってしまった。三〇年代に入ると、トランシルヴァニア主義者は若い世代から激しい批判を浴び、大きな転換を強いられることになったのもこうした原因があった。しかし、このような批判を免れないにしても、少数民族の思想として、危機的状況にあったハンガリー系少数民族のアイデンティティを創出するのに大きな意義をもっていたことは疑問の余地がない。そしてそればかりではなく、共存する諸民族との友愛精神と歩み寄り、少数民族の倫理性、西欧に目を向ける高い水準の要求、こうした進歩的理念と努力がこの時代に東中欧の一角で営まれていたことを忘れてはならないだろう。

本論文に関して、まず最初に触れておかなければならないことなのであるが、トランシルヴァニアの地名をどの民族の地名で統一するか、ということである。複雑な歴史と民族構成の上に成り立っているトランシルヴァニアを語る際に、この問題は避けられないことである。そして、真面目に接しようとすればするほど、容易ならざることに気づかされる。

現在ルーマニア国家内にあり、基本的には他の地名を認めていないわけであるから、他の民族の地名を用いることによってトランシルヴァニアに対する考え方、主張もここに強く反映されていると誤解されないとも限らない（三民族の地名が公認されれば、我々第三者が地名に対して変に気をまわす必要がなくなる）。しかし、ルーマニア名がたとえ現在公式名であろうと、長い歴史的、文化的背景なしには地名すら語れないわけであるし、本来各民族がそれぞれの地名で呼びあっていて、実際今日でも当地の住民は各民族の地名で呼びあっているわけである。こうした事情を考えると、個人的には、将来ルーマニア名、ハンガリー名、ドイツ名の三言語の地名が公式名となることが望ましいし（もちろん地名のみならず三言語が公用語となることも含めて）、歴史もこうした流れに逆らうことができないのではないかと思われる。新ルーマニア政府に期待したいところである。

基本的にはこのような考えに立脚しているが、本論文では内容上ほとんどハンガリー人の事柄を対象にしており、ハンガリー名で地名を統一することにしたが、それ以上の意味はないことを明確にしておきたい。また、日本ではハンガリー人の姓を欧米的に名の後に記すことが多いが、実際は日本人と同じく姓・名の順である。ハンガリー人、ハンガリー文化を尊重するという意味でも、ハンガリー人名は（邦訳からの引用も含めて）すべて姓を先にした。

（1）ハンガリーはトリアノン条約の調印により七二%の領土を失った。ルーマニアに併合された地域（歴史的トランシルヴァニアとアルフェルド周辺地域）は、新生ルーマニア全体の三四・八%を占めていた。

（2）ザーゴニ・イシュトヴァーンは消極活動について「漠然とした空虚さと共に空中で羽をバタつかせている」状態のことであり、「この言葉を人々が互いに投げあって、夢物語の美徳をその言葉の中に注ぎ込むとき、消極的レジスタンスなどと言おうとするようになる。（中略）目的の存在しない消極活動は政治的、闘争的手段として断念、屈服より他は問題にしようとしなくなる」と書いている。i. m. Kiáltó szó, 8-9. o.

（3）パール・アルパードが『政治的積極活動の制度』で書いているように、この論題にaktivitásを使っているのは、ほぼ同じ概念でありながらcselekvőségの語義が歴史的、政治的に古くさい「活動」にしか理解されないことを懸念したからである。パールが初めてここでaktivitásを新しい概念で使いだしたのかどうかわからないが、大戦後passivitásの対語としてトランシルヴァニアの少数民族社会の変動をあらわす際に使われるようになった。

（4）Pomogáts Béla : Negyedik európa, Gondolat, Bp. 1992, 28. o.

（5）『呼び声』の命名はヨハネによる福音書第一章二三節の「主の道をまっすぐにせよと荒野で呼ばわる者の声」に由来している（聖書、日本聖書協会一三六頁）。このパンフレットは、ルーマニア人検閲官エミール・マチェラリウの好意によって出版することができたが、ルーマニア当局はこれを差し押さえようとし、この検閲官を相手どって訴訟をおこした。Vö. Beke György : Tolmács nélkül, Kriterion könyvkiadó, Bukarest, 1972, 13-14. o. 現在トランシルヴァニアとよばれている地域は、トリアノン条約以後ルーマニアに併合されたバナート地方、ケレシュヴィデーク地方、マーラマロシュ地方、ブコビナ地方を合わせて総称されているが、元来「歴史的トランシルヴァニア」のみをさす地名であった。そのため、ここではこういった呼びかけがなされている。

（6）「文化的自治」の考え方はオーストリアの土壌で生まれたものであるが、その洗練された構想は世紀転換期に社会民主主義者が、とりわけレンナーとバウアーが理論的著書によって論究したものである。この考え方の根本思想は、一八四八年のウィーンの革命後、モラビアのクレムジャーに場所を移したオーストリア議会（一八四八年十一月十五日―四九年三月七日）が、調停の目的から一八四九年にまとめ上げたリベラルな市民的憲法案、いわゆる「クレムジャーの憲法案」（フランツ・ヨーゼフ皇帝が一八四八年三月四日に「オルミュッツの欽定憲法」を発布したので実施されなかった）とこの憲法案に基づいて成文化された一八六七年十二月に制定された憲法の中にすでにみられる。少数民族は、ここでは国民の個々人においてではなく、集団的な法的主体として承認を得ており、国内の民族ないし少数民族として言語および文化（学制）に対してのみ権利を得ていた。確かに幾つかの民族、あるいは少数民族は同等の権利をもつものと明示されていたが、これに関して言及されている法は国権の性格をもつものではなく、言語と少数民族の保護に限定されている。こうした構想の中に少数民族の「文化的自治」を肯定する考え方が含まれていたが、彼らの「地域的自治」に対する権利は否認されていた。

（7）レンナーは一九一八年に出版された Das Selbstbestimmungsrecht der Nationen in besonderer Anwendung auf Österreich の中で「民族登録簿」による個人の原理原則によって、ドイツ、ボヘミア、ルテニア、セルボ・クロアチア、スロヴェニア、イタリア、ルーマニア人の各民族から成る、ウィーンを中心とする国家連合を構想していた。

（8）Pomogáts Béla: Keleti svájc, in: Erdély jelen és jövője, Erdélyi Szövetség, Bp. 1991. 59. o.

（9）ヤーシはオーストリア・ハンガリー帝国の国家構成の改革案で、真っ先にブダペストを中心に国家再生を考えていたため、レンナーの構想に対して疑念を抱かざるをえなかった。

（10）Pomogáts Béla: A romániai magyar irodalom, Bereményi Könyvkiadó, Bp. 1992. 32-33. o. サーントー・ジェルジは留学中ウィーンとハンブルクで初めてドイツ表現主義の美術作品と出会い、自身も表現主義的作風で絵を描いた。彼は表現主義など新傾向の芸術を美術から文学にジャンルを広げて表現しようとした。Vö. Szántó György: Fekete éveim, Gondolat Kiadó, Bp., 1973.

（11）Uo.69-72. o. 実証主義哲学者ピクレル・ジュラとハーバード・スペンサーの影響下、ヤーシ・オスカールら幾人かの社会科学者によって、一九〇〇年にブダペストで創刊された『フサディク・サーザド（二十世紀）』は、一九〇一年からは社会科学協会 Társadalomtudományi Társaság の機関紙となり、同時代の進歩的雑誌『ニュガト』や国内のフリーメーソンとも深く関わりをもった。トランシルヴァニアの左翼勢力が同じように社会科学協会を設立し、「二十世紀」を言い換えただけの「我々の時代」Korunk 誌を創刊するなど、ブダペストの進歩派の影響を強く受けていたことは一目瞭然である。

(12) トランシルヴァニアという小さな社会では、各作家、各雑誌の間で論争があっても決定的な対立関係は生じなかった。コロジュヴァールの中央広場（マーチャーシュ王広場）沿いにあるカフェ・ニューヨーク（ホテル・ニューヨーク内にあったもので、現在はコンチネンタル・ホテルになっている）では様々な作家たちの談笑する光景がしばしばみられた。レメーニク・シャーンドルが編集していた『パーストル・トューズ』は後にザクセン人の雑誌『クリングゾル』、一九二八年に創刊された『エルデーイ・ヘリコン』両誌と密接に関わり合い、トランシルヴァニア主義者の論壇の場となった。

(13) 例えば、コロジュヴァール大学は一九一九年五月十二日に、師範学校は一九二一年九月二十一日に、コロジュヴァール、サトマールネーメティ、ナジセベンの高等小学校教員養成所は一九二三年八月十五日に閉鎖され、コロジュヴァールの経済アカデミーでのハンガリー語による講義は一九二三年六月には禁じられていた。その他にもコロジュヴァールの貿易アカデミー、ナジヴァーラドの王立法律アカデミー、マーラマロシュスィゲトの改革派法律アカデミーなどのハンガリー語での授業が禁じられた。ハンガリー人指導層はルーマニア政府にコロジュヴァールないしマロシュヴァーシャールヘイへの大学設立を要求したが、棄却された。

(14) Pomogâts Béla : A romániai magyar irodalom, 33-34. o.

(15) Ritoók János : Der "Klingsor" und die ungarische Literatur Rumäniens, in : Interferenzen, Rumänisch-ungarisch-deutsche Kulturbeziehungen in Siebenbürgen, Dacia Verlag, Cluj, 1973, S.252.

(16) Ligeti Ernő : Súly alatt pálma, Egy nemzedék szellemi élet, Kvár., 1941, 68-70. o.

(17) Kós Károly : Kalotaszeg megmozdult, Keleti Újság, 1921, máj. 31.（東方新聞）

（18）詩人で、当時アヴェレスク政府の文化相であったオクタヴィアン・ゴガがハンガリー人高位聖職者たちの宣誓の場を用意した。一九二一年三月十九日にトランシルヴァニアのカトリック司教マイラート・グスターヴ・カーロイとチャナード県のカトリック司教グラッドフェルデル・ジュラ、そして四月九日にナジ・ヴァーラドのカトリック司教セーチェーニ・ミクローシュとトランシルヴァニアのカルヴィン派監督ナジ・カーロイがブカレストでフェルディナント王に忠誠の誓いをたてた。またコロジュヴァール県知事メテシュは高齢のユニテリアン派監督フェレンツ・ヨージェフの宣誓をコロジュヴァールで受け入れた。

（19）Mikó Imre : Huszonkét év, A „studium" kiadása, Bp., 1941, 19-25. o.

（20）Uo. 27-42. o.

（21）Kacsó Sándor : Virág alatt, iszap fölött, Kriterion könyvkiadó, Bukarest, 1971, 268-269. o.

（22）Mikó Imre : i.h. 47-49. o.

（23）Uo. 56-73. o., 82. o.

（24）Uo. 85-87. o.

（25）Uo. 53. o.

（26）Ligeti Ernő : i.h. 135. o.

（27）Mikó Imre : i.h. 66-70. o.

（28）一言でいえば、二重帝国崩壊後のハンガリー人の立場では「国家」と「民族」の一致は困難であるから、現状を容認していこうとする考え方である。しかしその活動にあたっては最も適した民族固有の政策が必要であり、とくにハンガリー国境外にとり残された同胞が復興できないほど衰退してしまうのではないか、ということが最大の危機的問題点とみなされていた。その意味では「民族益政策」nemzetpolitikaにおいても自民族の存続、生き残りの問題は大きな課題となっていた。ルーマニアでは一九三五年にヴェンツェル・ヨージェフを中心にコロジュヴァールで『ヒテル（信頼）』が創刊され、一九四二年からは「民族益政策評論」と副題もつけられて出版された。社会研究を主要目的とし、社会統計、社会誌などを多く掲載した。

(29) 一九一二年に出版された著作『亡命者ラーコーツィ』のことで、ラーコーツィがフランス宮廷や亡命先のトルコで過ごした晩年の二十年間について、学術的というよりは読みやすい饒舌な文体で書かれている。

(30) セクフューは、nép, nemzet, nemzetiség などの概念がまだ学術的に明確に定義されていないことに言及し、これに関して内容的にも概ね受け入れられる著書として、特にヨーの『ハンガリー人の民族理念』とチェケイ・イシュトヴァーンの『ハンガリー人の民族概念』を挙げている。Mi a magyar?, Bp., 1939, 12. o.（十三人の著者による論集で、序論をセクフューが執筆している）。

(31) George Barany, From aristocratic to proletarian nationalism”, *Eastern Europe*, University of Washington Press, 1969. pp. 291f.（邦訳、『東欧のナショナリズム』東欧史研究会訳、刀水書房、一九八一年、二一九―二二〇頁を参考にした）。

(32) プレスナーは、「民族《フォルク》」というカテゴリーにおいて「ドイツ民族の中にあるなにか根源的なもの」、あるいは「恒常的な根源性そのもの」が主張されていることに触れ、フィヒテの言葉を引用しながら、ヨーロッパにおけるドイツ民族の独自性を言語的性格に由来する「原民族《ウルフォルク》」にもとめている。さらに土地、故郷、父祖伝来の風習との結びつきから、ドイツ民族の特性を「みずからの中に根ざしていないものが、形式として秩序として君臨することに耐えられない」と述べている。ヘルムート・プレスナー『ドイツロマン主義とナチズム』松本道介訳、講談社学術文庫、一九九五年、八七―八八頁。

(33) Fábián Ernő: Az értelem keresése, Századvég Kiadó, Bp., 1994, 56. o.

(34) Asztalos Miklós: Az erdélyi tudat kialakulása, különnyomat, 1925, 5. o.

(35) もとになるラテン語の概念 statutum（以下 st と略記）が、「スタトゥタリウス」statutarius を理解するためのキーワードになる。中世ヨーロッパでの st は、各地域の統制において独立体として自治の地位をもつ地域がそのレベルによって施行する、拘束力ある法的統制を意味していた。この st に関する統制ないし制度は、自治に関する権利が国家の最高権力（ハンガリーでは大抵は国王）によって認められている限りでは国法と一致していた。反対に両者の政体が互いに否認しあう場合でも、st は国法以上に細部にわたって地域の生活を律するばかりでなく、実際に国法よりも上位に位置づけられていた。従って、st は中央権力が承認し、自治の地位をもつ地域の組織体レベルに基づいてつくられたが、中央権力と対立したときには中央の立法よりも優先された。Statutorial は「st を行うための正当な権利をもつ」の意味で、st からつくられた形容詞である。トランシルヴァニアではハンガリー人、セーケイ人、ザクセン人が st を公布するための権利をもっていたが、ハンガリー国王によって任命されたトランシルヴァニア侯 vajda もまた歴史的トランシルヴァニア全体の権威によって、st を公布するための権利をもっていた。トランシルヴァニアに関するこうした st（実際上は自治の資格をもつ地域の法的統制でセーケイ人の「セーク」、ザクセン人の「シュトゥール」がこれにあたる）は全体としてハンガリー王権の体制下にあったが、細部において比較的自治権をもっていて、地域の政治的統制を承認できる中央王権と立法がそれらを完全に統制していない状況では、その地域内の問題において中央と見解が異なる場合に、中央立法の支配権から特権的免除を得ていた。ここではトランシルヴァニア（本来は侯 vajda とハンガリー人、セーケイ人、ザクセン人の「三民族」nationes）が一五二六年以前にも地域内で st を承認させるための権利があったことを意味している。確かにそれ以前にも、ハンガリー王国からの「分離」がなされるまで、自治を次第に強まる独立のためのチャンスとみなす何人かの為政者がいたのかもしれないが、結局「分離」はおこなわれなかった。トランシルヴァニアの歴史においては、一五二六年以前の「分離」は観念的に可能な選択でしかなかった。

（36） Asztalos Miklós : i.h.6.o.

（37） 三民族同盟 unio trium nationum はトランシルヴァニアの歴史における基本的概念の一つである。その起源は十五世紀まで遡ることができる。ラテン語の natio は現在使われている nation と意味が異なり、中世トランシルヴァニアでは封建身分社会のカテゴリーを意味していた。natio は封建身分の特権をもつ人達で、「自由」libertas の特権をもっていた。トランシルヴァニアでは自由による封建身分の集団はラテン語で nationes（natio の複数形）

と呼ばれ、自由ハンガリー人、自由セーケイ人、自由ザクセン人、すなわち全てではないにせよハンガリー人、セーケイ人、ザクセン人がnationes に属していた。ハンガリー人、セーケイ人、ザクセン人の農奴は「民族的出自」においてはハンガリー人、セーケイ人、ザクセン人であることにはちがいなかったが、natio には属していなかった。このことはなぜルーマニア人が「三民族」(ハンガリー語では három nemzet) に属していなかったのかをある意味で説明しているのかもしれない。当時まだルーマニア人とさえ呼ばれていなかった人達は何世紀もの間、一般に「牧人」を意味する「ブラフ」Vlach　とよばれていた。すべてのハンガリー人、セーケイ人、ザクセン人の牧人もまた定義上こうした nationes から除外されていたように、牧人は封建身分制においては natio の階層に参入することができなかった。そのためブラフ（牧人）は「三民族」に属することがなかった。ハンガリー人、セーケイ人、ザクセン人の農奴が全く natio の資格が与えられていなかったように、ブラフが封建身分制においてその資格が与えられていなかったのは、別にブラフが「民族的出自」による「ルーマニア人」だったからではない。「三民族同盟」（現在の概念からすれば natio を「民族」と訳すのは問題があるかもしれないが）はいつ起こるかもしれないハンガリー人、セーケイ人、ザクセン人、ブラフ農奴の蜂起と外部からの干渉から、十五世紀に自由ハンガリー人、自由セーケイ人、自由ザクセン人がいわば自分たちの自由、与えられた自治を守るための nationes に基づく（「民族的出自」だけに基づかない）特権的封建身分の確立であった。ブダイ・ナジ・アンタルとその同盟者によって組織された農奴の大蜂起の前年、一四三七年にカーポルナで正式に同盟が成立し、蜂起鎮圧後一四三八年二月にトルダで再結成された。同盟はその後数世紀にわたってハンガリー国王を除く、国内外の圧政者に対して、トランシルヴァニアの特権的封建身分共同体の自由を守るための基本的原理となった。

(38)　Asztalos Miklós: i.h. 3. o.　コーシュ・カーロイも『トランシルヴァニア』の結びで、「トランシルヴァニアのハンガリー人はハンガリー本国のハンガリー人とは別な民族であり、キラーイフェルド（トランシルヴァニアのザクセン地方）のザクセン人はドイツ本国のドイツ人とは別な民族であり、トランシルヴァニアのルーマニア人は旧王国内（かつてのモルドヴァ王国とワラキア王国の地域、すなわちレガート）のルーマニア人とは別な民族である。

体質においても異なっているが、まさにメンタリティーにおいてこそ異なっている」（筆者訳）と書いている。Kós Károly : Erdély, Erdélyi Szépmives Céh, Kvár., 1934, 88. o.（邦訳『トランシルヴァニア』田代文雄監訳、恒文社、一九九一）蛇足ではあるがネメシュキュルティ・イシュトヴァーンがコーシュの『トランシルヴァニア』の英語版とドイツ語版の冒頭の解題でケメーニ・ヤーノシュ男爵とするところをケメーニ・ジグモンド男爵と勘違いしており、それをそのまま翻訳されているので訂正されたい（『トランシルヴァニア』七頁）。

（39）この作品は一九一八年の秋ばら革命の頃すでに脱稿しており、翌一九年の夏に刊行された。その後、反革命勢力の権力掌握とともに急速に注目されるようになり、当初は三巻本で後に二巻本としても版を重ねたが、共産政権の時代には長らく絶版になっていて、一九八九年にようやく合本で出版された。ちなみにレクラム文庫『現代ハンガリー人作家』所収の『押し流された村』は、第一章「永遠の村」の第八節を訳したものである。Az elsodort falu, Debrecen, 1989. Ungarische Erzähler der Gegenwart, Stuttgart, 1965. レクラム文庫 Nr.8943-46

（40）Pomogáts Béla : Tamási Áron elbeszéléseinek architectúrája, in : Szabadkőműves gondolatok, Bervárosi könyvkiadó, Bp., 1993, 141. o.

（41）Joseph Reményi, “Dezső Szabó novelist and pamphleteer 1879-1945”, *Hungarian writers and literature*, Rutgers University Press, New Brunswick-New Jersey, 1964, p 345.

（42）Molter Károly : Buborékharc, Kriterion Kiadó, Bukarest, 1980, 38. o.

（43）Uo. 91-92. o.

（44）K. Lengyel Zsolt : Kárpát-medencei alternatívak “Keleti Svájc” és Erdély 1918-1919, in : Regió, 1. szám, 1992, 85-86. o.

（45）Reményik Sándor : Gyűrűt készíttetek, Összegyűjtött versei 1. köt, 172. o.

（46）Szőcs Zoltán : Szabó Dezső és a transzilvanizmus, in : Soproni egyetem, Szabó Dezső emlékszám, 68. o.

（47）Uo. 68. o.

（48） Berde Mária : Vallani és vallalni, in : Erdély Helikon, 1929, 623-625. o.

（49） Szőcs Zoltán : i. h. 69. o.

（50） Szabó Dezső : Erdély és kritika, in : Ludas Mátyás füzet 6, 30 szám, 1937, 50. o.（執筆されたのは、一九二八年八月二〇日である）。

（51） Szőcs Zoltán : i. h. 69. o.

（52） Szentimrei Jenő : Erdélyi barátaitól szeretném megvédeni Szabó Dezsőt, Brassói Lapok, 1928, szept. 23.（ブラッショー新聞）

（53） Paál Árpád : Társadalmi osztályok válsága, in : Napkelet, 5-6 szám, 1921, 265. o.

（54） 故郷キシュバツォン（ウドヴァルヘイ県）に居住したベネデク・エレクは、郷土の若い作家たちと頻繁に接触しただけではなく、継承国（二重帝国崩壊後生まれた小国群で、多数のハンガリー系住民が取り残された）で広範囲に読まれた子供新聞『ツィンボラ（仲間）』を編集した。帰郷後、ベネデクは当然文壇の指導者となると思われていたが、マロシュヴェーチからの招待状は来なかった。『エルデーイ・ヘリコン』の発起人ケメーニ、クンツ、コーシュ、ベルデが、当時すでに国内外で有名であったバーンフィ伯の指導的役割に賛意していたからである。ベネデクの功績はルーマニア人作家にも注目されていた。Vö. Beke György : i. h. 619. o.

（55） ジェルジ・ルカーチ『生きられた思想』池田浩士訳、白水社、一九八四年、五三—五四頁。ハンガリー語の原著はLukács György : Megélt gondolkodás, Magvető könyvkiadó, Bp., 1989.

（56） Kós Károly : Kiáltó szó, 1921, Cluj-Kolozsvár, 2. o.

（57） Uo. 2-3. o.

（58） Pomogáts Béla : Kuncz Aladár, Akadémiai Kiadó, Bp., 1968, 93. o.

（59） Uo. 94. o.

（60） Pomogáts : Negyedik európa, 32. o.

図1　ルーマニアの主要都市（ハンガリー名）

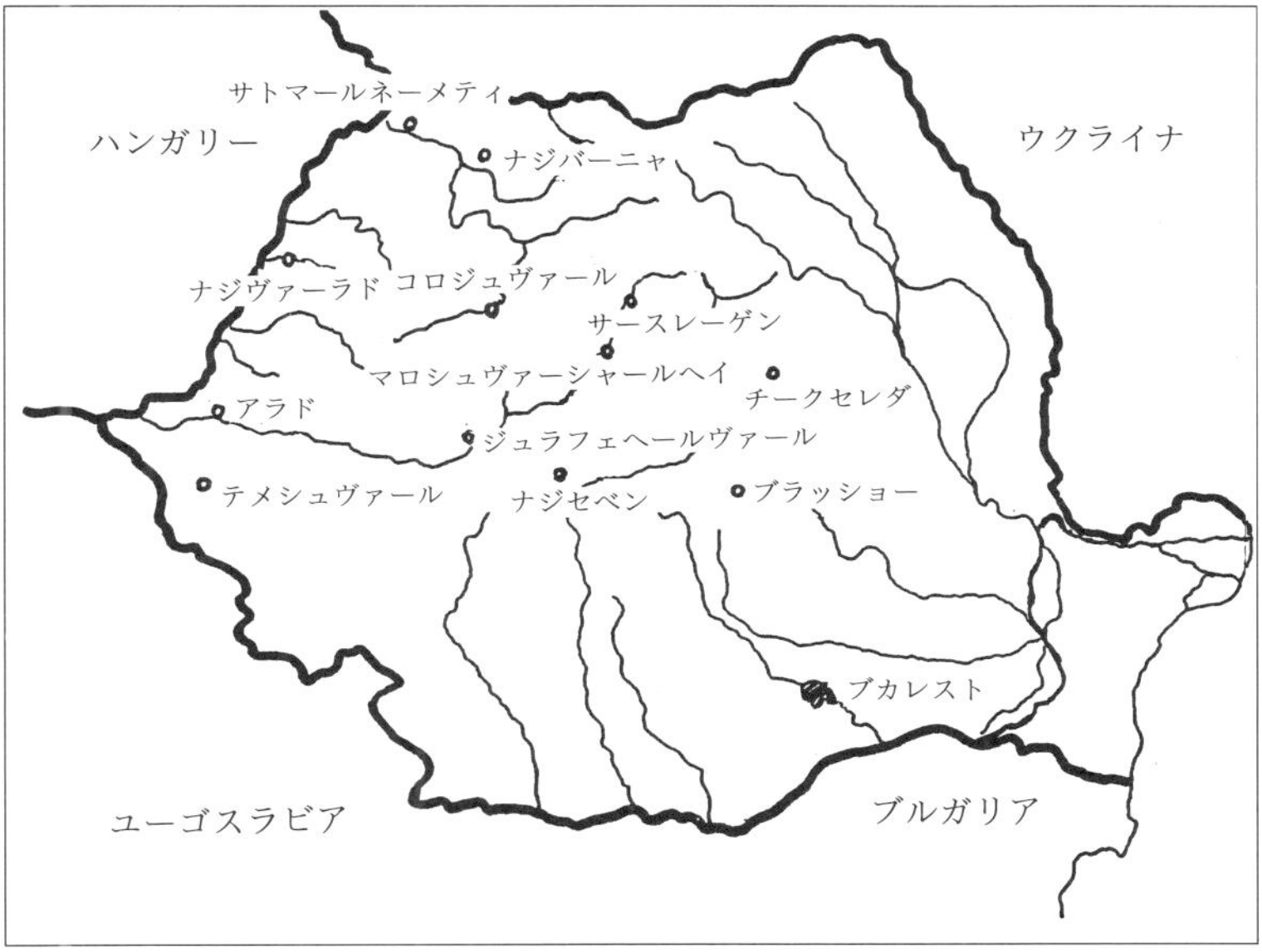

図2　第一次大戦後のルーマニア

ドイツにおけるエスニック・マイノリティ

星野　智

はじめに

国境を超えた人の移動は、さまざまな形態をとりうる。他国から強制的に移住させられてきた人びと、労働力として入国してきた人びと、庇護を求めてきた人びと、難民として入国してきた人びと、そして不法移住者といった形態がその代表的な事例であろう。ドイツでは、一九五〇―六〇年代にかけて東ドイツや協定国からの労働力の流入があり、八〇年代に入ると庇護希望者や難民の流入があった。そのたびに国内の外国人の割合も増加し、エスニック・マイノリティを形成していった。エスニック・マイノリティは、一方では地域的にはセグリゲーションを作りだし、他方では職業構造あるいは社会構造の面での緩やかな成層化を生み出している。以下では、ドイツのエスニック・マイノリティに焦点を当て、かれらの社会経済的な立場やエスニック的な成層化といった問題を取り上げてみたい。

第一章　ドイツにおける外国人労働者

一九五〇年代のドイツは戦後の経済復興により労働力不足を引き起こし、政府および産業界は外国人労働力に頼る方針を打ち出した。さらにベルリンの壁の建設は、それまで東ドイツから西ドイツへの亡命者の移住によって充足されていた労働力の供給をストップさせた。戦後の西ドイツでは、急速な経済発展を支えるうえで東ドイツからの大量の難民が労働市場の底辺を形成していたが、それでも補えないほどの労働力不足を引き起こした。そのため、五〇年代の後半にはすでに外国人労働者の急速な導入が必要とされる状況に立ち至っていた。

一九六一年頃、職場では五十万人もの労働力が不足していたにもかかわらず、失業者数は約十八万人であった。[(1)] ドイツはすでに一九五〇年代からイタリア（一九五五年）と外国人労働力に関する協定を結び、六〇年代に入ってからも、ギリシャ（一九六〇年）、スペイン（一九六〇年）、トルコ（一九六一年）、モロッコ（一九六三年）、ポルトガル（一九六四年）、チュニジア（一九六五年）とつぎつぎに協定を結んでいった。こうして外国人労働者数は毎年増加の一途をたどるとともに、かれらは単純労働、未熟練労働として労働力のヒエラルヒーに組み込まれていった。

しかし一九七三年十一月、ドイツ政府は外国人労働者の募集停止を決定した。この決定は、同年秋の石油ショックとそこから予想される景気後退を配慮したものであった。一九七三年にはドイツに二六〇万人の外国人労働者がおり、このうち協定国から来ていたのは約二一〇万人であった。このことからも協定国出身の外国人労働者の占める割合がいかに大きいかがわかる。[(2)] ドイツの労働力移動に関して特徴的なのは、それが景気の動向に強く依存していた点である。経済成長期の労働力不足は移動を促進した一方で、景気後退の時期には失業率の上昇とともに帰国への動きが起こった。帰国については、一九六六―六七年、一九七四―七六年、一九八二―八四年に顕著にみられた。また外国人に占める就業者の割合は、一九七三年の六五・四％を境にその後は減少し続け、一九九一年には三二・三％になった。その原因となっていたのは外国人労働者の家族の呼び寄せ、失業、難民の増大という問題であろう。

ところで、一九九二年末には、ドイツでは六五〇〇万人の外国人が生活し、そのうちの四分の三は地中海諸国の出身者であった。そのなかでもっとも大きなグループは、トルコ人の一九一万人であった。外国人の子どもや若者の三分の二以上は、ドイツで生まれている。そのことは、外国人のほとんどが生活の中心的な場としてドイツを選択したことを含意している。(3) すでに一九八七年までに、二十一歳以下のドイツ人の若者の割合が二三％にまで減少していたのにたいして、外国人の若者は三二％で安定し、トルコ人の若者の割合は四二％に増加していた。けれども、外国人の二世や三世は思うようにドイツで職場を確保することができず、そのことも外国人の就業者数の割合の低下の原因になっているということができる。

一九八〇年代後半以降、外国人数は大きく増え、一九九一年には五九〇万人にまで増加した。けれども、この間に外国人数の増加の割には就業者数が増えていない。一九九五年末までに、外国人はさらに増え続け、ドイツでおよそ七一七万人が生活していた。この数は前年よりも一七三、四〇〇人も増えている。ドイツの全人口に占める外国人の割合はおよそ九％となった。こうした外国人の増加を促した要因は、本国への帰国者の数が圧倒的に少ないという点である。(4) それにたいして、難民の移住が目立っている。一九九三年七月一日に改正された基本法一六条によって、庇護希望者数は大幅に減少した。しかし旧ユーゴスラビアなどからの難民の割合は依然として高く、一九九五年には庇護希望者数は一二七、九〇〇人となっている。

他方、外国人の就業者数はわずかしか上昇しなかったにもかかわらず、与えられた労働許可の数は上昇した。

一九九五年には、一、三二九、四〇〇人の労働許可が与えられ、その数は前年よりも一四八、七〇〇人も多かった。こうした増加はとりわけ季節労働者や請負契約労働者による労働許可の請求に原因が求められる。ＥＵに国籍をもつ者は、その内部では自由な居住と職場の選択を基本的な権利として認められており、労働許可は必要とされない。それにたいして、ＥＵに国籍をもたない外国人がドイツで労働できるのは、滞在が許可され、労働許可を受けた場合である。(5)

表１　外国人の雇用と失業：年平均（旧西ドイツ地域）

年	社会保険の義務のある雇用関係にある外国人	女性の割合	外国人の失業者と失業率		女性の割合
			絶対数	割合	
1980	2,018,382	31.0	107,420	5.0	43.2
1981	1,911,956	30.6	168,492	8.2	40.8
1982	1,787,316	30.7	245,710	11.9	37.8
1983	1,694,354	30.7	292,140	14.7	37.0
1984	1,608,502	30.8	270,265	14.0	36.8
1985	1,567,527	30.8	253,195	13.9	37.0
1986	1,569,668	30.8	248,011	13.7	39.0
1987	1,576,925	30.8	262,097	14.3	38.5
1988	1,609,821	31.1	269,531	14.4	38.7
1989	1,677,982	31.4	232,512	12.2	38.8
1990	1,774,733	32.2	202,975	10.9	38.6
1991	1,891,233	32.7	208,094	10.7	36.5
1992	2,030,253	32.7	254,201	12.2	35.7
1993	2,169,233	32.7	344,840	15.1	34.1
1994	2,141,365	34.1	409,110	16.2	33.6
1995	2,128,722	33.9	424,461	16.6	34.0

出典：Bundesanstalt für Arbeit, *Amtliche Nachrichten der Bundesanstalt für Arbeit, Arbeitmarkt 1995*, Nürnberg, 1996, S.103.

つねに不利な労働市場のなかに置かれている外国人就業者の数は、一九九五年もわずかに減少した。外国人就業者数は、年平均でおよそ二五八万人と見積もられており、前年よりも一五、〇〇〇人少なかった。そのうち社会保険の義務のある雇用関係にある外国人は二一三万人であり、やはり前年よりも〇・六％減少していた。これには景気後退の影響がある。産業部門別に外国人の雇用を比較し

表 2　社会保険の義務のある雇用関係にある外国人（旧西ドイツ地域）

国	1965年６月	1973年６月	1985年６月	1995年６月
外国人全体	1,164,364	2,346,800	1,583,898	2,128,722
うちＥＵ諸国	836,477	1,094,115	524,312	679,892
％	71.8	46.6	33.1	31.9
ベルギー	0.6	0.5	0.5	0.4(9373)
デンマーク	0.3	0.2	0.2	0.2(4990)
フィンランド	—	—	—	0.2(4325)
フランス	2.2	2.3	2.6	3.2(68277)
ギリシャ	15.6	11.4	6.5	5.5(116745)
イギリス	0.7	0.8	1.9	1.8(38428)
アイルランド	0.0	0.0	0.1	0.2(3931)
イタリア	30.9	17.4	12.8	9.6(204646)
ルクセンブルク	0.1	0.1	0.1	0.1(1265)
オランダ	5.1	3.2	2.0	1.8(39207)
オーストリア	—	—	—	3.9(83587)
ポルトガル	0.9	2.9	2.2	2.4(51057)
スウェーデン	—	—	—	0.2(3920)
スペイン	15.5	7.6	4.3	2.4(50141)
非ＥＵ諸国	327,887	1,252,685	1,059,586	1,448,830
％	28.2	53.4	66.9	68.1
旧ユーゴ	5.5	19.8	18.5	19.7(418668)
トルコ	10.4	22.5	31.5	28.2(600434)
その他の国	12.3	11.0	16.8	20.2(429728)

出典：Bundesanstalt für Arbeit, *Arbeitmarkt 1995*, a.a.O., S.106.

た場合、ほぼすべての部門で減少していることがわかる[6]。しかし、サービス部門では増加がみられた。たとえば、老人ホーム、興行師、包装業などでは外国人の雇用は進展した。しかし、かれらにとって重要な部門である加工業や建設業の雇用は減少した。

近年の社会保険の義務のある雇用関係にある外国人労働者の失業をみると（表1）、一九八〇年は失業者が一〇七、四二〇人で失業率がわずかに五・〇％にすぎなかったが、翌年以降は上昇し続け、一九八八年には二六九、五三一人で一四・四％となっている。その後やや減少したものの、一九九三年以降ふたたび上昇し、一九九五年には四二四、四六一人で一六・六％になっている。これは同年のドイツ人の失業率が八・三％であるから、外国人の失業率はドイツ人のほぼ二倍に達している。

社会保険の義務のある外国人を国籍別にみると（表2参照）、一九九五年には、トルコ人が六〇〇、四〇〇人であり、旧ユーゴスラビア人が四一八、七〇〇人であった。前年比では、それぞれ〇・八％、〇・五％の減少であった。他方、ポルトガル人の雇用は著しく増加し（二・六％増）、イタリア人も少し増加した（一・一％増）。スペイン人の場合は明らかに減少し（四・六％減）、ギリシャ人の場合はやや減少した（一・六％減）。EU諸国の出身者の割合は約一五％で、六七九、九〇〇人増加した。この大幅な増加の原因は、スウェーデン、フィンランド、オーストリアのEU加盟によるものである。(7)

九〇年代の景気後退のなかで外国人の失業は増加した。こうした不景気が外国人の産業予備軍を増加させたために、かならずしもドイツ人の失業の増加を招いたというわけではなかった。一九九四年と九五年を比較してみると、外国人の失業者が二万人増えたのにたいして、ドイツ人の失業者は一万人増えたにすぎない。(8) 一九九五年の平均では、四二四、五〇〇人の外国人が失業しており、失業率は一六・六％であった。同年のドイツ人失業率九・二％と比較してみても、外国人の失業率はほぼ倍になっている。この原因には、本質的に、言葉と職業資格の不足があるが、このことが外国人の雇用機会を奪い、解雇の危険性を大きくしている。

第二章　外国人労働者の社会的・経済的な地位

外国人の比較的高い失業率は、ドイツにおける業務部門や雇用構造の転換に求めることができる。低い経済成長と失業率の上昇のなかで、とりわけ農業、建設業、鉱業の領域において雇用が減少した。それにたいして、サービス部門の拡大は雇用の増大をともなった。製造部門の領域では、一九七四年から八五年まで、およそ一六〇万人の職場が失われ、サービス部門では約一二六万人の新たな雇用が生み出された。[9] こうした外国人の雇用の構造変化をみるためには、産業部門別の外国人雇用の割合を検討することが必要である。

経済発展は、雇用構造にも変化を引き起こす。一般に、ブルーカラーからホワイトカラーへ、生産から管理・経営への変化、そして製造業からサービス業への変化というように、職業構造を変えていく傾向が存在する。ドイツにおいても、社会経済的な発展はブルーカラーの雇用を減少させてきた。しかし、外国人の場合、こうした構造変化はそのまま妥当しない。外国人は製造業や建設業で労働し、ドイツ人がホワイトカラーや公共部門で労働する傾向にあるからだ。一九九二年には、ドイツ人の三六%がブルーカラーであったのにたいして、外国人労働力の八三%がブルーカラーであった。[10] しかもドイツ人の場合、そのほとんどがエリートの熟練労働者であった。こうしてみると、概してドイツ人はホワイトカラーとして、外国人はブルーカラーという緩やかなヒエラルヒー構造が成立している。と同時に、ブルーカラー内部でもドイツ人の熟練労働と外国人の半熟練あるいは未熟練労働というヒエラルヒー構造が成立してい

表3　産業部門別の外国人雇用
1985年3月31日現在

産業部門	外国人の被雇用者（絶対数）	外国人の被雇用者（割合）
農業・林業	13474	6.3
エネルギー・鉱業	32979	6.9
建設業	133972	9.9
加工業	848426	10.7
商業	107584	3.9
交通・通信	60227	6.4
金融機関・保険	12412	1.5
サービス業	283454	7.4
非営利組織		
家事	16097	3.8
地方公共団体・社会保険	45943	3.14
返答なし	843	—

出典：R. Erichsen, 1988, S.18.

るといってよいだろう。

このように外国人の雇用の伝統的な部門は、加工業、サービス部門（ここではとくに飲食業）、建設業である。外国人労働者はおもに、景気後退以降、加工業や建設業に就いていた。加工業については、一九八〇年から八四年に三五四、〇〇〇人、割合では二九％であり、建設業については一九八〇年から八四年に五四、七〇〇人、割合では二五・一％であった。一九八〇年から八四年のあいだに、とりわけ建設業や加工業に従事していたトルコ人の失業者数は、イタリア人に次いでいる。[11]サービス業の領域での雇用が増大したにもかかわらず、外国人はそれにはほんのわずかしかかかわっていない。すなわち、製造業の領域における雇用の喪失は、サービス業の領域における雇用の獲得によって補完されていなかったのである。

外国人はサービス部門ではドイツ人に比較してわずかの機会しかもっておらず、とくに情報処理のための専門知識やドイツ語の知識が求められるところではなおさらそうである。さらにまた、外国人の場合、ドイツ人に比べて一般に専門教育の水準が低いという点がマイナスに作用している。外国人はドイツ人よりも職業教育を受けた労働者として仕事に従事しているが、資格や専門教育という点ではドイツ人にたいしてハンディキャップを負っている。[12]

外国人の失業との関連でその資格を検討するならば、一九八四年にはつぎのような状況が明らかになる。失業している外国人の五分の四以上は、まともな職業教育を受けられず、それに関しては、トルコ人の九三・一％、イタリア人の八九・九％、ギリシャ人の八八・七％、ポルトガル人の八八・一％、スペイン人の八二・二％、旧ユーゴ人の八〇・九％がそうであった。[13]外国人の状況がさらに深刻なのは、一度失業するとふたたび仕事の斡旋がおこなわれにくいという点にある。この理由は結局のところ、非EU諸国出身の外国人にたいする労働法と滞在法の規定にある。すなわち、外国人の労働力を自由に使えるにもかかわらず、しばしば職場では雇用されないままになっており、あるいは雇用者は理由をつけて外国人を拒否したあとでもドイツ人を採用し、職場はすでに埋まっている。これに加えて、多くの外国人が斡旋されないのは、ドイツ人の斡旋上の優位やEU諸国の帰属性が雇用者によるかれらの引き受けを妨げているからである。

さて、一九六〇年代からの外国人労働者の補充の地域的な分布をみると、バーデン・ヴュルテンベルクやノルトライン・ヴェストファーレンのように、以前に製造業で労働力不足をきたしていた地域は、多くの外国人労働者を引き寄せた。比較的遅れてドイツにやってきたトルコ人にとっては、自動車産業や鉱業における未熟練労働、ゴミ収集や道路・職場の清掃といった労働が最初の運命であり、それは住む地域で決められる。ベルリン、ブレーメン、ノルトライン・ヴェストファーレンがトルコ人のおもな落ち着き場所となった。一九九二年に、ドイツの外国人の九三%は旧西ドイツに住んでいたのにたいして、旧東ドイツではトルコ人はほんの一%にすぎなかった。(14)

ドイツにおけるトルコ人は、他の外国人に比べても一般にブルーカラーの雇用に依存する割合が大きく、不利な立場に置かれている。一九九二年にはトルコ人の八五%がブルーカラーに属していた。だが、トルコ人の職業構造のヒエラルヒーにおける上昇への動きは、少しずつ変化をみせている。たとえば、熟練労働者の割合は一三%から二二%へ、ホワイトカラーの雇用は二%から五%へ、自営業については二%から八%に上昇している。(15) 外国人はドイツの職業構造のヒエラルヒーの下位にあって、一九八〇年代にその地位を改善してきた。とはいえ、両者のあいだの格差は依然として大きい。

ドイツにおいては、外国人労働者が大量に流入し、ヒエラルヒー的な職業構造に組み込まれていったにもかかわらず、エスニック的な成層化の議論があまりおこなわれてこなかったようである。その主要な理由は、アメリカやカナダのような移民国家とは対照的に、それが比較的新しい現象であったからということである[16]。したがって現在のところ、エスニック的な成層化に関する包括的なサーベイは存在しないといってよいだろう[17]。これまでは、ドイツの外国人労働者についての研究はつぎの点に焦点が当てられてきた。すなわち、言語、役割、価値、そして文化的な習慣の領域における外国人労働者の同化、個人的なコンフリクトと個人の統合およびアイデンティティ形成への心理的な要求、第一次集団や同等の地位にある集団への外国人労働者や少数者のメンバーのアクセスなどであった。

しかし近年、外国人労働者の職業における成層構造の分析やトルコ人社会の分析など、ドイツ国内の外国人の職業や社会生活に関する研究がいくつか散見することできるようになり[18]、それらの研究に関してもエスニック的な成層化という視点からおこなわれているものもある。ドイツにおけるエスニック的な成層化は、外国人労働者の非計画的な移住の結果であると捉えることができる。ドイツが外国人労働者の補充に踏み切ったのは、根本的には、一九六〇年代と七〇年代にかけての産業上の要請に応じたからであった。こうした外国人労働者の導入はもともとは、外国人労働者のローテーションという原理に基づいていた。しかし、時の経過とともに新しい外国人労働者がつぎつぎとドイツに流入するにつれて、伝統的な階級構造のいわゆる「下位成層化（sub-stratification）」がもたらされた[19]。

ところで、エスニック的な成層化は一般には、社会的な地位における差異がエスニック的な記号や象徴に結びつけられている垂直的な社会的不平等の特殊なケースとして定義されている。すなわちエスニック的な成層化は、エスニック的な記号や象徴に焦点を合わせた社会内部の帰属的な役割取得の過程に基づいている。それはまた、ある集団あるいは一定の集団や階級のメンバーが自然的あるいは物理的な文化的相違にしたがって自己を定義する、あるいは制度化される社会的過程でもある。このようなエスニック的な成層化は、二つの水準での分析に分けられている。エスニック的な基準による外国人と移住国の市民とのあいだの地位上の差異、そしてエスニック集団間の地位の分配である。この区別によって、ドイツ人と外国人とのあいだに、また外国人相互のあいだに、政治的・法的地位、階級的な立場、住宅と教育、趣味、文化的・宗教的な儀礼と規範、習慣、相互行為の構造などに関して相当な違いを見いだすことができるだろう。[20] しかし、成層化という場合には、何を基準として成層的な構造が成立しているのかが問題化される必要がある。

たとえば、アマースフォールトは、エスニック的な成層化の四つの領域に焦点を当てている。[21] すなわち、法律、教育、住宅、そして労働市場である。機会の不平等な分配は、マックス・ウェーバーやライト・ミルズを引き合いに出すまでもなく、社会における権力的な差異と分業に由来する。エスニック的な記号による帰属化は、集団や個人を一定の利害にしたがって分離したり統合したりすることに役立つ。ドイツでも、外国人労働者に関する法律は、基本法、外国人法、労働許可法などであり、それらのなかで外国人の滞在や労働について詳細に規定され、ドイツ人との差異性が明確にされている。

たとえば基本法の第一一六条では、ドイツ人についてつぎのように規定している。「本法に定めるドイツ人とは、別段の定めのない限り、ドイツ国籍を保有しているか、もしくは、ドイツ民族籍を有する難民または被追放者もしくはその配偶者ないしは子孫で、一九三七年十二月三十一日以前のドイツ帝国領土に居住していた者をいう。」そして外国人法の第一条二項では、「外国人とは、基本法一一六条一項に定めるところのドイツ人ではないすべての者をいう」と規定している。[22] こうしたドイツ人と外国人との法的な規定上の差異は、それぞれが社会生活においてアクセスあるいは利用できる資源の違いをそのまま反映する。その結果、外国人のマイノリティは、社会生活においても、教育、住宅、労働市場へのアクセスの面でハンディキャップを背負うことになる。

H・ギルマイスターの研究は、労働の配置、利用、差別、移動の過程は、外国人とドイツ人との差異によって組織化されるだけではなく、労働者の特定の出身国が雇用システムにおける地位を決定するうえで重要な役割を果たしている点を指摘している。そうした雇用システムのなかでもっとも悪い条件のもとにおかれているのがトルコ人マイノリティである。かれによれば、社会問題あるいは労働力の利用の問題を論じるにあたって、インタビューの回答者のほとんどが強調している点は、「外国人問題」は存在しないけれども、「トルコ人問題」は存在するというものである。ドイツ人のなかにはトルコ人やイスラム諸国出身の人びとにたいする敵対は存在する。数カ国からの労働移民の生活条件に関する代表的な研究も、こうした見解がドイツあるいはベルリンのトルコ人についての共通の見解に対応している点を示している。[23]

ギルマイスターの研究が示唆しているのは、雇用システムにおけるエスニック的な「下位成層化」を構成するすべての特徴がトルコ人マイノリティにも当てはまるということである。これを説明するために、かれはさしあたりいくつかの問題提起をおこなっている。第一は、「列の最後の人びと」という命題である。トルコ人はすべての外国人労働者の国籍では最後に位置しており、雇用システムや社会的な威信のヒエラルヒーにおいてはもっとも低い地位しか割り当てられていない。この命題はつぎの事実によって支持されている。すなわち、第二次大戦後の最初の労働移民であったイタリア人は、五〇年代と六〇年代に社会構造と威信秩序における低い位置を占めていたが、現在ではイギリス人、アメリカ人、フランス人と同等の位置にある。

しかしながら、トルコ人はもはや「列の最後の人びと」ではない。かれらの後には実際には、ドイツに遅れて入国してきたエスニック集団が続いているのである。それらはとりわけスリランカ出身の難民であり、一九八六年には外国人の「侵入」あるいは「氾濫」にたいするドイツ人の恐怖の標的となった。雇用の一時的な禁止にもかかわらず、かれらは西ベルリンのパブやレストランでバラを売っているのを目撃されているが、それは実際には収益の少ない仕事である。こうしてみると、「列の最後の人びと」という命題は、説得力をもっていても、パターンの構造化を明らかにしていないし、トルコ人の後にドイツにやって来たけれども、労働市場では成功したヴェトナム人の相対的に高い地位を説明していない。

これにたいしてドーゼの研究は、雇用における差別を法的地位の不平等に求めている。[24] その場合に推定できる点は、EU諸国のなかで平等の権利をもっていない国の市民であるトルコ人は自らを差別の犠牲とみていることである。しかし、EUに所属していない国である旧ユーゴスラビアからの移民は、明らかに問題のない集団とみなされており、雇用システムでは上位の位置を占めている。トルコ人が大きなマイノリティであるという主張は何も説明していないが、他の要因と結びついてかれらの位置を説明しているひとつの要因がある。それは、多くのドイツ人がトルコ人の相対的に低い地位をドイツ社会におけるかれらの文化的な周縁性と関連づけていることである。その場合の文化の概念は多くの次元をもっている。ギルマイスターによれば、ドイツのトルコ人の場合、つぎのような論点が問題となっている。①一般の文化的な技術、とくに読解力の欠如あるいはドイツ語の欠如もしくは不十分な能力、②低い水準の教育と職業訓練、③労働への不適切な動機、④イスラム教、⑤生活スタイルと家族構造の分化、⑥居住の集中と分離、⑦職場におけるトルコ人の団結に現れたトルコの自民族中心主義、である。[25]

それとは対照的に、ドイツ社会におけるトルコ人の低い地位を業績原理とは異なる文化的な特徴に求めている者もいる。トルコ人の相対的に低い地位は、相互依存的な条件の全体的な複合体に関連している。それによると、かれらは自らの文化の価値と同一化し、分離した居住地域に住んでおり、自分自身の財やサービスを供給するためのエスニック的なインフラストラクチャーを発展させており、ドイツ語を学ぶ必要のない仕事に集中しているというものである。(26)

第四章　トルコ人の生活と労働

ドイツにおけるトルコ人マイノリティは他の西欧民主主義国における移民とは異なっている。ほとんどすべてのトルコ人の移民はドイツ国籍をもたない市民である。トルコ人のなかで帰化した人びとがきわめて少ないのは、帰化よりも一定の同化を先行すべきであるという政府当局の要求のために、自国の文化や出身国に固執するトルコ人にとっては帰化が魅力的な選択肢ではなかったからである。二重国籍を導入するという請求は血統主義を採用するドイツの国民性の概念とは対立し、それについては論争が続いたとはいえ、政策決定者はそのかぎりにおいてこうした政策への反対を再確認した。(27)

トルコとドイツが地理的に接近しているために、出身国からの文化の移転やその影響はトルコ人マイノリティのあいだでは根強い。特異な政治的な発展、社会運動、文化的な様式をともなったトルコ人の移民文化は、かれらがドイツに定着して以来、徐々に出現してきた。したがって、ドイツにおける第二世代のトルコ人の大多数も、両親の出身国であるトルコとの感情的で文化的な結びつきを受け継いだように思われる。ほとんどのトルコ人移民とその家族は毎年帰国して親戚を訪ねている。ドイツにおいてでさえ、同じ村や地域の出身のトルコ人は同じ都市に住み、かれらのあいだの親密なつながりが社会生活上の主要な特徴になっている。トルコ人が都市の一定の地区に集中していることは、かれらの接触範囲を少数集団に限定しがちになっており、トルコ人のあいだのこうした社会的な凝集性は、ドイツ人がトルコ人との社会的接触を発展させようとはしないことの原因とみられてきた。このためにトルコ人は、社会的地位が低いと受けとめられてきたし、したがって偏見の対象ともなった。ドイツのトルコ人住民の半数は、近隣に住んでいる親戚をもち、三八％は毎日親戚と会っており、三九％は週に数回会っている。(28)

ドイツに住んでいるトルコ人のほとんどは、対照的な行動様式と帰属類型をもった二つの異なった文化のなかにあるといってよい。仕事や学校ではドイツの文化が支配的であるのにたいして、余暇の時間帯には社会的なネットワークはエスニック的な線で分割されている。トルコ人の移民の第一世代においては、社会的ネットワークはもっぱらトルコ的であるが、第二世代や第三世代では境界線が変わってきており、日常生活はつねに「境界を超えた」ものになっている。すなわち文化的な環境のあいだで絶えざる切り換えがおこなわれている。かれらにとっては、ドイツとトルコという二つの文化によって刻印されているということが、つねに日常的に意識化されている。(29) この両極性は文化的に強まりうるが、ドイツでのマイノリティ集団の成員にたいしては、精神的なストレスや高度の両義性を生み出すことにもつながっている。

ほとんどのトルコ人は、第二世代のトルコ人でさえ、エスニック的に同質の友好関係のなかで暮らしており、他のエスニック集団よりもドイツ人から分離している。たとえば一九九一年におこなわれたある調査によれば、第一世代の移民の七八％と第二世代の移民の六五％が、トルコ人の友人しかもっていなかった。旧ユーゴスラビア人の場合、エスニック的に同質の接触はガストアルバイターの世代のなかでは六二％、かれらの子どものなかでは二六％にしかなっていなかった。ベルリンでは、トルコの若者の三四％は余暇の時間帯にドイツ人との接触はなく、三〇％は余暇にたまに接触するだけであり、他方、三六％はしばしば接触していると報告されている。(30)

表4　滞在と帰還のあいだ・ドイツにおける非ドイツ少数者の滞在選好・一九九三年（%）

選好	トルコ人	旧ユーゴスラビア人	イタリア人
帰国計画	三一	一八	二五
帰国を望んでいる	一二	一三	二〇
決めていない	一四	二九	二〇
ドイツ滞在をよしとする決定	四三	四〇	三五

出典：Ausländer in Deutschland, no.4, 1993, p.4. D.H, E. Kolinsky (eds.), op. cit, 119.

だが、他の調査では、トルコ人の若者の三〇%はドイツ人との日常的な接触をもち、二七%はドイツ人と社交的に週に数回あるいは週に一回会っており、一九%はドイツ人との接触がまったくないということになっている。

ドイツにおけるトルコ人の中流階級の形成は、きわめて弱いままになっている。トルコの外国人労働者の大多数は、地方あるいは経済的に発展の遅れた地域からやってきた人びとである。都市の労働者階級となった人びとも近年になってはじめて地方から移住してきた人びとであり、トルコを発つ前に都市に住んでいたという歴史をもっていなかった。こうした点を考えると、中流階級の弱さは、よくいわれるように、ドイツでの文化的発展の先頭に立ちうるトルコ人の知識人の不在にある。こうしたエリートの存在なくしては、ドイツでのトルコ人の移民文化は遅れたままになり、受け入れ国と移民共同体とのあいだの断絶を埋めることはできない。トルコ人の中流階級の存在は、こうした悪循環を断ち切るかもしれない。しかし、それが現実に存在しないということは、トルコ人が職場、教育、住宅、社会福祉、法的地位などの領域で出合っている差別や不平等を再強化する傾向を生み出している。[31]

トルコ人マイノリティは、一九九四年に二〇〇万人に達し、その数はドイツ在住のすべての外国人の二八%にあたる。当初は、ほとんどのトルコ人はあまり長期化しないうちにトルコへ戻りたいと考えていたようであるが、しかし実際には、ドイツに長期にわたって滞在するうちに考え方が変わっていった。ドイツに滞在したいというトルコ人の数は増加し、現在では他の国籍をもった永久滞在希望者よりも多くなっている（表4）。

外国人労働者の雇用が補充契約によって規制されていたとき、労働市場での未熟練労働者の周辺的な位置は、仕事が相対的に保証されていたということによって補われていた。しかし、このことは現在では当てはまらない。第二世代や第三世代は労働市場の完全な競争力に直面しているからである。学校での成績不良、職業的な資格への限られたアクセス、他の文化的資源からの排除に加えて、ドイツ経済構造の急速な転換、製造業とりわけ金属労働部門における衰退、ドイツでトルコ人によって提供された未熟練労働あるいは半熟練労働への需要の急激な低下がかれらにのしかかった。一九八〇年代初頭から、厳しい契約条件のもとでの雇用、外国人の失業がドイツ人の場合よりもはるかに増加した（表5）。一九九四年に、トルコ人のあいだの失業率は全国平均の二倍であり、一九八〇年が六・三%であるから、それ以降三倍になったことになる。(32)

表5　かつての補充国出身の外国人の失業率・一九八〇—九四年（%）

年	労働力全体	非ドイツ人全体	トルコ	旧ユーゴ	イタリア	ギリシャ	スペイン	ポルトガル
一九八〇	三・五	四・八	六・三	二・八	五・五	四・一	三・二	二・一
一九八五	八・七	一三・一	一四・八	九・〇	一四・七	一一・四	八・七	七・六
一九九〇	六・六	一〇・一	一〇・〇	六・〇	一〇・六	九・七	六・八	五・五
一九九四	八・八	一五・五	一八・九	九・八	一七・〇	一六・二	一一・二	一一・二

出典：D. Horrocks, E. Kolinsky (eds.), *op. cit.*, p.127.

表6　経済部門別の非ドイツ人とトルコ人の雇用

経済部門	非ドイツ人	トルコ人
農業／漁業	一・〇	〇・八
鉱業／エネルギー	一・二	二・八
製造業	四二・二	五三・四
建設業	一九・〇	七・六
貿易／商業	一〇・四	八・九
輸送／通信	四・八	四・五
銀行／保険	一・一	〇・四
公共サービス	二・五	一・九
民間サービス	二五・七	一八・九
慈善事業	一・五	一・〇
全　体	二、一五〇、一一四	六一九、〇五三

出典：Bundesanstalt für Arbeit, *Arbeits und Sozialstaistik*, 31 December 1993. D. Horrocks, E. Kolinsky (eds.), *op. cit.*, p. 127.

一九九三年には、三五、〇〇〇人のトルコ人が事業を経営し、かれらのなかには一三、五〇〇の雇用を創出した。全般的にみて、二〇万人以上の非ドイツ人が自営業者である。小規模のトルコ人の部門も含めて、非ドイツ人の中産階級が緩やかに出現し始めた。もっともこれらの仕事のほとんどは、小規模であり家族経営となっている。多くの場合、失業によって経済的な危険を減らそうという試みのなかで仕事を立ち上げるようになった。しかし、トルコ人のビジネスマンのなかには、重要な動機づけは自立（七三%）、高収入（六〇%）、高い地位（六二%）、家族の安全（五〇%）の達成であると主張している人びともいる。[33]

補充の最初の数年間は、外国人労働者は製造業に集中していた。一九九三年までに、製造業での雇用は非ドイツ人全般の場合四二%に低下し、それでもトルコ人の場合には五三%であった。逆に、サービス部門の雇用は一九八〇年代の七%から一九九三年の二六%に増大した。トルコ人のあいだではサービス部門では一九%が従事していた(表6)。ドイツで労働市場の機会と職業的な地位を転換させた経済的な近代化は、ドイツ人よりも非ドイツ人に不利益をもたらし、なかでもトルコ人がもっとも不利益を受けた[33]。トルコ人は汚れた仕事、潜在的に健康に良くない仕事、交替勤務や出来高払い作業、そしてしばしば労働力の変動と仕事上の危険をともなう製造工場の仕事に就く傾向にある。プラスティック製造(労働力の一六%)、鋳造業(二四%)、自動車製造(一三%)、ホテルや配膳業(二五%)、クリーニング業(二〇%)、魚加工業(三四%)、皮革業(二八%)のような一定の部門では、トルコ人や他の外国人労働者はとくに目立っている。

ホワイト・カラーの雇用は外国人の場合は例外にとどまっている。一九九〇年には、一九%の人びとだけがホワイト・カラーの仕事にたずさわっていたにすぎない。ドイツ人の場合は、五〇%以上である。外国人労働者の低い地位と低所得というブルー・カラー的な雇用の遺産がつぎの世代を悩ませ続け、古い構造が持続することになる。一九九〇年代の初頭、たとえば、ドイツでのすべての技能修得者の四七%はホワイト・カラーのための訓練を受け、ブルー・カラー雇用の場合は五三%であった。ドイツでの職業訓練にもかかわらず、訓練と雇用との食い違いが労働市場での移動の必要性という問題を生み出しているのは、多くの熟練のブルー・カラー労働者がかれらの熟練の分野で雇用の機会を見いだせないからである[34]。

外国人は、こうした雇用と訓練との食い違いにより強く影響を受けている。ドイツでの熟練雇用の前提条件である職業訓練の場所を確保した人びとのなかでも、二五%はホワイト・カラーのための訓練であり、ブルー・カラーの仕事のための訓練は七五%である。職業訓練を受けている若い外国人の女性のあいだでも、半数近くはブルー・カラーの職種に就いている。ドイツ人の女性の場合は二五%である。一般的にいって、外国人の女性は男性に比較してそれ以上の不利な条件に直面している。一九九〇年代初頭、ドイツでの技能修得者の半数近くは女性であり、数や形式的参画という観点からみて、女性は職業的な資格の年齢的なジェンダーギャップを縮めた。

外国人の技能修得者では、女性は三分の一にすぎず、男性は三分の二を占めている。若い外国人女性の資格や雇用機会へのアクセスについては、男性の同僚よりもはるかに困難な状況に置かれている。(35)

おわりに

一九七〇年以来、ドイツの政治風土はつねに外国人にたいする両義的な態度によって特徴づけられてきた。右派勢力とりわけ極右勢力は、ゼノフォービア（外国人敵対）を掲げ、外国人を、「仕事上の好ましくない競争者」、「公的資金の負担」あるいはドイツのナショナル・アイデンティティへの脅威として描いてきた。他方、左派的な立場に代表される政治風土は、排除の立場をとらず、ドイツ社会におけるマルチ・カルチュアルな側面を強調してきた。こうした排除と包摂、敵対と受け入れというエスニック・マイノリティにたいする二元性は、今日でも広くみられる。その二元性の振り子は、あるときには排除に傾き、あるいときには包摂に傾くという経過をたどり、全体的には文化的な多様性を受け入れる方向に向かっているように思われる。しかし将来的にみて、この二元性が解消されないかぎり、振り子の存在そのものは存続し続け、市民権や民主主義をめぐる問題が大きく浮上してくる可能性があるといえるだろう。

（1） Klaus Barwig et al. (Hrsg.), *Vom Ausländer zum Bürger*, Nomos Verlagsgesellschaft, 1994, S.212.
（2） G. Gebauer et. al., *Ausländerfeindshaft ist Zukunftsfeindschaft*, Fischer Taschenbuch Verlag, 1993, S.22. D・トレンハルト編著『新しい移民大陸ヨーロッパ』宮島喬他訳、明石書店、一九九四年、二三六頁。ドイツの外国人労働者に関しては、山本健兒『国際労働力移動の空間』古今書院、一九九五年がドイツの大都市におけるエスニック・マイノリティの居住分布、セグリゲーションの分析をおこなっている。なお、手塚和彦『労働力移動の時代』中央公論社、一九九〇年も併せて参照されたい。

（3） Barwig et al., S.211.

（4） Bundesanstalt für Arbeit, *Amtliche Nachrichten der Bundesanstalt für Arbeit, Arbeitmarkt 1995*, Nürnberg, 1996, S.103.

（5） Ibid., S.103. なお、ドイツにおける外国人の労働許可と「就労促進法」および「労働許可法」との関係に関しては、野川忍『外国人労働者法』信山社、一九九三年を参照されたい。本書の巻末には「労働許可法」の全訳が掲載されている。

（6） Ibid., S.105.

（7） Ibid., S.106.

（8） Ibid., S.108.

（9） R. Erichsen, Zurückkehren oder Bleiben? Zur wirtschaftlichen Situation von Ausländeren in der Bundesrepublik Deutschland,in: *Aus Politik und Zeitgeschichte*, Bd.24, 10. Juli, 1988, S.18.

（10） D. Horrocks / E. Kolinsky (eds.), *Turkish Culture in German Society Today*, Berghahn Books, 1996, p.93.

（11） Erichsen, a.a.O., S.18. その割合に関しては、イタリア人が三〇・八%であったのにたいして、トルコ人は一五・四%であった。

（12） Ebenda.

（13） Ebenda., S.19.

（14） Horrocks / Kolinsky, *op. cit.*, p.86.

（15） Ibid., p.94.

（16） H. Kurthen, Some Remarks on Ethnic Stratification in West Germany and West Berlin, in: R. Ostow, J.

Fijalkowski et al., (Eds.), *Ethnicity, Structual Inequality, and the State in Canada and the Federal Republic of Germany*, Peter Lang, 1991, p.77.

(17) Ibid., p.89.

(18) H. Gillmeister, Manpower Management and the Employment of Foreign Workers : A Contribution to the Analysis of Ethnic Stratification, in : R. Ostow, J. Fijalkowski et al., (Eds.), op. cit., pp.95-106. M. Biller, Employment Patterns among German and Foreign Workers at Shop-Floor Level—Convergences and Divergences. Finding of A Case Study, in : J. Fijakowski (Hg.), *Transnationale Migranten in der Arbeitswelt*, Berlin, 1990, SS. 15-31. W. Seifert, *Die Mobilität der Migration : Die berufliche, ökonomische und soziale Stellung ausländer Arbeitnehmer in der Bundesrepublik*, Berlin, 1995. D. Horrocks / E. Kolinsky (eds.), *op.* cit.

(19) Kurthen, op. cit., p.78.

(20) Ibid., p.78.

(21) H. Amersfoort, *Immigration and the Formation of Minority Groups : The Dutch Experience 1945-75*, Cambridge University Press, 1982.

(22) 「外国人法」については、前掲野川『外国人労働者法』の巻末に抄訳がある。本論でも、それを参照させていただいた。

(23) Gillmeister, op. cit., p.102-3.

(24) K. Dohse, Ausländerpolitik und betriebliche Ausländerdiskriminierung, in : *Leviathan*, 3-4, 1981, pp.427-439.

(25) Gillmeister, op. cit., p.104.

(26) Ibid., p.104.

(27) E. Kursat-Ahlers, The Turkish Minority in German Society, in : D. Horrocks, E. Kolinsky (eds.), *op. cit*, p. 116.

(28) Ibid., p.116.

(29) H. Straube, *Turkisches Leben in der Bundesrepublik*, Campus, 1987, S.344.

(30) E. Kursat-Ahlers, op. cit., p.117.

(31) Ibid., p.118.

(32) Ibid., p.126.

(33) Ibid., p.126.

(34) Ibid., p.127. ドイツ系帰還者の失業問題に関しては、D・トレンハルト「ドイツにおける移民と地域政治」(宮島喬・梶田孝道編『外国人労働者から市民へ』有斐閣、一九九六年所収)を参照されたい。

(35) Ibid., p.127.

問われるジャコバン共和国

――フランスにおける共和主義と多文化主義

三浦信孝

ポスト冷戦期の世界にあって、民族とアイデンティティの問題は「南」の途上国やヨーロッパの「東」の辺境だけに起こっているわけではない。国民統合が完成し、一見したところ民族問題とは無縁にみえる先進国でも、市場のグローバル化と国境を越えた人口移動を前に、ナショナルなものの誘惑が人々の心をとらえている。本論では、近代国民国家の典型とされるフランスを取り上げ、二〇世紀の最後の十年におけるナショナル・アイデンティティのゆらぎのありようを検討する。ウォーラステインの用語を使うなら、近代世界システムとしての資本主義の「周辺」や「半周辺」だけでなく、「中心」にまで国民的同一性の危機が押し寄せていることこそ、グローバル化した現代世界の特徴である。

本論では明示的な形では日本のことを取り上げないが、フランスの事例は九〇年代の日本を考えるときにも有効な分析枠組みを提供するものと考える。この点で筆者は、「世界の比較的豊かな国々では、一九九〇年代のナショナリズムは、グローバル化、国民的アイデンティティ、歴史と記憶の三者が取り結ぶ関係に、すっかりつきまとわれている」と指摘したテッサ・モーリス鈴木と問題関心を共有している。(1)

第一章　ガット・ウルグアイラウンド「文化特例」の両義性

一九九三年秋のガット・ウルグアイラウンドにおける「文化特例」から始めるのは、一九九八年十月に日仏会館で行われたシンポジウム「現代フランスに迫る」の紹介が翌年の日仏政治学会のニューズレターにのり、そこで上智大学の中村雅治氏が、三浦がフランスの「文化特例」を擁護して熱弁をふるったと書かれていたからである。「文化特例」について私はいくつか論文を書いており[2]、私の狙いはその一方的擁護ではなく、その「両義性」の分析にあるのだが、なかなか理解してもらえない。この問題の分析は本論全体の議論を凝縮しているところがある。そこで「文化特例」の再論から始めようと思ったのである。

フランスの立場に共感的な論者はだいたい、グローバリゼーションはアメリカの大資本と大衆文化による文化の画一化であり、文化の多様性を守るためには「文化特例」exception culturelle を擁護しなければならないと言う。逆にアメリカないしアングロサクソンのネオリベラリズムに同調する者は、フランスの主張は理不尽な保護主義であるとして否定的である。最近、当時ジュネーヴのガットで交渉にあたった外務省の高官に話を聞く機会があったが、やはりそう言っていた。書籍、映画、テレビ、ビデオ、ＣＤなど文化は普通の商品ではない、市場原理だけに任せると小国、小言語の文化製品は市場が小さく、大資本によって淘汰されてしまう、だから文化は貿易自由化の例外とせよ、というのが「文化特例」の主張の大筋で、賛否両論あったが、私がこの問題に注目したのは、次の二つの理由からである。

一つは、グローバリゼーションという言葉は一九九三年当時まだあまり使われていなかったが、今から振り返ってみれば、「文化特例」の闘いは明らかに冷戦終結後グローバリゼーションが進行する中で、マーケット・メカニズムにすべてを委ねていいのかという最初の問題提起だった。グローバリゼーションとは、グローバル・スタンダードという名のアメリカン・スタンダードを基準にして世界を一つの市場にする動きであり、従って画一化の論理である。そこでフランスは、文化の多様性、言語の多様性を守るために「文化の十字軍」に打って出た。日本ではほとんど報道されず、注意を引かなかったが、国際政治学者の永井陽之助は、早くも翌九四年九月十一日付朝日新聞紙上などでこれを「文明」対「文化」の衝突であると定義していた。ベルリンの壁崩壊と共産主義陣営の解体後、民主主義と市場原理による経済的リベラリズムが世界をおおいつくすかに見えていただけに、アメリカの市場原理万能の商品「文明」に対し、フランスが挑んだ、商品には還元できない質的「文化」の闘いという永井の見立ては、私の直観によく対応するものだった。

西川長夫によれば、普遍的な「文明」の論理こそ、啓蒙の世紀以来、人権の祖国フランスが十八番とするディスクールである。(3) それに対し、文化や伝統、言語といった民族的な特性にさおさして自国のアイデンティティを主張する立場が、遅れて近代化したドイツの立場であり、梶田孝道の整理によって補足すれば、出生地主義にもとづくフランスの「ナシオン」に対する血統主義にもとづくドイツの「フォルク」の主張である。(4) 先進文明に対して自分の固有性を主張するには、民族固有の伝統や文化を主張する以外にない、だから「普遍」に対する「特殊」という主張になってくる。ただし西川理論で重要なことは、「文明」も「文化」もフランス革命以後、近代ヨーロッパに成立した「国民国家」の国民統合イデオロギーであるという点であり、ついでに言えば、普遍的な文明と特殊な文化の相互補完的対立は、「文明開化」による日本の西洋化とその反動による「日本回帰」のサイクルをよく説明する。(5)

永井が指摘するように、「文明」と「文化」の対立は第一次大戦でドイツの立場を正当化するため、『非政治的人間の考察』(一九一八年)でトーマス・マンが援用した論理だった。文化の論理はナポレオン戦争下で『ドイツ国民に告ぐ』のフィヒテが拠り所にした論理だが、単純化すればフランス対ドイツという図式になる。これが「文化特例」のときは完全にアメリカ対フランスという形に逆転したと私には思われた。すなわち、市場原理はきわめて普遍的であり、アメリカの物質文明を支えるマーケット・メカニズムに異を唱えることは非常に難しい。貨幣を媒介にして質を量に還元する市場の論理は、それほどまでに普遍的である。それに対してフランスは「文化」の旗を掲げた。この転換はいささか説明を要する。

それまで普遍的文明のディスクールを展開していたフランスは、一九八九年の革命二百周年で「人権の祖国」フランスを前面に押し出し、東欧の革命によってそれが立証された感さえあった。しかし一九九三年秋のウルグアイラウンドでは、「文明」ではなく「文化」の論理を押し立てて闘ったのである。ソルボンヌの外国人学生向けのフランス語講座は今でも「文明講座」と称しているが、「文化」という語は戦後フランスの文化政策でよく使われるようになり、ドゴールは「文化省」をおいてアンドレ・マルローを文化相にすえ、マルローは閣僚の中で別格の地位にあった。しかし私は永井陽之助にならって、一九九三年秋の「文化特例」でフランスのディスクールが「文明」の論理から「文化」の論理へ転換したと言ってみた。アメリカの文明に対して劣勢に立たされたフランスの防衛的ディスクールは、「文化」の論理だったからである。

「文化特例」のもう一つの側面は、一九九三年の春、国民議会選挙で社会党が大敗して保守系連立内閣に政権が交代し、農業をはじめガットの交渉でバラデュール首相みずから陣頭指揮にあたったことである。バラデュール内閣の内務大臣はタカ派で知られるシャルル・パスクワで、国内では経済が長い不況の底で失業率が一二%に近づいていた頃である。国民戦線に代表される排外的でナショナリスティックな空気を背景に、国籍法の改正が行われ、出生地主義による国籍付与が自動制ではなく申告制になって、移民二世の国籍申請を窓口でチェックでき、場合によっては却下することも可能になった。最初の保革共存政治だったシラク内閣が一九八七年にやろうとして果たせなかった国籍法改正が、ようやく九三年、第二次コアビタシオンで可能になったのである。また悪名高いパスクワの移民規正法——三つほどの法律をまとめて「パスクワ法」と呼ぶ——、これが「文化特例」のキャンペーンとほとんど同時に進行したことを忘れてはならない。前年の一九九二年六月にマーストリヒト条約の批准に向けて憲法を改正したときに、「共和国の言語はフランス語である」という国語条項が憲法第二条に追加され、九四年八月にはフランス語の使用に関するいわゆる「トゥーボン法」が成立する。英語とは一言も書いていないが、本音は英語の侵略からフランス語を守るための法律である。国籍や移民問題だけではなく言語の問題を見ても、フランスは排外的とは言わないまでも防御的な姿勢をとり、ナショナルな方向に収束していく時期だった。これは一九九四年六月の『エスプリ』誌にのった論文で、ハーバード大学のフランス研究の大家スタンレー・ホフマンが指摘していたことでもある(6)。

「文化特例」は、フランスでは政治家から知識人までが口をそろえて主張する論理である。あとで問題にするレジス・ドゥブレも言うし、フィンケルクロートも言うし、最近はブルデューまでグローバリゼーション批判の中で言っている(7)。一九九三年秋には右から左まで、皆が「文化特例」を主張し、国民的コンセンサスとして盛り上がった。日本では残念ながらほとんど報道されなかったが、フランスでは連日テレビや新聞を通して国をあげてのキャンペーンを張っていた。ネーションは「想像の共同体」だと言ったのはベネディクト・アンダーソンだが、国民の一体性をつくるメディアが活字から映像に移った現在、自国のオーディオビジュアルを守る「文化特例」の闘いは、まさに想像の共同体としてのネーションをグローバル化から守るため、国民をナショナル・アイデンティティの防衛へと動員したキャンペーンだった。このことは当時のフランスのメディアを分析すれば明らかである。私は一九九五年に日本EC学会など三つの学会でこの問題について報告したが、「文化特例」の文明史的意味を指摘していたのは、私の見るところ永井陽之助ただ一人だった。

文明と文化は普遍と特殊の関係だと言ったが、普遍と特殊の関係を分析するとき、記号論の「有徴」と「無徴」の二項対立が役に立つ。普遍的なものは記号論では「無徴」とされる。例えば、男は無徴で女は有徴である。フランス語では名詞でも形容詞でも女性形にはeを付ける。女には徴を付けるが、男には徴が付かない。しかもhommeは人間であると同時に男でもあるが、女と言うときはわざわざfemmeという別の語を使わなければならない。従って男は普遍的だが女は特殊な存在である。この対立は記号論では一般に有徴／無徴、marked／unmarkedと言われる。白人は無徴だがカラード・ピープルは有徴である。「白人」という言い方そのものが黒人など有色人種を発見してからできた言葉である。マジョリティは自分が普遍的だと思っているから無徴で、マイノリティを有徴の存在として烙印を押す（stigmatiser）。逆に抑圧されたマイノリティが自分たちのアイデンティティを主張するとき、自分に押された烙印を引き受け、自分を有徴の存在として主張する（「ブラック・イズ・ビューティフル」）。「文明」対「文化」では、普遍的な文明は無徴で特殊な文化は有徴という配置になる。マーケット・メカニズムは透明で普遍的だから無徴である。それに対し、文化はただの商品とは違うから貿易自由化交渉の枠から外せという主張は、みずから「例外」を名乗る以上明らかに有徴で、marqué／non-marquéの対立ではmarquéのほうになる。だから文明対文化の闘いで、アメリカ対フランスは、単純化すれば無徴と有徴の対立ということになる。

ところがフランスの国内を見ると、「共和国」は普遍的な原理だから無徴であり、それに対してイスラムは、キリスト教的ヨーロッパあるいは共和国の普遍性原理に立っていないので有徴とされる。イスラムが認める一夫多妻制や女子に課される陰核切除だけとっても男女平等ではないし、イスラムは政教分離を認めないので非宗教性原理にもとづく「共和国」とはあい入れない。ヨーロッパ人、とくにフランス人の目には、そういう意味でイスラムは烙印を押された有徴の存在として映ずる。考えてみれば、学校のカレンダーはキリスト教の伝統で祝日が決まっており、ユダヤやイスラムの祭日とは一致しない。子供が十字架を首にかけたまま学校に行っても、それは別に宗教を顕示する《signe ostentatoire》ではなく、無徴である。ところが、イスラム系の女生徒がヴェールをかぶって学校に行けば、これは明らかに有徴とされ、人目に立ってしまう。キリスト教の教会は街の風景に溶け込んでいるが、数の少ないモスクは人の目を引く。フランスの国内では、共和国は無徴で、イスラムは有徴なのである。

こう考えると、文化特例か自由貿易かで争ったフランス対アメリカと、国内のスカーフ事件で問題になった共和国対イスラムでは、有徴／無徴の関係が完全に逆になっていることが分かる。フランスはアメリカに対しては有徴で特殊だが、国内のイスラムに対しては無徴の普遍としてふるまっている。対外と対内の普遍と特殊、無徴と有徴のこのねじれを、私は「文化特例」の闘いの両義性（アンビギュイティ）として分析したが、この点がなかなか理解してもらえなかったのである。私は基本的にはフランスの文化と言語の多様性の主張を支持するが、「文化特例」の闘いでは、伝統的な反米感情に火がついて「想像の共同体」防衛のナショナリズム的色彩が濃厚だったことは否定できない。文化と言語の多様性は正しい主張だが、それがナショナリズムによって担われるとき、その主張は説得力を欠いてしまう。その限界をどう超えるかが、私の立論の底にあるモチーフである。ところが、西川長夫は私の論文を引きつつ、「文化特例」は国民国家フランスのアイデンティティ防衛の闘いでありナショナリズムであるというネガティブな側面のみを強調する。アメリカ対フランスという国家間の枠で論争が起こると、どうしてもナショナリズムに陥りやすいのは確かである。しかし私は、「文化特例」には積極的な面もあるが否定的な面もある、「文化特例」は両義的であるという捉え方をしており、全否定はしていない。ナショナルな論理を越えて文化の多様性を守ることは困難な課題だが、重要な課題であることに変わりはない。

第二章　一九八九年の転換、ナショナル・アイデンティティの時代へ

一九九三年秋の「文化特例」は本論の糸口で、もう少しパースペクティヴを広げるなら、フランスの「今」を考える上で重要なのは一九八九年である。もちろん、第二次大戦後を二つの分ける分水嶺は一九六八年の「五月」だが、六八年五月以後の歴史の動き、社会の変化を加速度的に結晶化させたのが一九八九年であることに、異議を唱える者はいないだろう。フランスにとっての新しい所与、新しいトランプの札は一九八九年に配られ、この年を境にナショナル・アイデンティティ模索の時代が始まった。これはイスラム・スカーフ事件が起こったフランスだけに関わることではない。イスラムを冒瀆したということで『悪魔の詩』のラシュディに死刑宣告が出たのもこの年で、西洋の普遍的価値に対するイスラム原理主義の脅威が語られるようになったのはこの頃だ。日本の場合も一九八九年秋の冷戦終焉で所与条件がまったく変わり、ナショナル・アイデンティティ再確立の試練が始まった。フランスの場合は革命二百周年としてこの年を迎え、G7サミットの議長国でもあり、七月十四日は盛大に祝われたが、万博を誘致した一八八九年の革命百周年と比べると、いまひとつ盛り上がりに欠けていたようだ。ソルボンヌにフランス革命史講座が設置されたのは百周年の前後だが、それまで正統とされてきたマルクス主義の革命史学が、フランソワ・フュレを代表とする「レヴィジョニスト（修正主義者）」によって形勢が不利になっていたことが一つの要因である。

革命の記憶をどう祝うかを見るとき、誰がパンテオンに入ったかは重要な指標だが、革命百周年では祖国を防衛した革命期の軍人三人が祭られた。一八八九年は、一八七〇年の普仏戦争敗北後、対独報復のナショナリズムが高まり植民地拡大の時期にあたったため、軍人三人がパンテオン入りしたと考えられる。それに対し二百周年

のときはグレゴワールとコンドルセとモンジュの三人である。文化大臣のジャック・ラングがパンテオン入りの式典でその理由を説明したが、エコール・ノルマルやエコール・ポリテクニックの設立に貢献した数学者のモンジュは科学研究の振興者、哲学者のコンドルセは女性解放と男女平等の思想家、革命家のグレゴワールはユダヤ人や奴隷解放の唱道者として選ばれたようである。方言を撲滅しフランス語による国家統一を主張したグレゴワールではなく、ユダヤ人と奴隷解放論者のグレゴワールである。コンドルセとグレゴワールのパンテオン入りは、従って、女性や黒人に代表されるマイノリティの権利を承認する新しい人権思想と開かれた共和国原理を打ち出すためのシンボルだった。一九八一年にミッテラン政権が誕生して、「相違への権利」droit à la différenceが新しい政治文化を表現するモットーになった。これは地方分権や男女平等、移民労働者などマイノリティへの配慮を表現する言葉だが、この流れが二百周年のときグレゴワールとコンドルセのパンテオン入りという形で結実したのではないか。

最近のフランス歴史学では「コメモラシオン」がキーワードになっていて、何をどのように記念して国民の共通の記憶に組み入れるかが問題になっている。その意味では、フランス革命二百周年は、ジャコバン独裁による「恐怖政治」の記憶を払拭し、一七八九年の人権宣言をフランスのアイデンティティの原点として再確認するイベントではなかったか。共産主義から政治的リベラリズムに「転向」した修正主義者フュレの名前を挙げたが、フュレは二百周年の十年あまり前に『フランス革命を考える』(8)を出しており、革命史研究の転換を準備した。ルソーではなくトックヴィルが符牒としてこの転換をよく象徴するように思われる。

一九八九年の重要性は、言うまでもなく十一月九日のベルリンの壁崩壊と冷戦の終わりによる。冷戦期の共産主義対資本主義の戦いが、共産主義ブロックが崩壊したことで世界は資本主義だけになり、ベルリンの壁崩壊の直前にアメリカの雑誌に発表されたフランシス・フクヤマの「歴史の終わり？」が一躍有名になる。しかしＦ・

フクヤマの「歴史の終焉」論は事実認識が違うのではないか、ということをいろいろな人が言い出し、一九九一年初めの湾岸戦争のあと特に有名になったテーゼが、サミュエル・ハンチントンの「文明の衝突」論である（『フォーリン・アフェアーズ』に論文が出たのは一九九三年夏）。あとで論じるように、レジス・ドゥブレはすでに八九年のベルリンの壁崩壊直後に、フランシス・フクヤマの歴史の終焉論を批判し、冷戦期にはイデオロギー対立で抑えこまれていた宗教や民族の対立が噴出し、地域紛争が多発すると警告している。ドゥブレはフクヤマの論文を読んで、歴史が終わって退屈な平和な時代が来るなどとんでもない、歴史は今こそ復活し回帰するのだという短い論文をル・モンド紙に寄せたが、今から考えると、これはハンチントンの「文明の衝突」論とかなり似た図式の歴史認識である。ハンチントンはアメリカの覇権を維持するための戦略論であり、ドゥブレはアメリカ帝国主義批判の急先鋒ではあるが、グローバリゼーションで世界が一つになることが逆に民族的文化的アイデンティティを先鋭化し、世界のバルカン化を引き起こすという認識は二人に共通である。

フランス革命二百年、ベルリンの壁崩壊につづく一九八九年の三つ目のファクターは、「資本主義対資本主義」、すなわち資本主義間競争の激化である。『資本主義対資本主義』は、ミッシェル・アルベールが一九九一年に出した本のタイトルである。(9) ベルリンの壁崩壊と同時期に進行していたのが日米の構造協議である。日本のマーケットが閉鎖的なのは文化的要因に原因がある、日本は制度としては西洋の民主主義と市場経済を取り入れたが、実態はまったく異質な社会だとして、アメリカを中心とする「レヴィジョニスト」たちがジャパン・バッシングを始めたのは、まさにこの時期にあたる。アメリカにやや遅れて、八九年の末から九〇年の一月にはフランスでもかなり激しいジャパン・バッシングがあり、私はそのときパリにいたので強い衝撃を受けた。のちに首相になるエディット・クレッソンやトムソン会長のアラン・ゴメス、プジョー会長のジャン・カルヴェを筆頭とする日本攻撃が週刊誌や新聞をにぎわせた。当時は「一九九二年市場統合」がヨーロッパの合言葉になっており、アメリカは「フォートレス・ヨーロッパ」に対する警戒を強めていた。市場統合はフォートレス化ではないとヨーロッパの指導者は釈明に努めたが、共産圏ブロックが解体したあと、貿易の六割は域内というECに、アメリカと日本に対抗するブロック経済としての側面が強まったことは否定できない。

一九八九年はまさに九二年末を目指しての単一市場完成と、九二年の二月に調印されることになるマーストリヒト条約に向けて、ECの求心力が強まり、ヨーロッパの結束が高まっていた時期である。八〇年代後半は好況で景気がよく、八九年秋の東欧革命で大ヨーロッパの統合が課題となったが、それを乗り切る自信すら感じられた。しかし一九九〇年十月に予想より早くドイツ統一が実現すると、統一のコストは思っていたよりはるかに高くつき、ドイツの高金利政策が足を引っ張って九一年を境にヨーロッパの景気は冷え込み、フランスでも失業が増える。九二年九月のマーストリヒト条約批准を問う国民投票のとき、ミッテランはテレビ討論で、日本の経済進出を食い止めるためにヨーロッパは結束しなければならないという、大衆に分かりやすい論理を立ててウィに投票するよう呼びかけた。一方アメリカは、ECに対抗してNAFTAの結成を急ぐ。こうして、資本主義間の熾烈な競争が同じ八九年に始まったと見ることができる。日米欧の「つばぜり合い」を論じたレスター・サローの『ヘッド・トゥー・ヘッド』が出たのもこの頃である。(10)

フランスにとって一九八九年の四つ目のファクターは、秋の新学期に発生したイスラム・スカーフ事件である。パリ郊外クレイユの公立中学で、イスラム系移民二世の女生徒三人が学校でスカーフを外さなかったため校長が退学にした事件だが、それをメディアが増幅して伝えたため、政治家や知識人を巻き込む大論争に発展した。「共和国の学校」における「ライシテ（非宗教性）」をあくまで擁護するのか、それとも寛容の精神でライシテ原則を曲げてでもイスラムのスカーフを共和国の学校で認めるのかという論争が起こったのである。これは右よりも、とりわけ左に深刻な分裂を生んだ。ライシテは一九世紀末、第三共和政時代に、右の教権派に対抗する左の共和派が掲げた反教権主義の原理だったからである。いま首相のジョスパンは当時文部大臣で、対応に苦心し国務院の判断を求めた。国務院は、極力生徒の説得に努め、最終的には校長の判断に任せるよう勧告した。ジョスパンはよく言えば寛容、悪く言えば優柔不断な姿勢を見せたため、ライシテ教条派から批判された。

これはフランス政治思想史の専門家に聞いてみたい点だが、私は社会党を中心とする現在のフランスの革新はジャコバン派とジロンド派に分かれており、内相のシュヴェヌマンがジャコバンだとすれば、首相のジョスパンはジロンドだと見立てている。フランスは極右の国民戦線を除き、右から左までレピュブリカンである。共和派と言っても、アメリカのリパブリカンとデモクラットの対立とはまったく無縁と言えるほど、歴史的なコンテクストが違う。レピュブリカンはフランス革命の精神を引継ぐ革新だったが、ナチスに対するレジスタンスを機に保守の愛国者もレピュブリカンを名乗るようになった。今日なお、シラクがつくったドゴール派の政党は「RPR（共和国のための連合）」と称している。しかし、レピュブリカンの本流は第三共和政以来革新にあるとすれば、現在の社会党はニュアンスの差に過ぎないかもしれないがジロンド派とジャコバン派に分かれるのではないか。今の社会党の主流は穏健派のジロンドで、前の首相のロカールから今のジョスパンまで、市場経済には敵対的ではなく、多様性や相違への権利を尊重する改革に取り組んでいる。さらに言えば多文化主義的プルーラリズムや、中央集権の伝統とは反対の地方分権化指向が強いのではないか。コルシカ問題の処理を見ても、一枚岩の共和国ではなく、徐々に地方に権限を委譲していく連邦化に親和的な傾向があるように見える。それに対し、コルシカ問題でジョスパン主導のマティニョン提案（二〇〇〇年七月）に反対して内相を辞任したシュヴェヌマンはジャコバン硬派の生き残りである。本論で主題的に取り上げるレジス・ドゥブレは、ジャコバン派の理論上ないし思想上の代表的なイデオローグである。この位置付けは、フランス革命史の大家ミッシェル・ヴォヴェルによるもので、ヴォヴェルは『ジャコバン――ロベスピエールからシュヴェヌマンまで』（一九九八年）の中で、現代におけるジャコビニスムの担い手は、政治家ではシュヴェヌマン、イデオローグではレジス・ドゥブレだと明言している。

第三章　普遍主義こそ「フランス的例外」である

以上、革命二百周年、ベルリンの壁崩壊、資本主義対資本主義、イスラム・スカーフ事件と、一九八九年の転換を印づける四つの指標を挙げた。これはフランスだけに限られないが、とくにフランスに注目した場合、新しい歴史的条件の中でナショナル・アイデンティティを再定義する必要が劇的な形で高まったのが一九八九年である。

それ以前から、おそらく八〇年代に入ってから、「エクセプション・フランセーズ」という表現をよく耳にするようになった。フランスは他の国々、とくにアングロサクソンとは違う、アメリカやイギリスとはもちろん違うし、同じ大陸ヨーロッパでもドイツとはまったく違うという形で、フランスの固有性、特殊性、例外性を言いたてる議論が目立つようになった。そもそも、王様をギロチンにかけるような急進的な革命をやったのは、エクセプショネルだが、八〇年代初めのレーガンとサッチャーの新保守主義時代に、革新のミッテラン政権が誕生したのも極めてエクセプショネルである。多かれ少なかれジャコバン的な共和主義の伝統で、中央集権的な国家編制も例外的だし、レス・プブリカ（公共性）を国家が担保するため政治が経済に優先する、これも私益が公益に優先するアングロサクソン的リベラリズムから見るとエクセプショネルである。この「フランス的例外」は、フランス人がフランスを批判するために使う言葉であり、フランスを「普通の国」にしようという議論の中で使われるのだが、逆に「フランス的例外」こそフランスのアイデンティティだとして、これを擁護する言説がだんだん強まってきたのではないか。フランス人は半ば自嘲的に、これはエクセプション・フランセーズだから、と言い訳で使うことが多いが、むしろこの例外性（エクセプショナリティ）こそがフランス固有のアイデンティティなのだというディスクールが目立ってきた。ガット・ウルグアイラウンドで「文化特例」を主張したのも、「フランス的例外」の自己主張の一つと考えられるのである。[11]

ところで日本には「エクセプション・ジャポネーズ」とも呼べる議論が盛んである。日本という国は発想も行動も人間も社会もユニークで、ヨーロッパや諸外国とは違うという比較文化論仕立ての「日本人論」である。高度成長期の六〇年代に始まり、七〇年代でピークに達したが、「タテ社会」（中根千枝、一九六七年）とか「甘え」（土居健郎、一九七一年）とか多くのキーワードが発明されてきた。戦後続々と出た「近代主義者」たちの西欧をモデルとする日本の封建遺制批判が「特殊性否定論」だったとすれば、エズラ・ヴォーゲルの『ジャパン・アズ・ナンバーワン』と同じ一九七九年に出た『文明としてのイエ社会』あたりが「特殊性肯定論」の頂点だった。[12]九〇年代になって西川長夫の国民国家論、最近では小熊英二や酒井直樹による日本単一民族論や日本思想のナショナリズムを解体する仕事が出て、理論的にはその本質主義的基盤が徹底的に批判されたため、今ではもうおめおめと日本人論を書ける人はいないと思われる。

七〇年代の日本人論は、要するに日本の特殊性擁護論である。だから八〇年代末に出たジャパン・バッシングのレヴィジョニストたちは、こぞって日本人論を逆転させ、「日本異質論」を展開した。つまり日本人論の主張は、日本はヨーロッパとは違う原理の社会である、日本はヨーロッパ的な「近代」にはならず、伝統的な社会と人間関係を維持したから復興と繁栄が可能になった、という点にある。その日本社会の異質性がアメリカなどから叩かれるわけだが、それを準備したのは他でもない日本人による日本人論である。それと同じような現象がフランスにも起こった、あるいは起こりつつあるのではないか。つまり日本人論ならぬ「フランス人論」あるいは

「フランス例外論」が、グローバリゼーションの中で強くなってきたのではないか。ただし、フランス人は日本人と違って（こういう言い方がすでに本質主義的な決め付けだが）、あくまで自分たちの普遍主義的価値にしがみつくだけに、その普遍主義的価値が世界的には劣勢になり脅かされていると感じているのではないか。フランコフォニーの議論などでは、昔ならビジネスの言語である英語に対してフランス語は文明の言語であるという言い方をしていたのが、最近では「英語ではなくフランス語を」とは主張しなくなった。英語の独占に対して「言語の多様性」を擁護するという形で、多言語主義の中でフランス語を守ろうという議論に転換してきている。「文化特例」は普遍的な「文明」の論理ではなく、それぞれ固有で多様な「文化」の論理に立った言説だと私が言うのはそのためである。

しかしフランスは「文化相対主義」には与しない。フランス的価値の普遍性を心の底では信じていて、他の国は追随しなくても、自分の国だけはフランスの普遍主義モデルで行こうと思っている。それを何冊かの本を目印に辿ってみれば、まずフィンケルクロートの『思考の敗北』が挙げられる[13]。これは一九八七年に出てベストセラーになった。シラク内閣が国籍法を改正しようとして果たせず、国籍について検討する審議会（国籍委員会）をつくって議論が始まる直前に出たので、フィンケルクロートも公聴会に招かれ、ルナンの講演「国民とは何か」（一八八二年）に出てくる「ナシオンとは日々の国民投票である」という主意主義的国民観を有名にした。『思考の敗北』はドイツ的な「特殊主義」を仮想敵にして書かれている。フランスの普遍主義に対するドイツの特殊主義は、先に触れた「文明」対「文化」あるいは「ナシオン」対「フォルク」に現れているが、レヴィストロースが切り開いた文化相対主義やポストモダンによって近代の座標軸が崩れ、ドイツ・ロマン主義に端を発する特殊主義がフランスにまで浸透して、由々しい事態になっている、ということで、『思考の敗北』はフランスの普遍主義的思考が敗北しつつあることを警告し、普遍主義的価値を改めて擁護する立場から書かれた本である。

次に取り上げるのは、レジス・ドゥブレが一九八九年十一月三十日の「ル・ヌーヴェル・オプセルヴァトゥール」に発表した論文「あなたは民主派か共和派か」である。ベルリンの壁崩壊直後に、スカーフ論争の真っ只中で書かれたもので、のちに「民主主義か共和国か」と改題され単行本に収録されている。(14) これはフランスの政治思想、とくに知的ジャーナリズムではよく引き合いに出された論文で、「民主主義」はアメリカのこと、「共和国」はフランスのこと、と思って読むとよく分かる二つの理念型であり、民主主義に対して共和国を擁護する議論になっている。ドゥブレに従ってフランスとアメリカの違いを図式化すれば、パブリック優先かプライベート優先か、公か私か、平等か自由か、国家優先か市場優先か、という対立に帰着する。共和国を構成するのは「市民」だが、民主主義を構成するのは「消費者」である。そして「ライシテ（非宗教性）」laïcité の有無が両者を分ける。共和国のいちばん大事な原理がライシテであることは、衆目の一致して認めるところだが、日本ではあまり知られていない。アメリカの場合はいちおう政教分離だが不徹底である。ホメイニによる祭政一致の革命があったイランがいい例だが、イスラムは政教分離ではない。日本も政教分離は憲法で謳っているが、戦没者の霊をウムを言わさず靖国神社に弔ったり、閣僚がそろって靖国に参拝するなど曖昧な点が多い。フランスは伝統的にはカトリックの国だが、政治的にはライシテを公共性の原点にすえている。国教を定めるなどもっての外で、公的空間からは宗教をいっさい排除する。その代り、プライベートライフにおいてはどんな宗教を信じても個人の自由である。だからライシテとは宗教の共存の原理であり、異なった宗教を信じるさまざまな民族が共存する上で欠くことのできない公私峻別のルールである。公的空間に参加する個人は、自分が帰属する集団から自由な個人、自分の民族的あるいは宗教的な出自（オリジン）を全部カッコに入れた抽象的な「市民」citoyen である。こうした考え方が、私には広い意味でのライシテ原理の定義だと思われる。

ライシテは狭い意味では非宗教性とか政教分離と訳されるが、英語にはそれに対応する言葉がない。セキュラリゼーションという言葉はあるが、ぴったり対応するわけではない。イギリスでは英国国教会の長は国王ないし女王なので、形式的には政教分離とは言えない。ドイツでは国家が教会税という税金を国民から徴集し、国から公認されたカトリックとプロテスタントとユダヤの三つの教会は、国が集めた教会税でまかなわれている。これも厳密な意味ではライシテとは言えない。これは「市民の共同体」として共和国を定義するドミニク・シュナペールの見方である。(15) アメリカの場合はどうであろうか。まず、ドル紙幣に《We trust in God》と書いてあるのは、経済活動と信仰の結びつきを暗示して興味深い。大統領は就任式で聖書に手をおいて宣誓し、大統領としての任務を全うすることを神に誓う。フランスの大統領は演説を必ず「共和国万歳！」で終わるが、アメリカの大統領は公的スピーチで神の加護を祈ることがある。アメリカは建国の根幹に清教徒精神があり、イギリスの王冠から独立して共和国になったが、ピューリタン・スピリットは死んではいない。米仏の大統領に三年の差で起こったスキャンダルを見ると、ピューリタンの国と、カトリック支配をライシテで克服した国の違いがよく分かる。クリントンとホワイトハウスの研修生とのラブアフェアが、大統領を辞任に追い込むほどの大問題になったのは、ピューリタンのモラルがタテマエとして政治の領域にまで浸透していることの証左だろう。それに対し、ミッテランの在任中に隠し子がいたことが暴露されても、特別問題になったわけではない。この差をライシテの有無と結びつけるのは強引すぎるが、少なくともライシテが内包する公私峻別の論理から解釈することはできるのではないか。

ドゥブレの議論に戻れば、法や法治国家の概念もフランスとアメリカで違う。法の前の平等と言うが、アメリカではどこの州で殺人するかによって、犯人が死刑になるか死刑にならないかが違ってくる。死刑を廃止した州と死刑が存続する州があるからである。これでは法の前の平等とは言えない、法は普遍的ではないことになる。フランスが「一にして不可分の共和国」であるのは法の普遍的支配と表裏一体をなす。アメリカでは消費税など税金も州によって税率が違う。同じ共和国でも、中央集権国家か分権型の連邦かで税金まで違ってくる。また法治国家といっても、アメリカは訴訟社会で、石を投げれば弁護士に当たると言われる。法によって身を守るには弁護士の助けを借りなくてはならない。裁判も弁護士の腕次第で勝ち負けが左右されるが、貧乏人は報酬が高い腕利きの弁護士を雇えない。

ドゥブレはこうしたさまざまな違いを挙げて、共和国と民主主義を対比し、どちらが優れた民主主義かというと、共和国こそ単なる民主主義を越えた究極の民主主義であると言う。アメリカの民主主義は私利私欲のぶつかりあいを市場が調整し、国家は市場の番人としての役割を果たすにすぎない。市場が調整できない利害対立は政治が解決するわけだが、そのため利益集団ごとにロビーを形成して議会や政府に圧力をかける。アメリカが繰り出す法外な経済制裁は、特定の業界団体が政府や議会を突き上げて出てくるとしか考えられない。ロビーにあたる言葉はフランス語にはなく、強いて言えばコルポラティスムが近いだろう。ギルド的な職業別の閉鎖的利益集団である。ロビーとは私利私欲を通すための圧力団体であり、特権を奪い合う中間団体であって、「公」を優先する共和国原理から見れば唾棄すべき存在である。アメリカの民主主義は職業別、人種別のロビーがぶつかりあうパワーゲームでできあがっている。これは共和国から見た場合、私利私欲で動いている民主主義であって、真の公共性ではない。以上はあくまで理念型の対比であって、現実のフランスが「共和国」の理念を完全に実現しているわけではないことは言うまでもないが、ざっとこういう共和国擁護論を、ドゥブレは一九八九年の秋、スカーフ事件から出発して展開したのである。

その次はミッシェル・アルベールの資本主義対資本主義の議論である。この人はごりごりのレピュブリカンではなく、社会民主主義的な経済運営を主張する、ジャック・ドロールに近い欧州統合推進派で、『資本主義対資本主義』本は一九九一年に出版され、日本でも翻訳がかなり読まれた。榊原英資などが展開する日本型資本主義論にも好都合な類型論だからである。この本はアングロサクソンのネオリベラリズムを仮想敵ないし反面教師としているが、ドイツの「ライン型資本主義」をモデルとして祭り上げている点で、ナショナリスティックなディスクールとは一線を画している。

簡単に要約すれば、一九八〇年代初めに登場したレーガンとサッチャーのネオリベラリズムは、個人の成功を動因とし、ショートタームで、しかもマネーゲームによって利潤を上げる経済である。短期的に利潤を上げるためには会社を切り売りすることもいとわない。いわゆるM&Aである。そういうアングロサクソン型に対して、ドイツ・ライン型の資本主義はあくまで「社会的市場経済」Sozialmarktwirtschaftである。そこでは公共の福祉こそが経済活動の究極の目的であり、企業は経営者と従業員の共同体であって、切り売りする商品ではない。ところがアメリカでは、物をつくって売るのが本来の目的であるはずの企業そのものがM&Aで売り買いの対象となる。企業はコミュニティー（共同体）ではなくコモディティー（商品）である。従業員の運命などはどうでもよろしい。売り買いして儲かるなら会社をそっくり売り買いしてもいいという考えになる。ところがドイツでは企業は一つのコミュニティーである。ドイツ語では、血縁・地縁などのつながりによる村落共同体のような伝統的「ゲマンシャフト」と、共通の利益を追求するため契約づくでつくられる近代的利益共同体の「ゲゼルシャフト」を区別する。会社は本来ゲゼルシャフトなはずであり、事実ドイツ語ではそう呼ぶが、アルベールによればドイツの企業はゲマンシャフト的共同体の性格が強い。経営者と従業員と経営が一体となって企業を盛り立てていく。ドイツは労働組合が労使協調的だが強い力をもっており、「共同決定法」によって従業員は監査役会に経営者と同じ比重で参加する。アメリカでは従業員の定着率は低く、とくにエグゼキュティヴは会社から会社へと移動することで出世していく。ドイツでは従業員の定着率は高く、終身雇用、年功序列、企業内組合を特徴とする日本の企業ほどではないにしても、従業員の愛社精神も比較的高い。アルベールは日本の資本主義をドイツ・ライン型に近いと見ている。

アメリカの経営者はショートタームで利益を出さなければならないが、ドイツでロングタームの経営が可能なのは、企業のファイナンスが、アメリカは証券市場に依存するのに対し、ドイツは銀行が安定株主になっているからである。企業が株主と経営者と従業員から成るとすれば、アメリカは株主の利益が最優先され、ドイツでは従業員の福祉が最優先されるということになる。ドイツの「社会的市場経済」は戦後、社民党SPDではなく保守のキリスト教民主同盟CDUが言い出したコンセプトで、ほんらい社会民主主義の理念ではないが、ドイツでは保守と革新の差は小さく、結局「福祉国家」に近い概念だと言える。基本的に市場経済を尊重するが、経済活動の目的は大衆の福祉である。事実、ドイツは北欧と並んで社会保障がもっとも進んだ国の一つである。アメリカではヒラリー夫人が試みた国民皆保険制度が実現できず、今回の大統領選でも争点の一つになっているほどで、貧乏人は保険に入れないから医者にもかかれないデュアル・ソサエティーである。そういうことでミッシェル・アルベールはライン型の資本主義を擁護し、アングロサクソンのネオリベラリズムを糾弾した。冷戦が終わりECが九二年市場統合を目指していたころ書かれた本なので、アルベールは欧州統合はドロールの社会民主主義路線でソーシャル・ヨーロッパを目指すべきだと主張する。サッチャー型の福祉切り捨てのネオリベラリズムで行ったらば、ECは決してうまくいかない。そのためには、儲かるところだけつまみ食いする、イギリスが望む主権国家連合ではなく、フェデレーション型の超国家的統合を進めなければならない。アルベールはネオリベラル・ヨーロッパかソーシャル・ヨーロッパかの路線対立を、一九八八年と八九年にサッチャーとドロールが同じブリュージュの欧州大学院で行った二つの演説を対比させてモデル化し、ライン型資本主義の名において後者を支持したわけである。

これは決してフランスモデル擁護論ではなく、ヨーロッパ建設のためのヨーロッパモデル擁護論ということになる。しかしＥＮＡ（国立行政学院）出の高級官僚で、国有の保険会社ＡＧＦの会長を長く務めたアルベールは、公共性を担保する国家の役割を重視し、公教育の役割を強調する点で、やはりフランス的レピュブリカンと言える。ライン型モデルのヨーロッパ経済が、市場統合さらには通貨統合によってアメリカ経済との競争に打ち勝つというアルベールの予測は、今のところ外れているし、アルベール自身、フランス銀行の理事会メンバーではあるが、半分隠居の身分で論壇でのインパクトはなくなっている。しかしミッシェル・アルベールのネオリベラリズム批判は、九〇年代に進行したアメリカ主導のグローバリゼーションを批判する上で一つのレフェランスになっていることは確かである。(16)

最後に取り上げるのは、一九九四年に出たエマニュエル・トッドの『移民の運命』である。(17) トッドのこの本は、フィンケルクロートの仮想敵がドイツ、ドゥブレの仮想敵がアメリカ、ミッシェル・アルベールは反アングロサクソン型ネオリベラリズムという形で、あるべきフランスの「国のかたち」を対どこそこ、コントラ何々という形で提示してきた試みの集大成だと言える。トッドの議論は同時に対ドイツ、対アングロサクソンで、しかも反ヨーロッパ統合でもあるから、比較文化論的手法によるフランス・アイデンティティ論としてはもっとも完全でもっとも手がこんでいる。私は二〇〇〇年六月に来日したトッドに、これはフランス版ニホンジンロンの機能を果たすディスクールだと言った。

トッドの立論には歴史人口学の調査にもとづく学問的な背景があり、そのメッセージは明瞭である。トッドは、世界の各地域の社会編制原理、あるいは社会編制の元となるイデオロギーは、伝統的農村社会に支配的だった家族形態によって四つに分類できると言う。まず、親と子供の関係が権威的か自由かは、子供が成人しても親元に残るか独立して別居するかが指標になる。次に、兄弟間の関係は長子相続か均等相続かで、不平等か平等かに分かれる。不平等な兄弟関係は差別があって当然とする差異主義を生むし、平等な兄弟関係は人類皆兄弟的な普遍主義を生む。これら二つの軸の組み合わせによって四通りの家族形態が得られる。第一に、自由で平等な「平等主義核家族」、これは北フランスに分布する。第二に、自由だが不平等な「絶対核家族」、これはイングランドに典型的で、個人中心のリベラリズムを生むが、人種間は不平等だから人種差別的傾向が強くなる。第三に、権威的で不平等な家族、これはドイツ型の「直系家族」である。血統主義によるフォルク概念と、ナチスを引き合いに出すのは不適切かも知れないが、権威的な上下関係と血統を同じくしない者に対する徹底的な民族浄化の起源はここにある。トッドはユダヤ系なので、彼の理論は無意識のうちにホロコーストの記憶に決定づけられている面があると思われる。ちなみに日本もドイツと同じ直系家族に分類される。最後に、上下の親子関係は権威的だが、成員間の関係は平等という家族が「共同体家族」で、その分布は北イタリア、それから旧ソ連や中国などコミュニズムが浸透した地域に重なる。上下関係は権威的だが成員間の関係は平等な共同体家族が分布する地域に共産主義は根付いたというのは、非常に単純なだけに説得的な図式である。

トッドによれば、ドイツは権威的で差異主義的な社会である。アングロサクソンはリベラルだが、やはり差異主義である。例えばアメリカの黒人差別を見よというわけだ。アングロサクソンは普通、肌の色が違う人とは交わらない。西インド諸島のイギリスの植民地とフランスの植民地を比べれば、白と黒の混血の割合は有意的な差を示す。同じイスラム系移民の二世の混合婚比率も、片やフランスと片やドイツ・イギリスでは段違いに違う。そういうことで、本当に普遍主義的なのはフランスだけということになる。それならなぜフランスにルペンの国民戦線のような排外主義的極右がはびこるのか、という疑問が生じる。フランスの家族形態は、フランスのパリ盆地を中心に分布する自由で平等な平等主義核家族がメインだが、それ以外にもう一つ、南西部など周辺部には直系家族、つまりドイツ型の家族形態が分布している。フランス革命をやったのは自由・平等のほうの家族形態だが、革命のときにも反革命の勢力はあったし、バレスからルペンまで極右ナショナリズムの潮流はいつもあった。二つの対立する家族形態が、パリ周辺の北の中央部と南寄りの周辺部では異なった形で分布しているからだ。フランスのナショナル・システムは矛盾する二つの家族形態に由来する二つのイデオロギーからできている。ただし自由・平等のほうが主流である、とトッドは説明する。

トッドはアプリオリにこのような図式を立てたのではなかろうが、あまりにフランスの普遍主義的共和国原理を擁護するための議論になっている。彼はアカデミックな議論をしてつもりなのだろうが、隠された動機は比較文化論によってフランスのスペシフィシティを擁護することにあるという印象は拭えない。ただ、トッドの議論は普遍主義擁護だが非常に差異主義的である点に注意を換起したい。フランスのスペシフィシティはまさにフランスの普遍主義にあり、フランスの普遍主義は他の地域にもっていってもうまくいかないだろう。そういう意味でトッドはフランスモデルの押しつけはしない。ドイツは一九九九年五月に国籍法を改正して出生地主義を取り入れたが、トッドはこれを歓迎するどころか、ドイツは本性に逆らって無理をすると反動が来るぞと警告する。その意味では新手の決定論と言える。

以上、一九八七年から九四年にかけて登場した四つのディスクールを取り上げてみた。これらの四人は大思想家とは言えず、アカデミックな研究者というよりはエッセイストに近い。しかし、これらは論壇で話題になった代表的知識人の議論であり、世論形成の点で無視することは到底できない。ここ十数年来、フランスの自己表象のディスクールはナショナル・アイデンティティの再定義に向かって進んできた。そういう流れの中でドゥブレの変貌を分析しなければならないと私には思われる。

最後に四人の関係だが、フィンケルクロートとドゥブレはスカーフ事件ではライシテ教条派として連携したが、コソボ紛争でNATO軍のセルビア空爆を批判してセルビアをかばったドゥブレをフィンケルクロートは批判した。フィンケルクロートとトッドはユダヤ系の普遍主義の知識人で、ドイツ的思考を特殊主義あるいは差異主義として批判する点が共通で、ともに文化相対主義や多文化主義に敵対的である。トッドとドゥブレはフランスのアイデンティティを守るため欧州統合に反対する点で同じ陣営に属し、二人とも熱心な共和主義者である。アメリカ主導のグローバリゼーションには四人こぞって反対だが、アルベールだけははっきり欧州統合推進派だ。

第四章　レジス・ドゥブレの変貌、社会主義からナショナル共和主義へ

二十世紀末のフランスの知的状況を振り返った上で、本論の主題であるレジス・ドゥブレの政治思想を検討する。

ドゥブレは一九四〇年生まれ、パリ十六区の知的ブルジョワ階級の出身である。秀才校エコール・ノルマル・シュペリユール（高等師範学校）に学び、哲学のアグレジェ（高等教育教授資格取得者）である。一九五四年にディエンビエンフーの戦いでフランスがインドシナから撤退し、代ってアルジェリア戦争が始まっているので、植民地独立戦争の只中に青春期を送ったわけで、思想的にはサルトルの時代、エコール・ノルマルではマルクス主義哲学者アルチュセールに習っており、エチエンヌ・バリバールと同期である。一九五〇年代半ばに起こったキューバ革命に共鳴し、五九年に初めてキューバを訪れる。カストロに招かれ、三大陸にまたがる植民地解放のシンポジウムに参加、若くして第三世界の社会主義革命の理論家として歓迎される。その後チェ・ゲバラに従ってボリビアでゲリラ活動を行い、六七年に逮捕投獄され、裁判にかけられて終身禁錮刑を言い渡される。サルトルらによる助命運動のおかげで七〇年十二月に牢屋から出、今度はチリで社会主義革命を起こしたアジェンデ政権にブレーンとして参加する。しかしアジェンデはピノチェトのクーデターで追いこまれ自殺、チリの社会主義革

命が頓挫したので、ドゥブレは七三年に帰国する。フランス社会党が統一されたのは七一年で、政権をとるため社共を中心に革新の統一が課題となっていた時期である。ドゥブレはミッテランのブレーンとして社共の共同戦線をつくるのに貢献。八一年の大統領選でミッテランが勝つと、ドゥブレは表に出るのを嫌うタイプなので、ドゴールにとってのマルローになる野心はあったものの、文化大臣など閣僚にはならず、エリゼ宮の裏方としてミッテラン政権の対外文化政策や戦略問題の外交顧問になる。一九八六年の第一回フランコフォニー・サミットも舞台裏で準備にあたったようである。

しかしミッテラン政権は、一九八三年には国有化を中心とする社会主義路線を放棄して欧州統合にかけるようになり、政権は長期化するに従って宮廷政治化し、革新政権でありながら腐敗汚職も進む。ドゥブレがもっとも嫌ったのは、おそらく政治のメディア化、スペクタクル化である。上でフランスの共和国モデルとアメリカの民主主義モデルを対比させたが、共和国は自覚的で能動的な市民の共同体であり、政治指導者には言葉と論理、すなわちロゴスで勝負できる作家や知識人の能力が求められる。ところがアメリカの民主主義は劇場政治、スペクタクル政治の性格が強く、レーガンが映画俳優だったのは偶然ではない。リベラリズムの根底には市場を民主主義のモデルとするところがあり、いい製品が消費者に選好されるのと同じで、いい政策を掲げた候補者が選挙で勝つはずだが、市場で製品を売るためにはあらゆる宣伝技術が使われるように、選挙でも普段はコマーシャルを担当するコミュニケーションの専門家が選挙参謀になってキャンペーンを張る。市場民主主義では市民は消費者の地位に後退し、政治は必然的にメディアによってショー化される。ミッテラン政権の最初の七年を通して進行したのは、政治のアメリカ化でありスペクタクル化である。政治とメディアの合体をドゥブレは「誘惑する国家」Etat séducteur とか「テレビ国家」Télétat と呼ぶが、フランスが「共和国」ではなくアメリカ的「民主主義」に堕しつつあるというのがドゥブレの批判で、政治のメディア化が、ミッテランの取り巻きによる宮廷政治と権力の摩耗、政治の腐敗と合わせ、彼が一九八八年にミッテランと袂を分かち第二期ミッテラン政権に参加しなかった理由だと思われる。

ドゥブレの変貌で特筆されるのは「メディオロジー」の提唱である。一九八九年の『フランスにおける知的権力』がすでにこの方向を予告しているが、九一年の『一般メディオロジー講義』、九四年の『メディオロジー宣言』でメディオロジーという新しい学問を切り開く。「メディア学」といちおう訳せるが、これは決してテレビや新聞・雑誌という狭い意味のメディア研究ではなく、メディオム（媒体）一般の学という意味であって、例えばキリストの言葉がどのような人々（使徒）によって伝えられ、どのような組織（教会）によってキリストの教えが普及し社会を動かす力になったのか、あるいはマルクスの思想はプロレタリアートの前衛党というメディオムを通して社会主義革命に結実するが、そういう広い意味でのメディオム（媒体）を研究する学として定義される。もちろん言葉、文字、本、テレビなどメッセージを伝える媒体もメディアなわけで、メディア学は抽象的な思想を媒介する物質的な媒体の技術的研究だと言える。

メディオロジーについては翻訳が三冊出ており[18]、ここでは詳しく立ち入らないが、大きな枠組みとしては「ロゴス圏」、「文字圏」、「ビデオ圏」の三段階に分けてメディアの歴史を考える。ロゴス圏はオーラル（口頭）の言葉が主要なメディアだった古代のシテ（都市国家）や帝国の時代で、教会で行われる「説教」が典型的な伝達の形態だった。文字圏は印刷術が発明されたあとの近代で、新聞が主要なメディアになる国民国家の時代である。ビデオ圏は映画やテレビの出現によって始まった大衆社会で、個人がマスの中に埋没するアノミー状況が支配する。文字圏に参加するのは理性的な市民だが、ビデオ圏では市民が情動的な消費者に変質し、文字圏では「出版」によって影響力を発揮できた知識人が後退し、スクリーンやブラウン管に「出現」するスターが指導者になる時代である。実際にはもっと緻密な議論を展開するのだが、こうして見てくると「共和国」は文字圏に、「民主主義」はビデオ圏に属すように思われる。政治のショー化、スペクタクル化と、情報を商品として瞬時に消費する情報社会に対する根本的批判、これがメディオロジーの底に流れるモチーフである。西垣通のような、情報学の最先端にありながら情報社会批判を展開する論者がこれに飛びつくのはよく理解できる。[19]ドゥブレは政治の現場を離れてから理論的著述に入ったのではなく、ミッテランの顧問時代からメディオロジーの構想は始まっていた。政権を離れたあとドゥブレは一時期コンセーユ・デタ（国務院）に所属していたが、そこも飛び出して、ガリマールからメディオロジーの雑誌を発行し、著述に専念していたが、一九九九年秋からリヨン第三大学の大学院教授になった。ホロコーストを否定するネガショニストや国民戦線系の教授がいた大学なので、そこでドゥブレがどういう働きをするのか注目される。

ドゥブレは、ノルマリアンとして一世代後輩にあたるベルナール・アンリ・レヴィなどメディア的知識人を毛嫌いしており、テレビにはめったに出ないが、活字メディアで何か発言するたびに注目される大きな存在である。そこで次に、大統領府を離れたあと、一九八九年から十年間のドゥブレのメディアでの発言を追ってみることにする。というのは、一九八九年の「あなたは民主派か共和派か」は眼からウロコが落ちるような共和国論だったが、それからほぼ十年、一九九八年の秋口にル・モンドに出たアピール「共和主義者よ、恐れるな！」を読んで、私はドゥブレの論調の変化に大きな戸惑いを覚えたからである。このアピールは、共和国が法治国家であるとして法と秩序を強調し、大都市郊外の暴力を移民と結びつけ、市民の安全を守るためには力の行使をためらってはならない、外国人には滞在の条件にフランス語の能力を義務付けよ、という内容のものである。従来こうした「市民の安全を守れ」という主張は極右のディスクールだった。それを左の側から最初に言ったのがドゥブレだったため、彼は左から批判され、その後「ナショナル・レピュブリカン」のレッテルさえ貼られることになる。ナショナル・レピュブリカンは「国民共和主義者」と訳せるが、造語法としてはナチスの「ナショナル・ソーシャリズム＝国家社会主義」を連想させる命名だ。ナチスが「ナツィオナール」から来ていることは言うまでもないが、この語は「国民」を意味し、鵜飼哲は「国家社会主義」より「国民社会主義」と訳すべきだと言っている。いずれにせよ「ナショナル・レピュブリカン」はナショナル・ソーシャリストを意識した命名で、左のレピュブリカンがそのままナショナリストになってしまった、共和主義が反動化したという批判が込められている。これはもちろんジャーナリズムが貼ったレッテルだが、この表現を最初に使ったのはミッシェル・ヴィヴィオルカだと言われる。ヴィヴィオルカは社会科学高等研究院ＥＨＥＳＳでアラン・トゥレーヌが主宰していた社会学研究所ＣＡＤＩＳを引き継いでおり、フランスでは珍しい多文化主義に親和的な知識人の一人である。私は九八年秋に彼のゼミを覗いたが、ドゥブレと電話で話したとき彼の名前を言ったら、論敵だと言っていた。あるジャーナリストから「共和国の破壊者」の称号さえ受けている。

一九九八年から九九年にかけてドゥブレの周りで起こった論争を理解するには、六八年の五月革命の評価が鍵を握っているように思われる。ドゥブレはボリビアで獄中にあり、六八年五月にパリにいなかったということは決定的で、革命に命をかけたドゥブレから見れば、六八年世代は無責任な跳ね上がりに見えるのであろう。六八年にトロツキストとかマオイストだった極左がいま第一線のインテリ、大学教師、ジャーナリストとして活躍している。また六八年のヒッピー世代がエコロジー、環境保護の運動を担っている。(20) 七〇年代の半ばにソルジェニーツィンの収容所列島の告発やヴェトナムのボートピープルを契機に登場した反共・人権派のヌーヴォ・フィロゾフたちも、広い意味では六八年世代である。これらの世代は体制や組織に反抗し個人の自由と解放を主張するので「リベルテール」と呼ばれる。その代表は六八年五月のリーダーで国外追放され、九九年春の欧州議会選挙でフランスに戻り緑の党を勝利に導いたダニエル・コーンベンディットである。それに対しアラン・マンクのようにアングロサクソンのネオリベラリズムを歓迎し、言葉は英語でいいという、市場経済万歳、グローバリゼーション恐れるに足らずという立場は「リベラル」と呼ばれる。リベラルから見てもリベルテールから見ても、ドゥブレの共和主義は古色蒼然として、よく言って懐古的、悪く言えば反動ということになる。経済的リベラリズムを唱える「リベラル」とかつての極左の「リベルテール」から批判されたドゥブレは、「ナショナル・レピュブリカンでどこが悪い」という反論を十一月七日付のル・モンドに書いて、「リベラル・リベルテール」対「ナショナル・レピュブリカン」の論争が九八年の秋から九九年初めに盛り上がった。

論争の背景にはもう一つヨーロッパ統合問題がある。一九九二年マーストリヒト条約批准のときの論争で、フランスの国論が二分されたことは記憶に新しい。国民投票では僅差でウィが勝ったが、ブリュッセルの官僚がチーズのつくり方まで指図するというデマまで飛んだ。統合が進めばフランスはフランスでなくなる、俺たちはフランスのままがいい、というナショナルな感情が強まった。そのときは反統合のナショナル派の潮流にまだ名前はついていなかったが、二年ほど前に「スヴレニスト＝主権主義者」というレッテルをジャーナリズムが発明した。湾岸戦争への参加とマーストリヒト条約への反対から社会党を出て新党「市民の運動」ＭＤＣをつくった左のシュヴェヌマンと、ドゴール派の共和国連合ＲＰＲの中でマーストリヒト反対派の筆頭だった右のパスクワが双璧である。パスクワはついに九九年の欧州議会選挙を前にＲＰＲを出て独自のリストを立て、躍進した勢いでＲＰＦ（フランスのための連合）という新党をつくった。反ヨーロッパで、フランスはフランスのままで行くというレピュブリカン、国家主権は絶対守るというスブレニスト（主権主義者）の潮流が、九八年秋からのナショナル・レピュブリカン対リベラル・リベルテールの論争で浮き彫りになったのである。欧州選挙でもっとも鮮明にヨーロッパを主張したのは、緑の党のコーンベンディットである。彼はユダヤ系ドイツ人であり、口にこそ出さないが排外的ナショナリストにとっては目障りな存在である。シュヴェヌマンなどはコーンベンディットをグローバル化の尖兵呼ばわりした。シュヴェヌマンを支援してきたドゥブレも、ヨーロッパはフランス人の愛国心の対象になりえないとして統合に反対の論陣をはった。

こうしてみてくると、ドゥブレは中南米の革命運動に身を投じた六〇年代、帰国して社共共同戦線を準備して左翼の勝利に貢献した七〇年代、現実政治に参加して嫌気がさしメディオロジー研究に向かった八〇年代、そして九〇年代のナショナル・レピュブリカン的右旋回と、ドラマティックな変身ぶりが確認できる。ドゥブレは毎年本を出す多作な人なので、これは彼の著作を全部読んで言っているのではなく、メディアでの発言から受けた印象を整理しているに過ぎない。本当の意味での政治哲学がドゥブレにあるとして、それをきちんと分析することは私の手にあまる。

到着点を先取りしてしまったが、一九八九年に遡ってここ十年のドゥブレのメディアでの発言を振り返ってみると、まず八九年秋ベルリンの壁崩壊の数日前、十一月二日の「ル・ヌーヴェル・オプセルヴァトゥール」に《Profs, ne capitulons pas !》「教師たちよ、降伏するな！」というアピールを発表している。イスラム・スカーフ事件で動揺するジョスパン文相に宛ててはいるが、教師たちに共和国の学校のライシテを守れと呼びかけたもので、フィンケルクロートやエリザベット・バダンテールら五名の連名になっている。バダンテールは政治代表における男女同数原則をめぐるパリテ論争のときも反パリテの急先鋒だったが、フィンケルクロートとバダンテールは二人ともエコール・ポリテクニックの哲学教授で、論壇で活躍するメディア的知識人である。どちらも「同化ユダヤ人」で、共和国の普遍性原理に同化し、その唱道者になっている。こういうことをフランスで公の場で言ったならば、おそらくラシスト（人種主義者）、反ユダヤ主義者呼ばわりされるだろうが、知識社会学的見地から事実として言うのである。ライシテ原理にもとづく共和国的統合は、フランス革命のときにユダヤ人を解放した普遍主義的原理であり、同化ユダヤ人にとって人種や宗教で人を区別しない共和国の普遍主義ほど貴重な原理はない。その一方、ドレフュス事件があった十九世紀末から、エルサレムのシオンの丘に失われた祖国を再建しようというシオニズムの運動が起こった。これはユダヤ人国家イスラエルを建国したナショナリズムの動きであり、今日にまで尾を引くパレスチナ難民問題の原因をつくった。フランスにも家族を強制収容所で失ったユダヤ人は多いが、イスラエルができて皆イスラエルに帰ったわけではなく、むしろフランスに同化したユダヤ人が多い。そのうちの最良の部分は共和主義者として思想的に共和国を支える知識人になっている。フィンケルクロート、バダンテールはそういう意味で「同化ユダヤ人」の典型だと言える。フィンケルクロートはイスラエルのユダヤ・ナショナリズムを正しく批判してもいる。レイモン・アロンの娘で社会学者のドミニク・シュナペールはドゥブレらのアピールに署名はしていないが、「エスニック共同体」に対し「市民の共同体」の理念を擁護するユダヤ系知識人である。ドゥブレはユダヤ系ではないが、彼らと一緒に、共和国の学校におけるライシテを守れというアピールの先頭に立ち、「教師たちよ、降参するな!」と檄を飛ばしたわけである。

ドゥブレが同じ八九年十一月十七日のル・モンドに寄稿した«Le retour de l'histoire»についてはすでに触れた。ベルリンの壁崩壊直後に、冷戦の終わりは「歴史の終わり」どころか、「文明の衝突」によって民族紛争が多発する「歴史の回帰」の始まりになると予言した論文である。それから十一月三十日の「ヌーヴェル・オプス」に、先に詳しく紹介した«Etes-vous démocrate ou républicain ?»「あなたは民主派か共和派か」を書く。フランス型の共和国を擁護するのか、アメリカ型の民主主義を擁護するのかという、かなり長い論文で、これについては、そのときフランスにいた海老坂武が『思想の冬の時代に』で非常に的確な要約をしている。(21)

ドゥブレは一九九一年の初めに湾岸戦争へのフランスの参戦を批判する。彼は後のコソボ紛争へのNATO軍の介入を批判するが、反米の姿勢で一貫している。九三年には冒頭で説明したガットの「文化特例」の闘いで、ネオリベラルの作家ヴァルガス・リョサとリベラシオン紙上で論争し、「文化特例」を擁護する論文を二本書いている。反市場原理主義、第三世界主義、反アメリカ帝国主義の典型的なフランス左翼の論調である。九五年十一月には東大駒場のメディア学シンポジウムのため来日し、私もＮＨＫ教育テレビの番組でインタビューし知己を得た。九五年の十二月にはフランスが通貨統合に参加するため財政赤字削減でジュペ内閣が社会保障改悪を打ち出したため、公共部門の交通労働者を中心に長期ストが起こる。このときドゥブレはブルデューらとともに、ネオリベラル路線に反対し、労働者のストライキを支援した。「文化特例」と九五年十二月のストライキ支持、これは反グローバリゼーション、反ネオリベラリズムの立場からの発言である。

最後が九八年九月四日のル・モンドに載った《Républicains, n'ayons plus peur !》「共和主義者よ、恐れるな！」である。大都市郊外は暴力による無法地帯と化している、市民の安全を守るためには法治国家の原理を明確に打ち出し、それを守らない外国人は取り締まれ、もはや遠慮する必要はない、言うべきことは堂々と言うべきだ、という主張である。これは作家のマックス・ガロら八名と連名のアピールになっている。ガロもナショナル・レピュブリカンの知識人で、シュヴェヌマンに近かったのが、むしろパスクワ寄りになっている。ドゴールやナポレオンなど国民的な英雄について歴史小説を書く作家で、第一次ミッテラン政権のとき、政府のスポークスマンを務めた。あとは「ヌーヴェル・オプス」に時評を書くジャック・ジュリヤールとか、政治哲学者で共和国について分厚い本を書いたブランディーヌ・クリージェル、フランス革命史のモナ・オズーフらの署名があるが、文章は明らかにドゥブレが書いたものである。これがナショナル・レピュブリカン対リベラル・リベルテール論争の始まりになった。口火を切ったのはドゥブレで、このアピールが出た数日後の九月十日には本屋に *La République expliquée à ma fille*『娘に説明する共和国』が並ぶ。タハール・ベンジェルーンの *Racisme expliquée à ma fille* と同じコレクションで、青少年に大事な問題を分かりやすく説明するシリーズである。この本の抜粋は発売前に週刊誌「マリアンヌ」に掲載された。「マリアンヌ」はナショナル・レピュブリカンの運動を担うメディアとして創刊された、わずか十フランの週刊誌で、エマニュエル・トッドやピエール＝アンドレ・タギエフが編集顧問として名を連ねている。マリアンヌはパリの共和国広場などあちこちに彫像が立っている共和国を象徴する女性である。「マリアンヌ」は「エヴェヌマン・ド・ジュディ」の編集長だったジャンフランソワ・カーンが新しく興した週刊誌で、かなり成功している。一九九七年の秋にサンパピエ全員に滞在許可証をという映画人や芸術家、知識人のアピールが出、これを極左やエコロジストが支持した。しかしそれに無責任だとして反発したのがトッドやタギエフで、移民を規制しろという反動的議論ではないが、共和国の法と秩序は守れという言説である。これが左のレピュブリカンの側から出てきて、「マリアンヌ」がその主張を媒介し、九八年三月にはマルク・ブロック財団 Fondation Marc-Bloch が結成される。それまでフランスでは、フュレやローザンバロンなどリベラル派の知識人が中心になって、八〇年代初めから政策立案集団サンシモン財団を運営してきた。マルク・ブロック財団はそれに代る動きとして注目されたが、反ナチス抵抗運動の中で殺された歴史家マルク・ブロックの遺族から訴えられている。故人の遺志を裏切るような事業にマルク・ブロックの名前を使うなということで訴訟になり、マルク・ブロック財団のほうが敗訴し「三月二日財団」に名義がえしたと聞いている。

九八年十一月六日にソルボンヌの講堂で、マルク・ブロック財団主催によるドゥブレの講演会が開かれた。タイトルは《La Rêpublique entre le glaive et le code》「剣と法のあいだの共和国」、単行本になったときは *Le code et le glaive* というタイトルになっている。反マーストリヒト、反ヨーロッパ、反グローバリゼーション、そして市民の安全を守れ、フランスのナショナル・アイデンティティを共和国原理によって再定義せよ、きわめてリリカルでエモーショナル、文学者ならではのレトリックを駆使した雄弁であった。ナショナリズムとパトリオティズムは違うとした上で、ドゥブレは「人はユーロのために死ねるか」と問い、EUの情動的レベルでの求心力、大衆動員力の欠如を突いた。トッドも来ていたが、ナショナル・レピュブリカンを結集した旗揚げ講演会の趣きだった。そうした動きに対して、『共和国の狂信者たち』という本が九九年の三月に出る。(22) 著者は編集者と文化人類学者である。イスラム原理主義ならぬ「共和国原理主義」を批判した本で、ドゥブレやマックス・ガロやタギエフらナショナル・レピュブリカンの星座をなす論者たちをまとめて批判している。

そういう本が出たあと、ますます論争を激しくしたのがコソボ問題でのドゥブレの発言である。ドゥブレはセルビアに一週間ほど行ってコソボの現地も見、九九年五月十三日のル・モンドに《Lettre adressée par un voyageur au Président de la République》「大統領への一旅行者の手紙」を発表する。シラク大統領に、フランスがアメリカの尻馬に乗ってNATOのセルビア空爆に参加したのは全くの間違いだ、と進言する内容である。現在ベルナール・クシュネールのような連帯・人道活動担当の閣僚だった人権派のチャンピオンが、国連から任命されて紛争後のコソボの和平と再建にあたっている。そのことからも分かるように、九一年の湾岸戦争のときと違って、コソボ紛争ではフランスの左翼がほぼ全員セルビア空爆に賛成した。湾岸戦争のときは反対したインテリが多く、シュヴェヌマンは国防相を辞任した。今回は知識人がほとんど賛成に回り、反対したドゥブレは孤立した。メディアがミロシェビッチのセルビアを悪者にしてこれを叩き、NATOの空爆を正当化するのは間違っている。ミロシェビッチは少なくとも選挙で選ばれた指導者であり、ヒトラーと同じ独裁者ではない。もちろん悪いことをしているが、「ジェノサイド」という言葉をやたらに使うべきではない。ホロコーストの歴史的一回性を風化させることになってしまう。むしろ空爆がセルビア人をコソボ攻撃に駆り立てる、という議論である。

フランスには、第二次大戦中の抗独レジスタンスを通して親セルビアの伝統がある。しかしミッテラン自身が一九九二年六月に、クシュネールを伴って、包囲されたサラエボを突然訪問し、親セルビア路線を修正したが、伝統的にはフランスの左翼は親セルビアだったので、スターリン主義者の生き残りが民族主義者のミロシェビッチを支援するのだという、お門違いの批判がドゥブレに浴びせられた。フィンケルクロートは旧ユーゴの分裂でなぜか早々とクロアチアを支持し、ボスニア紛争でも反セルビアの立場だった。ＢＨＬことアンリ・レヴィなどは「アディユ、ドゥブレ」という決別状を五月十四日付ル・モンドに書いて、ドゥブレをドリュ・ラロシェルらナチスに協力した作家になぞらえたし、「国境なき医師団」の元会長ロニ・ブロマンなど人権派はこぞってドゥブレを批判した。元トロツキストでル・モンドの出版部長エドウィ・プレネルは『試練』という本まで書いてドゥブレを攻撃した。修正主義者のレッテルが貼られ、メディアに袋叩きにされたドゥブレに紙面を提供したのは「マリアンヌ」と「ル・モンド・ディプロマティック」だけである。後者は反米、第三世界主義、反市場原理主義、反グローバル化を論調とするフランスの伝統的左翼の良質の月刊新聞で、ブルデューやサイードがよく寄稿しており、メディアの民主主義のためドゥブレに紙面を提供したのであろう。社説では、人権の名において主権国家に介入する「人道的介入権」には否定的なニュアンスの論調だった。アメリカがこの論理でどれだけ大国のエゴを正当化してきたかを思えば、国境なき医師団の人道的介入権は苦しい反省を迫られるのではなかろうか。

コソボ問題はまだ解決されていないが、ある意味ではシュヴェヌマンやドゥブレの予言が当たったわけで、戦争が終わったあと、今度はアルバニア系住民によるセルビア人への復讐が始まった。ミロシェビッチのセルビアはコソボの自治権を奪ってきたが、コソボではセルビア系住民は一〇％にすぎず少数派なのである。ドゥブレのルポルタージュが正しいかどうかの判断は控えるが、コソボ問題での発言はドゥブレ事件（Le cas Debray ; L'affaire Debray）とまで騒がれ、皮肉にも彼のメディア的価値を改めて示した。

第五章　「相違への権利」とジャコバン対ジロンダン

ドゥブレを典型とする共和主義の反動化、と言って悪ければ、フランスの伝統だった普遍主義のナショナル化の動きを見てきたが、最後にこれを「共和国か多文化主義か」という角度から考えてみたい。

フランスでは皆がレピュブリカンで、アメリカのようにリパブリカンとデモクラットが対立する構図はない。レジスタンスを通してドゴール派がレピュブリカンになり、革新から保守までのレピュブリカンの連合ができたことが大きい。ごりごりのレピュブリカンか、穏健なレピュブリカンの違いはあっても皆が共和国を標榜する。極右のルペンですらレピュブリカンだと名乗り、九九年一月に国民戦線が分裂してできたブリュノ・メグレの政党は Mouvement National Républicain（共和派国民運動）という名称だから、レピュブリカンでない人を探したほうが早い。メグレの政党はナショナル・レピュブリカンを意識したかどうかは分からないが、真のレピュブリカンは迷惑に思うだろう。ただ大体のコンセンサスは、社共の左も右のゴーリストもレピュブリカンで、ルペンらは差異主義的人種主義ゆえ共和国原理を踏みにじっているということで、そこで線が引かれる。したがって「多文化主義」ということを正面きって言っている人はいない。フランス社会はますますマルチエスニック、マルチカルチュラルになったという形で形容詞では使うが、マルチカルチュラリズムと名詞で言うことはほとんどない。ただ multiculturalisme à la française という主張は散見されるようになった。例えば『エスプリ』副編集長のジョエル・ロマンは、ルナンの「国民とは何か」に解説をつけて編纂した人だが、ジャコバン共和主義の動脈硬化を批判し「フランス式多文化主義」ということを言っている。その立論は、ユダヤ人やコルシカ問題によせてフランスの共和国的統合モデルを分析した中野裕二が紹介している。(23) あとは先に触れた社会科学高等研究院のミッシェル・ヴィヴィオルカ。この人は「ル・モンド・デ・デバ」という月刊の新聞形式の雑誌を九九年一月から出し、その編集長を務めている。社会学者としてその先輩にあたるアラン・トゥレーヌも、大きく分ければ多文化主義的傾向に入る。政治学者では、九八年秋に来日したパリ政治学院のジャック・ペリノ、彼は日仏会館のシンポジウムでドゥブレらの九月四日のアピールを厳しく批判していた。ペリノは、レピュブリカニスムが動脈硬化に陥ったがためにルペンの国民戦線の進出を許したのだと分析し、だからレピュブリカニスムを多文化主義的発想で再考しなければならないと主張している。アメリカ的なマルチカルチュラリズムをそのまま導入しろとは誰も言わないが、「差異」の尊重をどのように共和国の普遍主義の中に取り込むかが最大の問題だと言っている。政治哲学の分野では、ソルボンヌのアラン・ルノーが政治的リベラリズムを再評価する中で多文化主義の問題提起に応えようとしている。そういう形で多文化主義的な思考がフランスにも浸透してきているのである。

差異を消去して平等な市民をつくる共和主義と、差異を承認して実質的な平等をめざす多文化主義の対立は、革新の中でジャコバン派とジロンド派の対立として現象しているというのが私の仮説である。ただ革命期のジロンド派についてきちんと調べたわけではなく、ジャコバンに対抗するモデルとして最近浮上しているのではないかという直感からジロンドと言っているに過ぎない。こういう対比を現代のコンテクストで使うのが正しいかどうかは革命史の専門家にぜひ教えていただきたい点である。

一例にすぎないが、ジャコバン対ジロンドという対比は、欧州地域語少数言語憲章の調印を検討するため、ジョスパン首相の依頼で報告書を書いたベルナール・ポワニャンというブルターニュのカンペールの市長が使っている。「地域語地域文化のために」という九八年春の報告書が欧州言語憲章の調印に向けての最初の動きになったが、ポワニャンは、レピュブリックはフランスにとってはいちばん大事な原理である、しかしジャコバン的な中央集権の一枚岩的な発想はもう古い、ジロンダン的な発想でジャコバンの欠陥を修正していく必要があるとはっきり言っている。それから二〇〇〇年七月にコルシカ問題解決に向けてジョスパン首相が行った提案は、やはりジロンダン的分権化の発想によるものと言えるのではないか。首相が越えてはならない一線を越えたということで内相を辞任したシュヴェヌマンははっきりジャコバンである。シュヴェヌマンが辞めたとき、ミッシェル・

ロカール元首相は九月初めに「ジャコバンよ、コルシカの和平を乱すな」という論文をル・モンドに書いている。ロカールは社会党の中ではいちばん中道寄りの穏健派で老獪なミッテランに体よく斥けられたが、大きく見ればジロンダンと言えるのではないか。ロカールは首相時代に海外領土のニューカレドニア問題の解決で苦労している。今回のジョスパンに先だって一九九一年にコルシカの自治を促進するジョックス法をつくったピエール・ジョックス（当時内相）もジロンダンである。ジョックス法はフランスというナシオンの中でコルシカ人は《le peuple corse》としての特別なステータスをもつとしたため、憲法院の検閲を受け、この表現を削除した。ナシオンは一つであって不可分であり、特別に peuple corse を承認するのは共和国原理に背反するというのが、検閲の理由だった。このジョックスも分権型の発想をする人で、おもしろいことにロカールもジョスパンもジョックスもプロテスタント系である。社会党幹部のうちプロテスタント系は数が少なく、ジョスパンは実際に教会に通うプラティカンではないようだが、ジロンド派的な発想をする人たちは、プロテスタントの家系に多い。これは偶然かも知れないが、アングロサクソンの多文化主義の根底にはプロテスタントの伝統があるので、無視できない現象ではないかと思われる。カトリック教会はまさに一枚岩だったのに対し、プロテスタントの教会は複数あり多元的である。それにトッドが言うところの、リベラルで不平等な家族形態から来る差異主義的イデオロギーが多文化主義のベースにあるとするのは、あまりに素人の議論であろうか。

厳密には多文化主義と文化多元主義を区別する必要があるようだが、「一にして不可分」の単一不可分性が共和国の要だとすれば、差異の承認と多元主義が民主主義のベースにならなければならないという発想が多文化主義である。フランスにおける最初の多文化主義のマニフェストは、一九八二年、ミッテラン政権が成立した翌年、ジャック・ラング文化相の求めに応じてアンリ・ジオルダンが提出した「文化的民主主義のために——相違への権利」という報告書である。報告書のタイトルに「相違への権利」droit à la différence という表現が使われたのである。これはもともと地域の多様性や地域語の権利を認めよという主張だったのが、一九八四年にできたSOSラシスムの反人種差別運動が盛り上がる中で、移民たちにおける相違への権利の主張に受け継がれていく。ジオルダン自身八〇年代に地域語と移民の言語について次々に本を出しており、[24]国内の「地域」と外からの「移民」は連動している。レピュブリカニスムは結局アスィミラシオン（同化）の原理であり、図式的にはディフェランス（差異）を消し去ることによって統合を進める原理である。それに対し、移民たちが持ってきた自分たちの出身文化、言葉や宗教や風俗習慣を尊重した上で統合をはかるべきだというのが「相違への権利」である。これは当然出るべくして出てきた議論だが、これには原理的な欠陥がある、人種差別と闘う上で有効な武器たりえないと最初に言ったのが、タギエフである。人間はすべて同じだ、肌の色が違っても同じ人間だと考えるのが普遍主義の考え方であり、共和国的統合はそれに基づいているが、それに対し「相違への権利」は、人間にはオリジンの違いによってディフェランス（差異）があるということをはっきり認めた上で多文化共存を考えるわけで、これは差異主義（ディフェランシアリスム）である。したがって論理構造としてはルペンの「差異主義的人種主義」と同じになってしまう。こういう批判をタギエフは八五年ごろすでに行っていた。[25]SOSラシスムはマルチニック出身のハーレム・デジールがリーダーだったが、九〇年代に入ると運動は退潮する。タギエフなどレピュブリカンの普遍主義者からの批判によって、「相違への権利」の主張は結局メジャーな主張にはならなかったが、八〇年代はこの言葉がキーワードだった。

しかし、九七年五月に成立したジョスパン内閣は「相違への権利」の発想を受け継いでいるように見える。「相違への権利」をはやらせたジャック・ラングはミッテラン政権の顔であり、ミッテラン自身が演説で「相違への権利」を使い、地方分権化や地域語教育の促進、移民に対する寛容な政策を打ち出した。前の大統領ジスカールデスタンは就任の時期が石油危機に重なり、一九七四年に移民ゼロ政策を打ち出したわけだから、ミッテランはそれよりはるかにトレランスのある政策を取ったが、その方向をより明確に打ち出したのがジョスパン内閣であると思われる。しかしキーポストの内相にシュヴェヌマンを配し、移民政策については共和国的統合を掲げつつ、法治国家として不法移民は認めないという二重性が見られた。九六年夏にサンベルナール教会を占拠して世間の注目を集めたサンパピエたちは、いわば保守政権時代のパスクワ＝ドゥブレ法の積み残しだが、シュヴェヌマンは滞在許可証を申請したサンパピエ一万数千人の約半数に滞在を許可した。ボトル半分の水が残っているとき、「半分も入っている」とするか「半分しか入っていない」とするかによって評価は逆になるが、緑の党などはシュヴェヌマンを反動呼ばわりしてその功績を認めない。悪名高いパスクワ＝ドゥブレ法を改めたシュヴェヌマン法も五十歩百歩という評価がなされるが、やはり改善と言うべきである。

ジョスパン内閣は週三十五時間制など一連の改革を実行したが、話題を呼んだのはパリテとパックスである。「パリテ」parité は為替を両替するときの平価という意味の「パリテ」(英語のパリティ parity) と同じ言葉だが、ここでは議会における政治代表の男女平等が問題である。フランスはＥＵ十五カ国のうちギリシャに次いで議会における女性の割合が低く、そもそも女性の参政権が一九四四年まで認められていなかった。一七八九年の人権宣言の《droits de l'homme》は、男の権利だけで女の権利は認めなかったという批判が、フェミニズムならずとも起こるのはやむを得ないところである。北欧諸国では議席の三割まで四割までを女性にするクォータ (割当て) 制があるが、女性の代表が認められるなら、地域の代表もゲイの代表も移民マイノリティの代表も身体障害者の代表も認めよということになり、国民をいくつかのカテゴリーに分けて代表を議会に送ることになりかねない。人権宣言は正確には「人間と市民の権利の宣言」で、「市民」は性差や肌の色を超えた抽象的概念である。フランスでも最初クォータ制が提唱されたが、クォータ制は国民の単一不可分性に反する、クォータ制以外の方法で男女平等を実現するにはどうすればいいか、ということでたどり着いた結論がパリテだったわけである。具体的には、選挙による結果の平等は保証できないので、各政党が男女同数の候補者を立てるという原則で、これを一九九九年に憲法に書き込み、翌年パリテ法を制定した。男女の差は生物学的差であると同時に文化的につくられた差異でもある。この性差を共和国の普遍主義と折り合いをつけたのがパリテだと言えるが、エリザベット・バダンテールら多くの共和派知識人がこれに反対したことは留意されるべきである。

もう一つのパックスPACSはPacte civil de la solidarité（市民連帯契約）の省略である。保守からは同性愛者の結婚だ、神聖な結婚と家族の価値に対する冒瀆だということで猛烈な反対があったが、難産のあげく一九九九年に法律が成立した。ここ数年でゲイ・プライドはパリの年中行事になったが、アングロサクソン起源のゲイの権利主張がフランスまで及び、その権利を同じく共和国の普遍性原理の中に組み込んだということになる。というのは、パックスは同性だけでなく異性のカップルも認めており、例えばおばあさんと若者が助け合って生きていくような市民の連帯の形を結婚とは違ったオプションとして法的に整備したものである。おそらくホモという特殊なカテゴリーを示唆する表現は法律の中にないはずだ。

次に欧州地域語少数言語憲章の調印批准問題だが、フランスは一九九二年マーストリヒト条約批准のときの憲法改正で、「共和国の言語はフランス語である」という一項を第二条に付け加えた。「共和国の言語」はフランス語でも、フランスでフランス語以外の言語が話されていることも現実である。だからブルトン、バスク、カタルーニャ、オクシタン、コルシカ、アルザスなどの地域語と、移民出身の定住外国人の言語をそれなりに配慮する必要がある。欧州評議会でこの憲章ができたのは一九九二年だが、その後ずっと店ざらしになっていたのを、ジョスパン首相みずからイニシアチブを取って九九年五月に調印まで漕ぎつけた。ところが法律や条約の違憲審査をする憲法院が、この憲章は憲法の共和国原理そのものに反すると判断したため大論争になった。憲法院は決して保守でも反動でもなく、ただ憲法との整合性をチェックする法解釈を任務とする機関である。その憲法院が憲法と照らして明らかに齟齬があると判断したため、かえって共和国憲法の限界を浮き彫りにする結果になった。憲章に反対したのはまたしても左のシュヴェヌマン派と右のパスクワ派、すなわちジャコバン共和主義者と主権主義者である。宗教の場合はライシテ原理によって、公共空間からいっさいの宗教を排除することで私的空間での宗教の共存を保障することができるが、言語についてはライシテはありえない。公共空間を運営する上でいずれかの言語を公用語にする必要があるからだ。宗教では国教を定めないことができるが、言語では共通の国語を定めないわけにはいかない。その意味で、言語は宗教よりも多様性・複数性を保障することがむずかしい分野かもしれない。

最後に、共和国の喉にささった魚の骨、コルシカ問題を見てみよう。ここ二、三年、中央政府から派遣された知事が暗殺されたテロ事件に始まり、後任知事がマフィア取締りで権限を逸脱、放火事件を起こすなどスキャンダル続きだったが、二〇〇〇年七月にジョスパン首相のイニシアチヴで合意がはかられた。これは一九九二年のジョックス法より一歩踏み込んだ自治権を認め、コルシカ語教育を一般化する内容のようだが、先述したように、内相のシュヴェヌマンは、暴力放棄の約束を取りつけないまま共和国としての限界を越えて譲歩したとして辞任した。コルシカに対し中央政府はこれまでアメとムチでやってきており、税制面での優遇や補助金の国庫負担は他の地域と比較にならならないほど大きい。いずれ長谷川秀樹などコルシカ問題の専門家が、マティニョン合意はどこが「一にして不可分の共和国」を逸脱しているのかを解明してくれるだろう(26)。

他にもジョスパン内閣の改革はいくつかある。例えばかつての「植民地省」を改組し、旧植民地のフランス語圏アフリカ諸国を担当する「協力省」を置いていたのを廃止して、外務省の中に統合した。行政機構から植民地省の痕跡をなくしたということである。それから《service national》と呼ばれる兵役義務を廃止した。これはシラク大統領が提唱したので、ジョスパン首相の功績とは言えないかもしれない。しかし兵役で軍隊生活を送るのは、共和国の学校と並んで、まさに共和国の国民をつくる重要な「国家のイデオロギー装置」（アルチュセール）である。《service militaire》「兵役」が《service national》「国民の義務」と呼ばれるのは理由のないことではない。レジス・ドゥブレなどは共和国市民の条件として「愛国心」と「兵役」を挙げているほどだ。その兵役義務をなくしたことは、共和国の土台を揺るがす大きな改革である。そういう意味で、シュヴェヌマンから見ると、ジョスパンはやはり共和国の原理を後退させているのではないか。シュヴェヌマンは早くから社会党最左翼の理論集団CERES（社会主義研究センター）の中心だったし、ジョスパンは元トロツキストである。二人ともENA出身、清廉潔白な公僕政治家で、個人的には古い友情で結ばれているようだが、コソボでは持ちこたえたものの、コルシカで政治的信条の違いが二人を分かった。

以上で明らかなように、ジョスパンが率いる「複数の左翼」内閣は、「多様性」をモットーに、差異に寛容な多文化主義的政策をとってきている。ジャコバン原理主義者の中にはジョスパン内閣を「ユニテ（統一・単一性）の破壊者」として糾弾する議論もあるほどだ。そこで私は、革新の内部でジロンド派が主流を占め、ジャコバンは周縁化されマージナルな存在になっているという仮説を立ててみたのである。フランス革命をブルジョワ市民革命としてとらえるのは時代遅れのようだが、一般にジャコバンは最貧の社会層の立場まで代弁し、ジロンド派はブルジョアジーの利益を代表したとされる。現在のジョスパン内閣は保守系政府のときよりも多くの国有企業を民営化したと言われ、革新にしては市場原理に対して親和的であることも、ジャコバン対ジロンダンの比較を使いたくなる理由である。

第六章　共和主義のコミュノタリザシオン

保守と革新の境界がぼやけ、革新政権の一角を占めていたジャコバン派はシュヴェヌマンの辞任で撤退した。しかしグローバル化の中でフランスのアイデンティティを守るとき、コアになるのはやはりフランス的例外と言われようとも共和国原理しかない。「ナショナル共和主義」の登場以来、共和主義そのものの「コミュノタリザシオン」という言い方が散見されるようになった。《communautarisation》のもとには《communautarisme》という概念がある。英語の《community》「共同体」にあたるフランス語は《communauté》だが、出身の民族や宗教ごとに共同体をつくり固まって住むことを「コミュノタリスム」と言う。「共同体主義」と訳せるが、共同体には村落共同体、血縁共同体から国民共同体までいろいろなレベルがあり、欧州共同体という超国家的共同体もある。しかしコミュノタリスムと言うときは国民国家内のマイノリティとしてのエスニック・グループ、あるいは宗教、地域、性別などによる少数共同体が単位になる。コングレガシオン（宗教団体）単位で、ユダヤ人ならユダヤ人だけ、ムスリムならムスリムだけ、あるいは黒人なら黒人だけ、ゲイならゲイだけで集まって、自分たちの集団としての権利を認めよと主張する。しかしそれらは他の集団とは交わらない閉鎖的な共同体で、そういうマイノリティ集団がいくつも交わらないまま大都市などで混在する光景を「サラダボール」というメタファーで形容する。アメリカ型のサラダボール社会は混住混在ではなく住み分けによる共存であって、それぞれの共同体は独自のアイデンティティを主張して互いに混じり合わない。それにはホスト社会のマジョリティが差別的だから、自己防衛的にゲットーをつくって身を守ることを余儀なくされた面があるが、閉鎖的ゲットーの論理である。これを共和主義者はコミュノタリスム（共同体主義）として批判する。フランスでは多文化主義というとすぐコミュノタリスムのレッテルを貼る傾向がある。多文化主義は差異主義のアングロサクソン社会に発達したアパルトヘイトと同根のゲットー化の論理である、というフランス人が多い。しかしよく考えてみると、共和主義という普遍性原理が、いまやグローバル化の中でナショナル・アイデンティティを追求するあまり、それ自体一つのコミュノタリスムになっているのではないか。フランス人が自分の言語と自分の文化と自分の生活習慣を守り、ナショナル・アイデンティティを守ろうとすればするほど、普遍主義的な共和国原理がフランスという国民共同体防衛のコミュノタリスムに転化しているのではないか。そういう批判が出ている。「危機に瀕した共和国を救え」と叫ぶ「共和国の狂信者たち」の言説には、明らかにナショナル規模のコミュノタリザシオンが見られる。普遍主義こそフランスのスペシフィシティとし、普遍性の砦に閉じこもるのである。

東大出版会から出た『多文化主義のアメリカ』(一九九九年)などを見ると、日本におけるアングロサクソンの多文化主義研究は非常に進んでいる。北米ではリバタリアン(自由主義者)とコミュニタリアン(共同体主義者)の論争があるようだ。これはメルティングポットの同化主義か多文化主義かの対立とは必ずしも重ならない。リベラリズムに立ちながら多文化主義の主張を取り入れようとする論者もおり、議論は複雑である。私見によれば、フランスの共和主義とコミュノタリスムの対立は普遍主義と差異主義の対立であり、アメリカのリベラリズムと多文化主義、あるいはリバタリアンとコミュニタリアンの対立と比べてみるとおもしろいのではないか。個人の自由を重んじるのがリバタリアンで、集団やコミュニティの権利を主張するのがコミュニタリアンである。リバタリアンというのは、経済的リベラリズムとは異なる政治的リベラリズムの延長上にある。フランスではコミュノタリスムは蔑称で、自分からコミュノタリストと名乗る人はいないが、アメリカのコミュニタリアンと同じなのか違うのか。通低するものはあるはずだが、フランスの場合、コミュノタリスムの敵はジャコバン共和主義であり、これは国家重視で中間集団を認めない。それに対しアメリカの場合、コミュニタリアンの敵は集団ではなく、個人の自由のみを根拠に規範を考えるリバタリアンである。従って論争の構図は似ているようで微妙に違う。

国民国家の編制を原理的に考えるために「国家」「集団」「個人」の三項をおいたとき、国家に重きをおくか、中間集団に重きをおくか、個人に重きをおくかによって、三つの異なる立場があり得る。国家に重きをおくのがフランスのジャコバン共和主義である。ただし国家は人民の「一般意志」の体現者としての国家である。ルイ一四世の「朕は国家なり」に要約される君主の身体と同一化した国家ではなく、人民の一般意志を代表する民主的権力としての国家である。個人が自由であるために、国家に権力を集中するのである。もちろん近代国家はいつでも独裁国家に転落する可能性を秘めているし、国家がもつ階級支配の暴力装置としての性格を無視することはできない。しかしここでは、公共性の拠り所として法治国家を重視する立場を共和国原理とする。よかれあしかれエタティスム（国家主義）を内包する原理である。それに対し個人の自由を最優先させる考え方が、アングロサクソンのリベラリズムである。英語のフリーダムには、国家にせよ集団にせよ、自分以外のものに拘束されない「～からの自由」のニュアンスが強いように思われるが、リベラリズムは個人に立脚する自由主義である。第三に、国家と個人の中間にある集団を特権化する立場があり得る。エスニック・グループや教会組織、地域共同体でも職能集団でもいいが、個々の人間が帰属する集団を、個人のアイデンティティのコアとする立場である。個人よりも個人が属す文化集団を特権化し、その固有の権利を認めよと主張する立場がコミュニタリズムであり多文化主義だと言える。個人のアイデンティティに支えに文化的共同体をおく立場である。

ところが、アンシャンレジーム（旧制度）における貴族や僧侶階級の特権をにくみ、コルポラシオンと呼ばれたギルドを経済活動の自由の桎梏と考えた革命家たちは、階級別、地域別、職業別の集団の特権を廃止し、集団から解放された個人を法の前に平等な市民とした。フランスの共和主義から見れば、中間集団ごとに固有の権利を認めることはアンシャンレジームのコルポラティスムの再現であり、国民を複数のカテゴリーに分け、どの集団に帰属するかによって権利に差をつけることを意味する。逆の言い方をすれば、ユダヤ人や黒人奴隷のように生物学的帰属によっては、その出自により差別され無権利状態におかれた集団もあったのである。革命期のシャプリエ法は有名だが、国家と個人のあいだに中間集団を認めないことが共和国原理になったのはそのためだ。フランスではアソシアシオン（結社）の自由が一九〇一年まで認められなかったが、それには深い理由があるのである。

しかし、レピュブリカニスムの普遍主義は、個人の具体的存在条件を抽象して等し並に市民とするため、建前はみな平等なはずだが、現実には不平等が生じる。不平等の原因には個人の能力差よりも、階級や人種や性などさまざまな差異がある。だから権利上の平等を言うだけでは十分ではないとして、結果の平等を求める立場が出てくる。普遍主義による権利上の平等は現実の不平等を覆い隠す効果さえもつ。個人の自由だけを規範とすると、結局、性別や肌の色、性的傾向やハンディキャップによって、建前は平等だが、実際には差別されてしまう。だから集団としての権利を確立しなければならない。これが多文化主義の考え方である。国家・集団・個人の三つの極をめぐって、共和国と多文化主義、あるいは共同体主義とリベラリズムという対立の図式があるのではないか。ただその三角形がフランスとアメリカでは違った構図で現われるのではないか。フランスでは共和主義対共同体主義、アメリカではリベラリズム対多文化主義、この点を付き合わせ検証する議論を、アメリカ系の研究者とやる必要があるだろう。

しかも、この三つ巴の図式に「国家か市場か」というもう一つの対立項をもってくると、フランスは伝統的に国家指導型、アメリカはニューディールなどケインズ的政策もあったが、基本的には市場優先型である。そこで経済的リベラリズムと政治的リベラリズムはどう絡むのか絡まないのかを明らかにする必要も出てくる。印象だけで言えば、アメリカでリベラリズムに対抗して多文化主義が出てきたのは、リベラリズムが真に普遍的な原理ではなく、長いあいだ黒人を差別してきた差異主義と表裏一体の個人主義的自由だったからではないか。

フランスとアメリカの違いを別な形で際立たせれば、共和国原理は「一にして不可分の」ルソー＝ジャコバン型共和国である。フランスの中でルソー的原理に対立するのは、『アメリカのデモクラシー』を書いたトックヴィルである。アメリカの民主主義の基礎には、コミュニティごとに市民が参加してつくる市民社会がある。英語のコミュニティには教会を中心にした地域の市民共同体というニュアンスがあるが、多様なクラブ組織などの中間集団の網がアメリカン・デモクラシーを支えている。これがトックヴィル的なアメリカの民主主義である。憲法学者の樋口陽一の整理によれば、個人が国家に直接対決するルソー＝ジャコバン型共和国と、共同体的市民社会にもとづくトックヴィル型アメリカン・デモクラシーということになる。[27] 究極のところ、国家と個人のあいだの中間集団を民主主義をつくっていく上で必須の原理として認めるか、それとも中間集団は私利私欲のロビーに過ぎず、よく言えばクラブ、悪く言えばゲットーの論理だとして切り捨てるか、そこが分かれ道になるだろう。

しかしフランスにもリベラリズムの流れがあるのではないか。ルソー＝ジャコバン型国家が共和主義の主流だが、フランソワ・フュレが再評価したバンジャマン・コンスタンやトックヴィルの流れがある。コンスタンについては、あのすぐれた心理小説『アドルフ』を書いた小説家と民主主義の理論家とがどう結びつくのかと思うが、ブルガリア出身の文学理論家ツヴェタン・トドロフが『コンスタン、あるいは民主主義の情念』（一九八九年）という本を書いてコンスタンの政治思想に光をあてている。トドロフは七〇年代までは構造主義とか文学記号論の理論家だったが、『アメリカの征服』（一九八二年）を書いて以来ずっと「他者」の問題を考えてきて、最近はフランスのユマニスムの見直しを仕事の中心にすえている。奴隷制の問題とか、植民地支配の問題とか、要するに「われわれと他者」の問題である。トドロフはヨーロッパの辺境の出身だからであろう、西洋中心主義を他者の眼で見直しており、レピュブリカンではなく、モンテーニュ以来のフランスのユマニスムを背景にした政治的自由主義思想の流れにコンスタンを位置づけている。

フランスの思想はラジカリズムが特徴で、リベラリズムがいかに周辺化されてきたかは、サルトルの論敵だったレイモン・アロンを見ればよく分かる。サルトルは、マルクス主義は超えることのできない現代の地平だと言ったが、アロンはこれを「知識人の阿片」と呼んだ。アロンのあとリベラリズムを継いだのは、マルクス主義的フランス革命史観を「修正」したフランソワ・フュレである。彼はもともとコミュニストだったが、晩年に『ある幻想の過去』を書いてコミュニズムを断罪した。かつてのコミュニストには、コミュニズムが決定的に崩壊する以前から、二つのオルタナティヴが用意されていたと言える。一つはリベラリズムへの「転向」で、その典型がフュレである。フランスの知識人には珍しくアメリカ的なリベラル・デモクラシーを評価した。コミュニズムに代わる選択肢はリベラリズムが一つだとすれば、もう一つはレジス・ドゥブレのように、コミュニズムを捨ててレピュブリカニスムに行く方向である。コミュニズムにはプロレタリアートの国境を越えた連帯があったが、レピュブリカニスムはナショナルな方向に収束する共和国主義である。コミュニズムの挫折のあと、リベラリズムか共和国主義かという二者択一があるのではないか。

『六八年の思想』などが翻訳されているアラン・ルノーはソルボンヌの哲学教授だが、アングロサクソン系のリベラリズムを取り入れてフランスの普遍主義と総合する意欲的な政治哲学のシリーズを編集しており、普遍性と差異をどのように綜合するかを政治哲学の最重要課題と考えているようである。ルノーや盟友のリュック・フェリーには、六八年を支えたフーコーやデリダのラジカルな思想をご破算にして、五月革命を個人主義的リベラリズムの起点としてとらえており、評価は分かれるが、これもフランスのリベラリズムの流れを構成する一つの動きと言える。

第七章　なぜ共和国を問題にするか？

最後に、私がなぜ「共和国」に関心をもっているかを説明しておきたい。

戦後、天皇は人間宣言をし、新憲法で象徴天皇制になったとはいえ、私は天皇制を日本社会の仕組みを深いところで規定している社会編成原理だと見ている。日本の国家元首は首相か天皇か憲法に規定がない。首相には元首として自覚がなく、天皇からの権限の委譲を受けて政治を行っているが、天皇は象徴だから現実政治の責任はない。首相は主権者としての国民に対するアカウンタビリティ（説明責任）を感じていない。頂点があいまいな権力構造が、かつて丸山眞男が言った「天皇制無責任体制」をつくっている。タテの権威の拠り所は天皇からの距離であり、ソフトな形ではあるが天皇が不在の中心として擬似民主主義の核にある。「不在の中心」はロマン・バルトの日本論の表現だが、日本でポストモダンを唱える人々に格好の口実を与えた。こうした天皇制民主主義が空気のように支配しているために、責任ある市民の共同体としての共和国原理が、フランス研究が進んでいる割に日本ではよく理解されていないのではないか。例えばパリテは男女平等を進める上でたいへん結構な原理なのに、インテリのあいだにものすごい反対があった。欧州少数言語憲章でも、ごく妥当な文書なのにフランスの知識人には反対した人が少なくない。それがなぜかわれわれによく分からないのは、単一不可分の共和国原理というものがよく分かっていないからだと思われる。

レジス・ドゥブレは『共和国万歳 *Vive la République*』という本を一九八九年に書いている。しかし、私は諸手を上げて共和国の現実に賛成と言えないところがある。それはなぜか。フランス革命が打ちたてた共和国理念を現実的な制度として実現したのは第三共和政、とくにジュール・フェリーの第三共和政である。第三共和政はライシテにもとづく共和国の学校を実現し、労働者の社会的権利を承認する上で進歩があった。しかし同時に、第三共和政は植民地帝国として発展したという根本的矛盾がある。レピュブリックという看板を掲げていたが、実態は植民地帝国であった。しかも、ひょっとすると共和国原理の延長上に植民地帝国が築かれたのかもしれない。つまり共和国原理からの逸脱によって、たまたま歴史的偶然で植民地帝国が築かれたのではなく、もし共和国原理の延長上に植民地帝国が築かれたとすれば、共和国の抜本的な見直しをしなければならない。例えばヴィシー期が共和国の軌道から外れたアクシデントだったならば、反省して軌道修正すればいい。ところが最近、歴史家のジェラール・ノワリエルは『ヴィシーの共和国的起源』という本を書いている。ノワリエルは『フランスというるつぼ』を一九八九年に書いており、歴史学と社会学の統合をはかる優れた研究者で、アルチュセールの教えを受け、とくに市民権や難民の権利、移民問題を歴史的にあとづけている。

移民問題では日本にも滞在したことがあるパトリック・ヴェーユが知られている。ジョスパン内閣になってからの国籍法・移民関連法改正はパトリック・ヴェーユの報告書（一九九七年）がもとになっているが、彼は共和国的な移民統合方式を擁護する現実主義者である。ジェラール・ノワリエルは移民問題については、エチエンヌ・バリバールの立場に近い。バリバールは哲学者、ノワリエルは歴史社会学者なので、アプローチは違うが、発想はかなり近い。バリバールはフランスが植民地を失って三十年以上経った今日なお、共和国そのもののデコロニザシオン（脱植民地化）が必要だと主張している。ジェラール・ノワリエルの *Les origines républicaines de Vichy* という本は、ヴィシーはアクシデントではない、共和国の延長でヴィシーは生まれたというショッキングなテーゼを提起している。この問題を考える上で、われわれフランス研究者はフランス植民地主義の歴史をきちんと勉強しなければならない。(28) とくにポスト植民地時代になっても完全に払拭されていないコロニアリスムのイデオロギーを脱構築していく必要があるのではないか。フランスではいまアルジェリア戦争時代の組織的な拷問が改めて問題になっている。

私などは学生の頃からつい最近まで、共和国の何たるかを知らなかったし、ましてフランスが植民地帝国だったということはほとんど意識にのぼらなかった。『遙かなノートルダム』（一九六七年）の森有正にならいフランスにひたすら憧れて留学したような人間である。最後のサルトル世代と自任しているが、サルトルのアンガージュマンの重要課題だった植民地問題には関心が向かわず、六〇年代末に訳されていたフランツ・ファノンは素通りしていた。九〇年代になり日本でもポストコロニアルの意識が鮮明になり、今福龍太や西谷修がポストコロニアルとしてクレオールについて語りだした。一九九五年に『クレオールとは何か』の翻訳が出、西谷は見事な解説でクレオールの位置付けをしている。ポストコロニアルの契機として、つまり植民地帝国としての共和国を見直す重要な契機としてクレオールを批判的に読んでいる。ただし共和国原理のアシミラシオン（同化主義）は想像以上に強い力をもっていて、奴隷制植民地だったマルチニックのエメ・セゼールは、一九五〇年の『植民地主義論』[29]でヨーロッパの普遍主義が植民地主義を生んだと分析しているが、そのセゼールが第二次大戦後、共和国に同化する形で「海外県化」を主張したのは意味深い。独立するのではなく、共和国に同化することによって脱植民地化をはかる道をセゼールは選んだが、歴史的にそれ以外の選択肢は考えられなかったのだろう。ラファエル・コンフィアンなど後の世代に批判されるが、セゼールのような優れた詩人・思想家にまで共和国原理が浸透した、それほど強い同化力を共和国はもっている。[30]しかしノワリエルやバリバールは、人権概念の拡大をはかる一方、共和国の理念に照らして共和国の現実を批判する戦略をとっており、それが唯一可能な道ではないかと私は思っている。

〔付記〕本論は二〇〇〇年九月三十日、日仏政治学会の研究会で行った報告に大幅に加筆してなったものである。発表の機会をつくっていただいた渡辺啓貴氏と、コメントをいただいた萩野弘己氏ら出席者の方々に感謝したい。初出は中央大学『仏語仏文学研究』第三十三号（二〇〇一年三月）であるが、本論はさらに改稿し注を補っている。

（1）モーリス鈴木「グローバルな記憶・ナショナルな記述」『思想』一九九八年八月号。
（2）三浦《L'exception culturelle dans le choc des civilisations》, in *Enseignement du français au Japon*, 24, Association Japonaise des Professeurs de Français, 1996.「GATTウルグアイ・ラウンドにおけるAV「文化特例」をめぐる攻防」『EUの社会政策』日本EC学会年報第16号（一九九六年）、「フランスの「文化的例外」の闘いとその意味」『ヨーロッパ統合と日欧関係』（高柳先男編、中央大学出版部、一九九八年）など。
（3）とくに西川「国家イデオロギーとしての文明と文化」『思想』一九九三年五月号を参照。
（4）梶田『国際社会学のパースペクティヴ』東京大学出版会、一九九六年、六章など。
（5）西川『地球時代の民族＝文化理論』新曜社、一九九五年。
（6）Stanley Hoffmann, 《Quand la France tient la bride à ses vieux démons》, in *Esprit*, No.202, juin 1994.
（7）ピエール・ブルデュー「世界の真の帝王たちに問う」『世界』二〇〇〇年二月号。
（8）邦訳、岩波書店、一九八九年。
（9）邦訳、竹内書店新社、一九九二年。
（10）邦訳『大接戦：日米欧どこが勝つか』講談社、一九九二年。
（11）一九八九年四月パリで開かれた日米欧三極委員会を同時通訳ブースで聴講した筆者にとって、EC委員会委員長ジャック・ドロールの講演ではじめて耳にしたsubsidiarity概念（マーストリヒト条約で導入される「補完性原理」）と、ジャーナリストのジャン・ボワソナがフランス政治について行なった報告「フランス的例外の終わり？」が強く印象に残っている。そのテキストはJean Boissonat, 《La fin de l'exception française ?》として月刊誌

Revue des deux mondes に掲載されたと記憶する。他に「フランス的例外」については Régis Debray, «La laïcité, une exception française», in H. Bost (éd.), *Genèse et enjeux de la laïcité*, Genève, Labor et Fides, 1990 ; Philippe Séguin, «De l'exception française» in *Ce que j'ai dit*, Grasset, 1993 ; Elisabeth Badinter, «L'exception française», in *Le Débat*, No.87, nov.-déc. 1995. などを参照。

(12)「日本的特殊性」の否定論と肯定論の用語は、青木保の『「日本文化論」の変容』（中央公論社、一九九〇年）による。

(13) 邦訳、河出書房新社、一九八八年。

(14) Régis Debray, *Contretemps, Eloges des idéaux perdus*, coll. folio actuel, Gallimard, 1992.

(15) Dominique Schnapper, *La communauté des citoyens*, Gallimard, 1994 ; *id.*, «La neutralité religieuse de l'Etat, institution de tolérence», in Académie Universelle des Cultures, *L'intolérence*, Grasset, 1998.

(16) Michel Albert, «Le nouveau système-monde» (entretien), in *Le Débat*, No.97, nov.-déc. 1997.

(17) 邦訳、藤原書店、一九九九年。

(18) レジス・ドブレ著作選としてNTT出版から『メディオロジー宣言』『メディオロジー入門』『一般メディオロジー講義』の三冊が出ており、『イメージの生と死』の刊行が予告されている。

(19)『現代思想』一九九六年四月号、二〇〇〇年七月号を参照。

(20) 一九九九年夏にフランス南西部の町ミヨーのマクドナルドを襲い、同年十二月のWTOシアトル会議で一躍アンチ・グローバル化のシンボルになった農民運動の指導者ジョゼ・ボヴェも、この世代に属する。

(21) 海老坂『思想の冬の時代に』岩波書店、一九九二年。

(22) Hugues Jallon et Pierre Mounier, *Les enragés de la République*, Editions La Découverte, 1999.

(23) 中野「統合原理を模索するフランス」『現代ヨーロッパ社会論』（宮島喬編、人文書院、一九九八年）。

(24) その一冊が『虐げられた言語の復権』（邦訳、批評社、一九八七年）である。

(25) Pierre-André Taguieff, «Le néo-racisme différentialiste. Sur l'ambiguïté d'une évidence commune et ses effets pervers : l'éloge de la différence», in *Langage et Société*, No.34, déc. 1985.

(26) 長谷川は『立命館言語文化研究』に「共和制モデルとコルシカ・ナショナリズム」（第一〇巻第五、六合併号、一九九二年）など精力的にコルシカ研究を発表している。

(27) 樋口『近代国民国家の憲法構造』東京大学出版会、一九九四年。

(28) 筆者が糟谷啓介と編んだ『言語帝国主義とは何か』（藤原書店、二〇〇〇年）に「植民地時代とポスト植民地時代の言語支配」と「共和国の言語同化政策とフランコフォニー」の二論文を寄せた意図はまさにそこにある。

(29) 邦訳『帰郷ノート／植民地主義論』平凡社、一九九七年。

(30) フランスの「共和国」と日本の「天皇制」に対して「クレオール」がもつ思想的意味については、拙稿「日本はクレオール性の零度か？―新しい精神の三角貿易のために」『二〇世紀をいかに越えるか』（西川・姜・西編、平凡社、二〇〇〇年）を参照。

第III部

われらが生みだしたる憎悪
――国家間民族紛争への非決定論的アプローチ

モジュタバ・サドリア

序　論

近代の民族紛争は、国際関係論を学ぶ学生にとって最も関心の高いイシューの一つである。多くの深刻な紛争は、単に国際システムの性質だけでなく、国家の政治的経済的利害関係にも由来すると広く考えられてきた。しかしながら、従来の議論は、アイデンティティや共同体がもつ重要性をまったくといっていいほど考慮していない（Ryan 1988）、民族紛争が長期化する原因を突きとめることもできずにいる（Smith 1986：86）。いまや多民族的環境が世界政治の当たり前の状態になった。それにもかかわらず国家間の民族紛争の研究が十分になされていないという事実は、生起する現実に理論と政策が追いついていないことを示している（Gurr 1992；Midlarsky 1992；Smith 1993a）。

従来の民族紛争研究は国内の分析に焦点を当ててきたが、実際の民族紛争はしばしば国家という枠組みをはみだして拡散している（Chazan 1991；Heraclides 1991）。そのため、民族紛争の国際的意味はまだ十分に理解されていないのが現状である（Smith 1986；Ryan 1988；Azar 1990）。東ヨーロッパや第三世界の民族紛争は国際的な意味を持つが、現状ではそれを理解することは難しい。長期化する地域紛争や内戦への介入は、国内レベルと国際レベルの間に複雑な関係があることを示している（Ryan 1990a；Heraclides 1991）。またあまり注目されないが、人権問題、開発援助、難民問題なども国際紛争の原因として重要性を帯びてきている。

民族紛争は持続的で、悲痛なものである場合が多い。人々は、「自分の命を犠牲にし、互いに暴力を振るい合うこと」を覚悟で紛争に参加している。これは、理論的・政策的に緊急性を帯びた問題なのである。「合理的で平和的な解決」など不可能なようにも思える（Smith 1986：61）。急速で予測もしないような仕方で変化する現在において、こうした問題は非常に重要なものである。

本論では理論的・実践的な目的から、民族紛争の国際的次元についての研究を行う。第一に、国際関係論で民族紛争研究が疎かにされているという現状は修正していかなくてはならない。第二に、民族紛争と国家間紛争の因果関係をより正確に記述しなければならない。そのため、本論では民族紛争が国家間紛争に発展する条件を特定するモデルを展開する。第三に、民族紛争を管理し解決するための理論と政策を考える上で、民族紛争の国際的次元を説明するための包括的な研究が重要となる。政策研究から得られた結論を、民族紛争に影響を与える国際的条件・行動を特定するために用いることができる。国家の行動を国際システムの特性から決定論的にみちびきだす、国際関係論の支配的な理論の枠組みでは、民族紛争の国際的次元を十分に捉えることができない。既存の国際関係の理論に代わるオルタナティブな理論の可能性を提示することが本論の主要な目標となる。

本論では、第一節で国際関係論における民族紛争の研究が持つ問題点を簡単に検証する。そして第二節では、民族紛争と国家間紛争の関係をモデル化し、紛争の管理・解決に向けての洞察を与えてくれる諸理論を検討する。

第一章　従来の政策と理論の限界

1　政策の限界

政策の発展を妨げる要因として、紛争解決の技術・民族紛争に発展する可能性のある事例の多さ・安全性（security）の問題が挙げられる。第一の問題は、集合的アイデンティティのきわだった紛争を効果的に解決するための技術が存在していないということである。これは、平和的な解決を望まない国家または共同体が関与する場合に特にいえることである。ユーゴスラビアの最近の出来事は、そのことを裏付けている。スロヴェニアやクロアチアの分離主義勢力がはじめてユーゴスラビア国家に反旗を翻した時、国際社会は東西の勢力均衡に支えられた従来の枠組では紛争を管理することがもはや不可能になったと感じた。ユーゴスラビアの状況に、ヨーロッパ共同体（当時）やその他の西側諸国は適切に対応することができなかった。結果的に軍事行動によってベオグラードの中央政府が権力を剝奪されたことを受けて、国際社会は平和的な解決への希望を棄ててスロヴェニア、クロアチア、マケドニア、ボスニアの独立要求を受け入れる方向に向かったのである。現在バルカン地域は国際法上の空白状態にあり、諸外国はユーゴスラビアのマイノリティの自決を承認する形で一致している。しかしながら、こうした承認のプロセスを他の場所で起こった紛争にどのように反映させていくのか、また制裁や平和維持活動といった従来の紛争管理手段の有効性はどれくらいあるのかについては定かではない。このような地域紛争は、領土の不可侵性や内政不干渉といった国際政治の基本的な諸原則を問題化しているのである。

第二の要因は、民族紛争に発展する可能性のある事例が膨大に存在するということである。現在の「地政学地図」を見れば、そのことを実感できるだろう。世界一八四カ国のうち、民族的に同質的な国家はホンの一握りに過ぎない。いくつかの資料によれば、世界中に五、〇〇〇を越える少数民族が存在するという。「危機に瀕するマイノリティ・プロジェクト」（メリーランド大学）による最近の調査によれば、現在地球上で民族集団は少なくとも八十の長期紛争に関わっているとされる。また、二四〇を越える少数民族が自決を要求して強度の低い紛争に関与しているという（Gurr 1992）。

第三の要因は、一部の国家にとっての国際的な安全性（Posen 1993）の意味を再定義しなければならないということである。こうした国々では、国家の指導者が民族紛争に注意を向けることに対して反対をする。彼らは、そのことが多くの国家のリーダーシップ・統合性（integrity）・主権にとって脅威となり得ると反論している。ポーズン（Posen）が言うように、民族紛争は国家にとっての別種のセキュリティ・ジレンマを構成している。民族が国境を越えた形で一体感を持ったり、あるいは分裂したりすることは、国家にとって不安定要因となりうるからである。

政策の向上を阻害するいくつかの要因があることを説明してきたが、国家が民族紛争に関与する理由を理解することも必要となる。民族紛争への国家の関与を説明する新たな理論的アプローチが発展していけば、民族紛争を平和的に管理し成功裏に解決する方法が明らかになるだろう。

2　理論の限界

理論の発展が妨げられている要因の一つは、民族紛争と国家間紛争の因果関係について一致した見解がないことである。民族紛争はどのように国際紛争に発展するのだろうか？　幾人かの研究者が言うように、それは一国の内部で生起して対外紛争へと発展していくのだろうか（Welsh 1993）？　民族紛争は国家構造を弱体化させて、結果として外国の介入を招くのだろうか（Cooper & Berdal 1993）？　そのプロセスは複雑な相互作用を含むのだろうか？　おそらく、こうした問いに包括的に答えてくれる理論が必要になるだろう。例としてこの問題に関する初期の研究を見てみよう。サークとノーブル（Suhrke & Noble）（1977）は、八つの民族紛争の研究の中で、国内の民族紛争は国家間紛争の大きな要因ではないと結論付けた。しかし、最近では政治学者が初期の研究を再検証し、一国レベルの民族紛争が統制できないほど激しい国家間紛争に発展する可能性があるという議論を行っている（Heraclides 1991；Carment 1993）。

理論が抱える二つ目の限界は、民族紛争研究で用いられる分析のアプローチ・単位・レベルがそれぞれ異なることである。国際関係論では民族紛争を一般的に付帯現象（epiphenomenon）と考えている。つまり、民族紛争は、国家と国際システムの相互作用の副産物に過ぎないのである（Weiner 1992）。国際関係論は、国家と国際システムの相互作用のプロセスと、それが国家間関係に与えるインパクトを説明する。しかし、同時にまた国内的要因が果たす重要な役割についても説明しなければならない。

国内的要因を説明できないのは、国際関係論が「パラダイム上の盲点」を持つためである（Stavenhagen 1987）。この盲点は、国際関係論が国際システムに中心的な焦点を当てていることから生じる。一国内部で発生した民族紛争についての既存の知識を、国家間民族紛争——国際関係論では比較的研究の少ない領域であるが——の研究に用いたとき、この問題は特に深刻である。

第三の要因は、紛争の一般理論（現実主義と新自由主義の理論を含む）が民族紛争の国際的次元を説明するにはあまり適さないということである。現実主義と新自由主義という支配的パラダイムが抱える前提と、その長所・短所を再検討する必要がある（Jamese 1993）。以下でこれらを簡単に検証する。

3　国際関係論における民族紛争研究

(1)　新自由主義

新自由主義者であるジャクソンとローズバーグ（Jackson & Roseberg）は、アフリカの国境線が保持されていることを説明するために抑制国家（the inhibited state）の概念を用いた（Jackson and Roseberg 1982）。それによれば、アフリカの諸国家は国内の民族紛争にさらされると脆いので、国境線を変更する動きには支援を行わないのだとされる。それぞれの国家は民族紛争に対する脆さを抱えているので、それを抑制するための国際規則や制度が生まれた。そしてアフリカの諸国家がこれらを支持することで、この規範は強められているのである。抑制国家の概念はコヘイン（Keohane）（1986）の相互性（reciprocity）の概念と類似している。そこでは、国家の行動は他国の行動に依存すると考えられている。

諸国割拠の状態（バルカン化）になればアフリカの国境は不明確になるので、そうした事態を予防するために各国は協調することになるだろう。新自由主義者によると、単に当面の利害（他国の介入）だけではなく、将来的な利害（バルカン化の懸念）が危うくなった時にこそ各国は協調するという。ホロヴィッツ（Horowitz）（1985：275）も同様な見解を示している。彼は、「中央政府に代わって、国境を越えた民族的な連帯意識が分離主義を抑制したり、介入を促進したりするだろう。拡散やドミノ効果の脅威は広範囲に及んでいる」と主張する。国内の分裂は、結束の不十分さのあらわれであり、また国家の統一性に対する脅威である。そのため、これらの国家が対外政策上の目的を形成する際には、敏感性（sensitivity）がある。

国家は民族紛争が自らの安全性にとって脅威であるという感覚を持つが、それはある国家にとって現実のセキュリティー・ジレンマとなる。多民族国家は他国が寝返って、共通のセキュリティー・ジレンマを解決するための協力を拒むのではないかと気が気でない。この場合、寝返りとは他国の民族紛争を支援することを指しているが、新自由主義者はその過程に最も関心を持っている。裏切りや寝返りがあった場合には、裏切り者を制裁しなければならない。レジームや国際制度は、相互性を確実なものにするために裏切り者を監視するための手段と考えられている。

新自由主義は、弱国が民族紛争に介入しない理由を説明するには有効である。新自由主義によれば、分離主義紛争は、弱い多民族国家にとって脅威であるため、諸国家は相互に民族紛争に介入しないように取決めを行い協調すると考えられている。裏切れば制裁が科されるので、弱国は民族紛争に介入するインセンティブを持たないのだという。

しかし、このアプローチにはいくつかの欠点がある。第一に、国家がとる政策の多様性を説明することができない。実際には、他国の介入を受けやすくなるにもかかわらず、現在バルカンの多民族国家は激しい紛争に巻き込まれている。またアフリカでも、ソマリア統一運動の復活、チャドとリビアの紛争、外部のイスラム分離主義への支援などがみられる。

新自由主義では、なぜ多くの多民族国家が民族紛争に関与するのかを説明することが難しい。それは、国家の行動が主に他国政府との関係によって決定されると仮定しているためである。そこでは国境を越えた民族的な連帯意識と国内政治には、二次的な重要性しかあたえられていない。しかし、実際には民族紛争によって混乱状態にある国家にとって、対外関係は国内政治の延長として重要性をもつ。多くの国家が民族紛争に関与するのは、国境を越えた強い民族的連帯意識を持つためということもあるし、またある場合には内政上の理由から弱国に介入することもあるかもしれない。ほとんどの国家は、このように国境を越えた連帯意識や内政上の関心から、民族志向の対外政策をとるのである。

また、民族的に多様でない国家に新自由主義のアプローチを適用することは難しい。新自由主義の仮定に従えば、民族的に同質的な国家は多民族国家よりも戦争を好み、対外政策上の危険をおかす可能性が高いということになる。しかし、こうした仮定が妥当性を持つかどうかは疑わしい。

(2) 現実主義

現実主義は、アナーキーな国際システムと、それに結果する国家の相互作用が戦争や紛争の原因であると仮定している。しかし、これもまた実際の民族紛争の力学と矛盾するものである。ミアシャイマー(Mearsheimer)(1990)は、国家の指導者が熱狂的な民族感情に訴えるのは、国際環境の脅威に直面して人々を動員する必要性を感じたためであると主張する。また、国家が民族紛争を規制する能力を失えば外部の介入を招くおそれがあるため、問題は構造的なセキュリティ・ジレンマとなるという(Posen 1993)。この場合、民族紛争は二つの次元でセキュリティ・ジレンマを提示する。国内が分裂していたり国際的な民族的連帯意識をもったことの帰結として、攻撃的な行動にでる国家。内部の弱さが外部の関与から身を守る努力を導く国家。いずれの場合でも、セキュリティ・ジレンマは、現実主義が考えるようにシステム構造に内在するものではない。それは、民族の分断や民族の連帯意識という国家にとっての不安的要因が存在する時に、国内で発生した問題の帰結として生じるのである。多民族国家の指導者は、政治的反対者、あるいはより直接的に大衆からの圧力を受けることで、他国の指導者が脅威と感じたり、また別の場合にはすべての国家にとっての現実の不安定要因となるような状況に作用を及ぼしているのである。

また、国家の崩壊や民族の動員を説明するのに、地政学的な分析が行われている。ソ連の崩壊について、ウォーラー(Waller)(1992:43)は次のように述べる。「領域国家における政治的統治の正統性の源泉は征服である。しかし国家が大きくなるにつれて他国と衝突するようになると、拡大することによるコストが増大していく。そしてそのコストが増大するにつれ、過剰拡大、つまり[……]対外政策上の失敗を招く可能性も大きくなる。対外政策上の失敗をおかしたことによる主な帰結は、権力を持つ政治体制がその正統性を失うことである。それは政治過程において反対分子にチャンスを提供することになる」。従来の現実主義や地政学の見解によれば、民族紛争は国際環境の中で自らの安全性を国家が求めたことの帰結として生じる。しかし、この見解は半分しか当っていない。民族的な連帯意識や民族の分裂といった要因も、民族紛争への国家の関与を考える上で重要なのである。国家が民族紛争に関与するのは、それが対外的な安全性に対する直接的な脅威だからという理由だけではない。民族紛争への関与には、国境を越えた民族の連帯意識、国内の圧力、人道的な関心も関係しているのである。

この観点からソマリアへの国際的な関与を考えてみよう。こうした国際的行動が例外的なものなのか、それとも今後も行われていくのかについては広く議論されている。しかし、（現実主義者が仮定するように）ソマリアの氏族どうしの紛争は、合衆国や国連加盟国の直接的な安全保障上の脅威ではない。ソマリアへの関与は人道的支援をしたい、ソマリアの無政府状態を解決したい、ソマリアの国家を再構築したという願望のあらわれでもあるのである。ここで採られたあらゆる政策は、国連の行動によって促進されたもので規範的なものである。

国家が合理的な統一体であるという現実主義の仮定にも問題がある。現実主義は、国際システムにおいて合理的に行動する国家を強調する。しかしそれは、国内問題の重要性を過少評価している。実際には、指導者は説明責任（accountability）を有しているし、また彼らの行為が国内でどのように作用するかを考慮しなければならないのである（Bueno de Mesquita, Siverson & Woller 1992 ; James 1993）。

対外政策は、政治体制に脅威を与える民族集団を満足させるようなものでなければならない。国家指導者が民族感情に訴えることの戦略的重要性を考えると、それが国際システムに与える影響を分析しなければならない（Premdas 1991）。国内的次元で政策形成者の法的関心は、国際的次元によって押しつけられた制約に統合されなくてはならない。

ここでの議論を要約すると、国家間民族紛争は、システム構造に原因があるのではなく、国内的諸変数の相互作用によって引き起こされるといえるだろう。民族紛争は国際政治の法則に支配されるものではないのである。民族紛争の原因を国内的次元に求めることによって、それを予防したり鎮静化したりすることが可能になるのである。民族紛争の国内的側面を考慮せずに、システム構造からの説明だけで国家の行動を予測するような見方は限界がある。

確かに国家の境界は、国際システムとその主要な属性によって決定される（Brecher 1993；Posen 1993）。しかし、国家が何を、何故、どのように選択するかは、国内過程によって決定されるのである。

第二章　民族紛争へのアプローチ

1　本章の概要とアプローチ

本節では、民族紛争の国際的次元を説明する様々な理論を検証する。ここで扱う理論はそれぞれ、国内の民族紛争と国家間紛争の繋がりを示しており、それらは全て本論の分析にとって中心的なものである。それぞれの理論は、以下の三つのカテゴリーに分類される。

紛争拡大理論（Conflict Extension）
紛争相互作用理論（Conflict Interaction）
紛争変容理論（Conflict Transformation）

本節では、個々のアプローチの理論的・概念的長所や欠点について検討していく。分析する民族紛争のタイプ、分析の単位や次元、そして民族紛争の解決や管理の可能性をそれぞれ見ることによってその点を明らかにしていく。

2　紛争拡大理論

紛争拡大理論は、民族紛争と外部のアクターの関与の関係を説明するものである（Suhrke & Noble 1977；Heraclides 1991）。この理論の目的は、国内で発生した民族紛争（特に分離主義紛争）と国際紛争の関係を特定することである。紛争拡大理論は、紛争拡大の過程を説明する変数を選択して分析しているので（Starr 1990）、民族紛争を抑制・管理するために必要な諸要素を迅速に規定することができる。要するに、紛争拡大理論は、民族紛争の拡大を防ぐにはどうすればよいのかを説明してくれるのである（Hill & Rothchild 1992）。二つの分析の次元が、この理論にとって重要だと思われる。

一つ目は国家レベルの分析である。このレベルでの分析の主要な目的は、民族紛争に対応する際に外部の国家が持つ動機や目的、また外部の国家による介入が紛争の拡大に与えるインパクトを説明することである。紛争拡大理論は、本研究にとって本質的な意味を持つ。なぜならそれは、他国における民族紛争に直面した際に、国家がその対外政策を選択した理由を明確にしてくれるからである。国内の民族紛争の交渉者としての国家の役割についての説明が中心的に行われている。

紛争拡大理論の第二の目的は、他国の内政への関与のプロセスと関連したシステム・レベルでの条件を明確にすることである。この理論の提唱者は、国内の民族紛争を国家間紛争へと拡大させる構造的特性は何かについて考察している。そしてこの理論の第三の目的は、民族紛争の拡大を予防する適切な手段を考察することである。

こうした観点から紛争拡大理論は、マイノリティの自決原則などを含め現在の国際規範が、既存の紛争管理技術とともに改善されていくと仮定している（Ryan 1990a）。

(1) 分離主義紛争への介入

一つの国家にその起源をもつ分離主義紛争のほとんどが、国際的な意味合いを持っている（Heraclides 1991；Chazan 1991；de Silva & May 1991）。そして、外部の国家のとる行動が、分離主義紛争の力学やその解決に大きな影響を与えると考えられている。外部からの介入といっても介入するアクターの動機いかんによって、それが助長や拡散を通じて民族紛争を拡大する場合もあるし、また抑制のための共同努力によって拡大が妨げられることもある。外部の国家の政策形成者の動機を正確に説明するために、二つの変数が提示されている。まず、外部のアクターの目標や目的を説明するのに手段的動機（instrumental motivations）（民族的な絆をもたない）という概念が提示されている（Suhrke & Noble 1977）。他方、民族紛争に国家が関与する理由を説明するのに、情緒的動機（affective motivation）という概念が使われている（Suhrk & Noble 1977；Smith 1986：75；Chazan 1991）。

国家の政策形成に関して、民族紛争に関与する手段的動機には(a)国際的な政治的配慮、(b)経済的利得、(c)国内政治、(d)安全保障上の利害がある（Heraclides 1990）。

紛争拡大理論よれば、手段的動機だけでは民族紛争に関わる全てのアクターの行動を説明することができない（Heraclides 1990）。なぜならエリートによる政策形成の過程には、しばしば強力な情緒的要素が入り込むためである。情緒的動機には、(a)歴史的不正についての共通の考え方、(b)共通のアイデンティティ、(c)宗教的一体感、(d)共通のイデオロギー、(e)人種的・文化的一体感などがある。情緒的動機にはまた、人道的配慮も含まれる。この人道的配慮は、民族的な一体感がなくても発生する。しかし、人道的配慮が手段的動機に影響されることがあるかどうかは判断が難しい。例えば、人道的動機に動機付けられたとはいえ、ユーゴスラヴィアへの合衆国の関与も紛争拡大を防ぐ目的でなされたものなのである。

紛争拡大理論によれば、国家が単に情緒的動機だけで介入を実行することはほとんどない。それに対して手段的動機は、対外政策の導き手としてそれだけで機能することがあるという（Heraclides 1991）。第三者が介入する動機には、純粋に手段的なものと、手段的なものと情緒的なものが混合したものがあると考えられる（Suhrke & Noble 1977 : 1-15 ; Heraclides 1991）。しかし、手段的動機だけでは民族紛争の拡散を十分に説明することはできない。国境を越えた民族的一体感もまた、関与の動機を説明する重要な要因であるかもしれない。

この理論で重要な二つ目の点は、手段的動機と情緒的動機が組み合わさって第三者の関与の内容と次元が決定されるだろうということである。外部の国家は、モノを提供する。モノは、国家（政府）に対して供給される場合もあれば、分離主義勢力に対して供給される場合もある。提供されるモノの種類は資金・避難所・輸送経路などさまざまであるが、それらはいずれも紛争をエスカレートさせ、より広範囲に拡散させる可能性を持つ。ヘラクライデス（Heraclides）によれば、入手したモノのタイプいかんによって、分離主義紛争が拡散していくかどうかが決定される。外国の援助が効果的であればあるほど、分離主義紛争が成功を収める可能性は高い。しかし、外国からの援助が軍事的援助という形でなされる時、それが国家間紛争に発展する可能性が高まる。

ヘラクライデスは、情緒的動機からなされる支援は低次元のものになるだろうと指摘している。民族的一体感を共有する集団は、最低限の政治的・外交的支援は行なうだろう。しかし、それ以上のものを提供することはほとんどない。

それとは対照的に、手段的動機からなされた支援は、視野が広く効果的なものが多い。例えば、ある国家は、地域を不安定化する民族的反乱分子へ避難所の提供や軍事的支援を行ない、隣接国家の内部分裂を有利な形で利用するかもしれない。その場合それは情緒的な関心を超えているだろう。

情緒的動機と手段的動機の関係は、七段階の発展を通じて説明されている。外国の手段的動機が支配的であればあるほど、より高い次元（六か七）になると考えられる。

一　単純な業務上の関与
二　人道的関与
三　非軍事的関与
四　人的支援を伴わない軍事的関与
五　分離主義勢力の指揮下での外国での戦闘
六　政府に対する限定的な直接的軍事支援
七　内戦（侵略、戦争）への全面的軍事介入
（Heraclides 1991：49）

手段的動機から支援がなされる場合、それが政府への支援につながる傾向があることがここから理解できるだろう。つまり、国際システム内のほとんどの国家は、紛争拡大の予防に関心を持っているということである。他方、情緒的動機から支援がなされる場合、国家は介入するものの、それが自らの安全性の脅威にならないことが前提となっている。情緒的動機に導かれた国家は、一、二、三の次元で介入する傾向が強い。介入のコストは低いが、国家は連帯行動を表明することが保証されている。

つまり、国家は情緒的・手段的関心によって動機付けられるが、手段的関心に基づく場合は外国の直接的な関与を強化する可能性が高いということである。大きな外国の関与があれば、国家構造に対する支援と維持がそれ

だけ強くなる。国家が国家構造を守る目的で介入する時には、単に情緒的な関心に基づいてそうするわけではない。言いかえれば、分離主義勢力を排撃するための第三者の介入は、対外政策面での損得予測に結びついているのである。

この理論は、情緒的関心と手段的関心のどちらに動機付けられるにせよ、国家の介入は合理的な計算に基づいているという前提に立つ。情緒的に動機付けられる場合でも、エリートは関与することによるコストを計算するだろう。ある民族集団との結束を強調するのは、そのことによってコストが低くおさまるだろうと考えられているためである。つまり、政策形成者は、「安上がり」の外交を行なうことができるのである。特に資源を提供する意思も能力もないときには、国家は政治的あるいは外交的圧力をかけることで関与することになるかもしれない。この場合の支援は、一から三までの低レベルにとどまり、国家構造の変容が導かれることはないだろう。

一　人道的関心の表明
二　国家の領土保全を危機に曝すことなく、中央政府と反乱者との間の交渉による解決要求
三　両者間での制約のない平和的対話の要求
四　分離主義勢力の自決権を認める明確な声明
五　分離主義勢力を国家として認める

(Heraclides 1991：48)

冷戦期には、レベル四とレベル五の事例はほとんど見られなかった。紛争拡大理論によれば、それは諸国家が地域的・国際的安定の維持を望んでいたためだという。国家の分離などを含んだ形で根本的な解決をしようとし

ても、米ソの超大国がより穏やかな権力分割や紛争管理を望んだためにその解決案は潰されてしまうことが多かった。実際に一九四五年から八九年の間に、こうした現状を打破できたのはインドの介入を受けて成立したバングラデシュだけである。この時のインドの役割は決定的であり対外政策に対する幅広い配慮からなされていたが、これが成功した要因は地理的なものであった。実際にはすでにパキスタンの人々は分離した状態にあったのである。

対外政策形成における二つの動機の分析は、ここで二つの疑問を提起する。一つ目は、民族紛争の拡大を助長する特定のシステム諸要因は存在するのかどうかという問題である。そして二つ目は、どの要因がこの拡大のプロセスに関係しているのかという問題である。ここで、これらの疑問に答えるために、紛争拡大理論にとって欠かすことのできない構造的条件の分析に移ろう。

(2) 民族紛争拡散の構造的条件

紛争拡大理論によれば、民族紛争がシステムにとって重要性を持つかどうかは二つの構造的要因によって決定されるという。それは、関与の範囲（関与するアクターの数）と、そうした関与によって生じる国際関係の性質である。紛争の範囲と性質は、同時に複雑性を増大させ紛争を激化させる（Surke & Noble 1977）。したがって、多くの勢力の間で新たな紛争が頻発すれば、それだけ乗数効果は大きくなり、紛争がより不安定化することになる。そのため紛争を抑制する必要性が一層高まる。とりわけより広く対立的な国際関係のパターンと結びついている紛争の場合には、紛争が拡大する可能性が最も高いと考えられる（キプロスをめぐるトルコとギリシアの対立など）。そのため、国際システムは紛争管理に多くのエネルギーを費やすことになるだろう。同様に、二つ以上の国家が対立的に関与して単純にそのまま拡大していくような紛争の場合もまた注目に値する。しかしながら、そうした紛争がシステム・レベルにおける対立的な関係と直接結びついていなかったり、もしくはあまり多くの問題領域を含んでいないような場合、ここではあまり差し迫った問題とは考えない（例えば、イラン・イラク戦争の火種となった、イラクのクルド人勢力へのイラン側の支援）。また、直接的な軍事衝突へ発展することもなく「均衡状態の保たれた紛争」も、国際システムからの注目をあまり受けない。そこに含まれる問題がシステムにとって重要性を持たないために、それらが拡散する可能性は低い（例えば、ビルマの民族的反抗勢力に対するタイの支援）。同様に、このような紛争は、国家が紛争の抑制に成功することで、脅威はほとんどなくなり注意を引かなくなる（Surhke and Noble 1977）。

これらのうちでも前二者（「対立的な国際関係のパターンと結びついた紛争」と「二国以上が関与してそのまま拡大していくような紛争」）は、最も大きな危機を生む。外国が関与することで内部の緊張が高まり、それがやがて国際システム内の諸国家の間で大きな対立が発生することにつながるからである（Premdas 1991）。新たなアクターが紛争に参画した場合、その紛争は悪化・長期化し、様々な問題領域にまで拡大する。アラブとイスラエルの紛争はこの明らかな例である。両勢力の間で争われた紛争は、長期化するにつれ次第に強度を増し、より複雑化し拡大していった。その意味で、様々な問題と結びつくような民族紛争は、国際紛争の要素を含んでいるのである（Midlarsky 1992）。

構造分析は、諸国家がそのような政策を採用し支援を行なう理由を考える助けとなる。しかしながら、この理論は、国際システムにおいて国家間の対立が高次に達している時に、紛争が拡散すると仮定している。このアプローチは時間依存的といえるかもしれない。冷戦中は東西が対立関係にあったために、紛争拡大の可能性があった。この時期、米ソ間の紛争は抑制されていたが、国内紛争は抑制されていなかったので、いくつかの民族紛争が拡散した。冷戦の両陣営が、自分たちの対外政策目標を実現するために民族紛争を支援（あるいは抑制）してきたのかもしれない（つまり民族紛争を利用してきた）（Moynihan 1993）。しかし、東西の対立がなくなった今も民族紛争が継続している理由とその在り方については未だに明らかにされていない。

紛争拡大理論は、構造と政策形成者の動機を合わせたものと考えられているが、民族紛争の拡散をもたらす構造的条件と政策決定の情緒的・手段的動機の関係を過小評価するきらいがある。この理論は、個々の国家の政策決定者の動機を明らかにしてくれる。しかし、システム構造が国家の動機や利害とどのように相互作用しているのか、そして紛争がシステムにどのような影響を与えるのかについては正確な説明ができないのである。この問題は、一つには民族紛争に内在する政策形成の二つの動機にある。動機や利害は、構造的条件と、内政への配慮から生じる。例えば、手段的動機はより広範なシステム的・地域的配慮と国内の利害関心と結びついているし、情緒的動機は紛争における特定の諸問題と結びついている。

にもかかわらず、民族紛争は手段的動機と情緒的動機が重なり合った実践的配置状況の産物である。しかし、紛争の拡散を説明するには、これらの変数どうしの繋がりを一層正確に示す必要があるだろう。これと関連しているのは、エリートが紛争への突入を決定する際に国内政治が果たす役割である。大衆とエリートの相互作用効果とそれが集団や個人の決定に影響を与える際に果たす役割は重要であるにもかかわらず、これらの分析において見過ごされてきた。実際にエリートは手段的関心やより広範な対外的配慮によって動機付けられるが、大衆の行動は情緒的動機（象徴やイデオロギー）によって影響を受ける。

二つ目の問題は、この理論がもっぱら分離主義に基づいた民族紛争に焦点を当てているということである。選択された事例を見れば明らかであろう。分離主義紛争の研究から導き出された推論が、民族統一を目指した運動に適用できるかどうかは定かではない。しかしながら、この理論は様々なタイプの動機と民族紛争が導く結果との関係を明確にしており重要なものである。

(3) 紛争解決に向けて

民族紛争管理の理解について、紛争拡大理論はその手掛かりを国際法や国際秩序に関する先行理論から得ている（Miall 1992）。それによれば、国際法や武力を適切に用いることで民族紛争を管理することはできるが必ずしもそれが解決につながるとは限らない（Ryan 1990a）。民族紛争の管理は、国際法とそれを解釈・適用する司法機関にその根拠を持つ。構成諸国はこの目的のために軍事的な貢献を行い、多数派のルールに基づいた決定を下す。その結果、この理論は国内・国際の両次元において強者が解釈した共通善の概念を支持することとなる（Burton 1987）。

この理論は、一般的に次の前提を持つ。(a)資源不足は必然的に人間を紛争関係に陥らせる、(b)資源不足という基準によって民族紛争を客観的な観点から定義することができる、(c)紛争とは結果的に勝つか負けるかである、(d)国家の相対的権力や交渉力によって最終的な取り分の大きさが決まる、(e)攻撃には報酬や制裁で報いる（Rothman 1992；Homer-Dixon, Boutwell & Rathjens 1993）。

マイノリティが引き起こす紛争は、国家の結合性と地域の安全性に対する脅威であると考えられている（Birth 1989）。例として一九六一年に西イリアンで起きた危機について考えてみよう。それは西ニューギニアをめぐる論争から発生したもので、その起源は一九四九年のインドネシア独立に遡るものである。インドネシアは西イリアンをオランダの支配から解放するという決定を行ったが、その後紛争は危機的局面に突入する。当時のインドネシア指導者スカルノは、ソ連に政治的・軍事的支援を依頼した。それに対しオランダは、パプアの人々に自治権を認める新しいプランを前面に打ち出す。そして一九六一年九月、ついにインドネシア政府は西イリアンへの小規模の軍事侵入を実行する。これを受けた米国のケネディ大統領や国連事務総長ダグ・ハマーショルドの積極的な働きかけによって、オランダはパプアの自治権要求を撤回した。一九六二年八月十五日にオランダとインドネシアの間で協定が結ばれたが、それによって国連がオランダ軍の撤退を監視すること、一九六三年五月一日までにパプアをインドネシアに引き渡すこと、そしてそれまで国連がこの地域を統治することが取決められた（Brecher & Wilkenfeld 1988：237）。西イリアンをめぐる紛争が戦争に発展することは防ぐことができた。しかし、紛争そのものは未だに解決されていない。

この理論では、民族紛争への国際的関与を継続的に行うことで既存の紛争管理技術を改善していくことができると考えられている（Ryan 1990b）。ライアンは、和平監視役としての国連の役割を見直すことを求めている。そして、国連がより積極的に仲介・介入を行い、非合法国家に対する制裁措置をとるべきだと唱える（Ryan 1990a）。

紛争拡散のプロセスについて、「差別禁止およびマイノリティの保護に関する国連人権小委員会」（一九四七年）の役割の重要性が強調されている（Moynihan 1993）。自決に関する国連の宣言は、歴史的不正とアイデンティティへの脅威に対するマイノリティの訴えを支持するものとして頻繁に引用される。一般的に、国際共同体は民族の自決を、国家システムを崩壊させるものではなく「帝国主義」に対する防波堤として認識している。国連決議第一五一四（「植民地独立付与宣言」。一九六〇年十二月十四日、国連総会決議）は、自決を承認することのジレンマを明らかにしている。

(2)　すべての人民は自決の権利を有し（……）

(4)　従属下の人民が独立を達成する権利を平穏にかつ自由に行使しうるようにするため、かれらに向けられたあらゆる武力行動またはあらゆる種類の抑圧手段を停止し、かつ、かれらの領土保全を尊重するものとする。

(6)　国の国民的統一及び領土保全の一部または全部の破壊をめざすいかなる企図も、国際連合憲章の目的及び原則と両立しない。（Moynihan 1993：151　訳文の引用は、小田滋・石本泰雄編『解説条約集第８版』三省堂　一九九九

年一〇三頁)

「第三者」による民族紛争の管理についての研究は、自決権と国家保全の間に均衡点を見出す際に、複雑な問題があることを強調している。マイノリティの自決権を承認すれば国家構造を組み替えなければならなくなるし、逆に国家保全を優先させればマイノリティの自決権を剝奪することになるからである。例えば、失敗に終わった国内の「平和協定」(カナダ、キプロス、インド、スリランカ、スーダン)の研究の中で、Samarasingheとドゥ＝シルヴァ(de Silva)は、第三者がいなければ、既存の国家構造が変容する可能性は最小限にとどまるだろうと主張する。

第三者の関与といっても、関与の仕方によって二つの事態を導く可能性がある。西イリアンの危機が示すように、第三者が政府への支援を行う場合、分離主義集団と政府との間の紛争を部分的に低次に押さえることができる。逆に、独立を主張する側を支持する勢力と政府を支持する勢力の両方が国際社会に存在する場合、紛争が拡大する可能性は非常に高まる。後者は、ユーゴスラビアやその他の冷戦後の様々な事例を正確に表している。

冷戦中、民族紛争の管理は、ある目的のためになされた。一部の国家が拡張政策をとることを抑制し、民族紛争の拡大を防ぐことに国際的な努力が払われたのである。国際的な安定を維持することがシステム全体の関心事であった(Suhrke & Noble 1977; Brecher 1993; Moynihan 1993)。これに対して今日の紛争は、相互に対立する民族的アイデンティティと民族自決への要求を含んでいる場合が多い。相互に対立する主張がこのように向き合っている状況においてもなお、伝統的な知識体系の内部では、国際システム内部の国家主権・領土・独立と民族自決の原則を互いに両立させていくことが可能だと考えられているのである。

次節以降、システムと国家の相互作用を説明する別のアプローチを検証する。

3　紛争相互作用理論

二つ目の理論は、国内集団と国際システムの間に生起する相互作用のプロセスを検証している。十分とは言えないが、相互作用理論は本研究にとって中心的なものである。この理論は、国際社会が民族的マイノリティの自決を鼓舞することから生れた（Mayall 1990）。この理論の提唱者の幾人かは、民族的マイノリティは正義のために戦っているのだから勝利すべきであると主張している（Birch 1989）。また、「危険に直面しているマイノリティ」を認定しようという動機に駆られているものもいる（Gurr 1992）。相互作用のプロセスといっても、二つの側面がある。まず国家レベルにおいて相互作用理論は、国家の発展と民族集団の抵抗がどのような関係にあるのかを検証する。一体なぜ民族集団は国家構造に反旗を翻すのだろうか？　次に国際システムのレベルにおいて相互作用理論は、国際システムが国家レベルのプロセスとどのように結びついているのか検証する。一体システムはどのように国内の紛争を助長するのだろうか？

(1)　国家レベルの分析――民族集団の逆襲

相互作用理論の提唱者によれば、近代国家は同質的ではないにせよグローバルなものになったと考えられている（Burton 1986；Azar 1990；Gurr 1992；Smith 1993a）。多民族国家における国家構造の発展は、排除の感覚をうみだし、特定の民族集団の要求を体系的に否定するような社会的・政治的世界を形成してしまった。民族紛争は、こうした排除の感覚からうまれる。そして、それは介入や暴力という形をとる（Vayrynen 1991）。

これには二つの理由がある。第一が、国家と違って民族集団は外交官も武力も持たないために、暴力を通じて紛争を次第にエスカレートさせていかざるをえないということである。第二が、民族集団がアイデンティティ、集団の境界、集団内の結束を追求した結果として、武力闘争が生じるということである（Heraclides 1989；Gurr 1992）。武力紛争は既存の秩序に挑戦する一つの手段なのである。外国の支援を要求する政府にとっては、（国家の既存の権限を守る目的でなされる）反動的暴力（reactive violence）が国内政策の一つの手段となる。反体制的な民族集団にとっては，（彼らがかつて享受したことのない新しい権限を自分たちの手中におさめる目的でなされる）順行的暴力（proactive violence）が動員のための一つの手段となる。自分たちの目的を達成するために外部の支援を求めれば，それだけ両陣営のこうした行動は国際的次元を含むことになるだろう（Vayrynen 1991）。

簡潔にいうと，相互作用理論は，国家の発展と民族紛争のプロセスは相反する関係にあり，それが主な原因となって紛争を国際化させるのだと考えている。拡大理論では，紛争が国際システム——経済的・政治的発展段階の異なる複数の多民族国家から構成されている——に固有の特徴だとされる。しかしながら相互作用理論は，民族紛争の力学が民族集団の構造・特性・戦略に依存していると主張する。この理論は紛争拡大理論を反転させたものであり，外部のアクターの動機によりもむしろ国内のアクター（政府と民族集団）の利害・行動・特性が重視されるのである（Gurr 1991, 1992）。

これらを認識することはモデルを展開するにあたっての重要な出発点となる。おそらく外国が紛争に関与する動機も国内的要因も，ともに民族紛争の国際化に関する研究にとって重要なのであろう。

(2) システム・レベルの分析——グローバルな正統性を求めて

相互作用理論も，外部のアクターが関与する際の情緒的動機と手段的動機の違いを強調している。これら二つはともに，直接的あるいは間接的に民族紛争の拡大に影響を与えている。情緒的な側面に関しては，いくつかの注目すべき点がある。民族集団は国際的なフォーラムを通じて自分たちの要求が国際的に広まると，国内での動員が促進されると同時に国家の重要性や効力が弱まることを理解している。国内の民族集団を正統化するプロセスは，国内の民族が主張をするためのフォーラムを提供する超国家組織によって支えられているのである。特に，国際組織は人権支援を行うなど，民族の動員を促進し，自決要求に正統性を付与することができる（Horowetz

1985)。

民族集団による自決要求は国際社会からの反応を生起することがある（Gurr 1992）。実際にビアフラ、エチオピア、ソマリアの人権侵害は国連の監視団や、アムネスティ・インターナショナル、キリスト教会などの民間組織の関心を引きつけた（Premdas 1991）。

手段的な側面は、貿易や経済開発に対する支援が国内の様々な民族集団に与える差別的な態度と関連している（de Silva & May 1991）。実際にスリランカではＯＥＣＤ開発援助によって、セイロン人とタミール人の間で緊張が高まった。カナダ、西ドイツ、イギリスなどの産業諸国がマハウェリ・ダムの計画に関与したが、その地はスリランカ政府と現地のタミール人にとってそれぞれ重要な場所であった。スリランカ政府にとっては植民地化のために重要な土地であったし、他方、現地の農民にとっては生活のために重要な土地だった。結果的にこの援助計画は、政府と現地住民の間の緊張を高めたが、同時にタミール人の間に潜んでいた独立運動の機運を高めることとなった（Carment 1992）。

また、一九七七年、一九八一年、一九八三年の選挙後に勃発した暴動、人権侵害などの問題はタミール人に対する同情を世界中から集めた。そしてそれがきっかけとなって、多くの国際人権組織による現地調査が開始されることになったのである（Amnesty International 1982）。

相互作用理論と紛争拡大理論はいくつかの点で共通している。第一は、現状を維持することが困難な弱国を巻き込むと国際紛争に発展すると仮定しているということである。第二は、紛争の強度は、政府とマイノリティ集団の関係と、紛争に関与するアクターの種類によって決まると仮定していることである（Gurr 1992）。

他方で相互作用理論は、紛争拡大理論の考え方と根本的に対立している。第一に、相互作用理論は、国家が構成民族を支配する正統な政治的権威を有していれば、共通善の名において安定をもたらすことができると考えている。第二に、この理論は、国家に正統性がなければ強制が常態となると仮定している。このような場合、新たな紛争解決技術が必要となる。

(3) 紛争解決に向けて

相互作用理論によれば、国際社会は紛争に関わることで、単に紛争拡大に伴う問題を問いかけるだけでなく、紛争の根本原因を取り除くことができるしまたしなければならないとされる（Azar & Burton 1986 ; Azar 1990 ; Burton 1990 ; Rothman 1992 ; Smith 1993a）。紛争解決についてこの理論は次の三つの考えに基づいている

(a) 人間関係は社会的なものの（the social）交換に基づいている。
(b) 認識や関係を作りかえる価値のヒエラルキーが存在するために、紛争は主観的なものである。
(c) 紛争は勝つか負けるかである。しかし、紛争に関与したものにとってポジティブ・サムの結果を生むことがある。

当然のことながら、この理論の提唱者は、既存の民族紛争管理の仕方では民族紛争を解決することができないと説く。バートンによれば（1986）、力による交渉や調停という伝統的なプロセスは、紛争を長引かせる一つの理由となっているという。

バートンは、力まかせの紛争管理技術では根本的な解決を導き出すことができないと主張する。キプロスでの紛争管理の例をこの観点から考えてみよ。平和維持軍は、解決が難しい紛争を制度化してしまうきらいがある。主要な焦点は、紛争の性質や、（関与する勢力を理解することによる）紛争の解決方法におかれる。この点に関して、アザールは、人々のニーズと利害の間に区別を設けている。彼は、多くの紛争は民族的アイデンティティのような相互に還元・交渉不可能な価値を含んでいるために長期化するのだと主張した（Azar 1990）。

民族紛争の主な原因は、アイデンティティ、参加、安全性、その他の基本的ニーズなどの社会的目標をめぐる

諸問題にある。この点に関して、交渉不可能な諸価値と、取引可能な利益とでは重要な違いがある。古典的な考えでは、紛争は単に後者をめぐる争いであるとされる。重要な二つの点をここで指摘しておくが、第一に価値は感情的なものである（Boucher, Landis & Clark 1987)。第二に、価値は抽象的なものであり、その他のほとんどの概念を組織するイデオロギーとして作用する。ブッチャー、ランディス、クラークが言うように（1987：21)、「価値を持たないものなどほとんど存在しない。そのため、価値観の違いが大きい場合に、価値の対立をめぐる紛争に発展すると仮定することができるだろう」。

相互作用理論によれば、価値に基づいた紛争に付随する問題を考えるには、解決に向けた努力を、権力や利害に基づいた交渉関係の外部で、また国家機構の外部で行わなければならない（Azar & Burton 1986)。民族集団の指導者は、解決させることを確約せずに自発的に探求することが許されているのでなければならない（Azar & Burton 1986)。機能的協調に焦点を当てた脱中心的媒介構造は、協調と価値の共有を長期にわたって促進するために必要であろう。

要するに相互作用理論は、民族紛争理解の仕方だけでなく、国家・諸個人・共同体の相互作用の仕方の完全なパラダイム・シフトを必要としているのである。現在の国際制度がこのような問題を解決する能力を持つかどうかが問われているのである。また、この理論は、いったん価値やアイデンティティなど紛争の根本原因となったメカニズムが解明されれば民族紛争を解決することができると仮定している。その意味で、相互作用理論は、民族紛争の解決の可能性に関して比較的楽観的な見方をしているのである。

この仮定が正しければ、現在使われている民族紛争を管理・解決する手段（調停、平和維持活動、制裁を含む）を再検討する必要があるかもしれない。しかし、この理論が指し示す方向にそのまま進むわけにはいかないいくつかの理由がある。第一に、他に選択肢がない場合、民族集団の指導者はしばしば武力をもって戦うことがあるためである。同化政策や、最悪の場合大量殺戮が行われる（Carment 1993）。第二に、民族紛争は、紛争をさらに助長するような、いくつかの重なり合う問題を含んでいるためである。ある一つの問題（例えば、資源）をめぐる紛争が、その他の問題（例えば、領土）をめぐる紛争を助長することがある。第三に、民族的指導者は熱狂的な支持者に促されることがしばしばあるためである。そのため民族紛争でない紛争よりも、民族紛争はより長期化し、暴力的になる可能性を秘めている。またこれと関連した問題として、マイノリティの要求をのむことが自分たちの発展や安全目標と矛盾すると感じる国家エリートたちによって抵抗がなされる可能性もある。

また、国家や外部のアクター（国連など）は、今後も引き続き他国の内政に干渉しつづけるだろう。国家のパワー・地位・能力は、今後も不均衡な形で分配されるだろう。紛争は政治システムが変化することによって生じる現実の問題であり、国家は紛争に必ず関わってくるだろう。ほとんどの国家は反乱を抑制し民族紛争を押さえ込むための強制手段を今後も保持しつづけるだろう。このような理由から、国家指導者を交渉の席に含めることが必要である。核を持った大国が国内の対立に悩まされている現状を考えると、将来はより一層複雑である。

理論的な見地からすれば、相互作用理論は国際社会による民族紛争管理を再検証するための注目すべき議論を提供してくれる。それによれば、民族紛争を含め国家レベルでの変化は、システム全体がこうした問題と向き合って解決することができないために生じているという。既存のシステムの正統性や権威が変化しているのに、国際制度の効力は短期的に弱まっているといえるのである。結果的に生じる国家間・国内の緊張状態は、多くの面で世界規模での権威の危機と密接に関連している。そこでは、日々急速に展開している問題やアクターの動向に従来の規範がついていくことができなくなっているのである（Vayrynen 1991）。

民族集団によって様々な国内変化が引き起こされた結果、システムの主要アクターである国家が変化してきている。その結果として、争点の変化が起こっている。それは、システムの変化に伴う国際政治のアジェンダの変化を意味している。また、こうした変化は、ルールの変化を導いた。それは、国家が従うべき規範の再定義を意味している。多くの論者は、文明化（しばしば自由主義と等価にみられる）を通じて現在の権威の危機を克服することができると主張している（Russett 1990）。民族紛争についていえば、国家間の相互作用を規定している既存の規範を改善して、民主化に向けて進んでいくことが有益であろう。

結論として相互作用モデルは、民族紛争の根本的な原因が、新しいアイデンティティが形成され古いアイデンティティが刺激されることにあると仮定している。このプロセスにはいくつかの要因が関わっているが、国際システムの役割が重要である。ネーション形成と国家形成が同時になされることが、国民国家から民族国家へ移行する重要な転換点である。国家形成の強化プロセスは、民族の動員つまり民族自決の出発点としての役割を果たしているものと同じイデオロギー的基礎に依存していると考えられる。現在の国際制度がこのような問題を解決する能力を持つかどうかが問われているのである。最終的にこの理論は、いったん価値やアイデンティティなど紛争の根本原因となったメカニズムが解明されれば民族紛争を解決することができると仮定している。その意味で、相互作用理論は、民族紛争の解決の可能性に関して比較的楽観的な見方をしているのである。

4　紛争変容理論

(1)　国内紛争の外部化

紛争変容理論として知られる第三の理論は、国内紛争と対外紛争を体系的に結びつけることを目的としている（Suhrke & Noble 1977 ; Vayrynen 1991）。サークとノーブル（1977）以外にも、カーメント（Carment）ら（1992）による研究があるが、そうした研究の多くは民族紛争に分析の焦点を限定していないものの、国内の民族紛争と国家間紛争の繋がりを適切に理解する可能性をもつ。この国家中心アプローチは、国内レベルと国際レベルの事象を結合しており、「紛争連関（conflict linkage）」「紛争結合（conflict-cohesion）」などとも呼ばれている（James 1987）。それによれば、国内での紛争に苦しむ国家が他国との紛争に突入した場合、内部の結束力が強まると考えられている。なぜなら、自分たちの国家が侵略されることを避けるという、より高次の目的に向けて人々が互いの差異を忘れ去るからである。紛争変容理論は、民族紛争の拡大について楽観的な見方をしていない。この理論は、紛争は解決されるのではなく、たいていアクター、争点、作動様式の再定義を通じて別の形に姿を変えるのだと結論付ける。当初国内で発生し政府を脅かしていた紛争は、国際レベルでその形を変えて激しさを増すことがある。このように変容理論は、民族紛争と国際紛争の繋がりを別の角度から説明してくれる。例えば、民族統一を目標に争われる紛争では、独立国家を打ち立てる権利を主張することによってエリートは国内の紛争を国家間の民族紛争へ変容させようと試みるだろう（彼らの集団は明かに少数派なのだが）。この解釈は、情緒的動機よりもむしろ指導者が持つ手段的動機を強調したものである。

国際関係論では、国内紛争と対外紛争の繋がりに関するメタ理論が古くから展開されている。例えばレーニン（1951）は、帝国主義が大衆の注意を階級闘争からそらす働きをしたと主張する。その他の構造分析は、経済的従属国家は戦争を起こしやすいと主張する。特にライト（Wright）（1942）は、戦争を通じて国内安全保障上のニーズに訴えることがしばしばあると述べている。またコーザー（Coser）（1942）は、紛争によって結束力が高まるというテーゼを発展させた。それによれば、戦争とは国家が自らに対する反目を抑圧する機会であるとされる。しかしながら、政治科学においてこのテーゼを支持する研究はほとんど見られない。

理論と経験研究の隔たりはより多くの問題を孕んでいる。なぜなら、戦争をするという決定が国内の批判に直面している政治的エリートの政治的利害に影響されていることが歴史的に見て多いからである。例えば、ここ数百年の十三の「瀬戸際政策（Brinkmanship）」の危機に関するレボウ（Lebow）（1981）の研究は、それらが自分たちの政治的地位を強化することを望んだエリートの国内政治に対する脆弱感から引き起こされたことを明らかにしている。レヴィ（Levy）とジェイムズ（James）は、このような矛盾が、数量研究が持つ欠点に由来することを指摘している。

つまり、紛争の変容に関する経験研究の大半が、一貫した理論的枠組に導かれてこなかったのである。例えば、紛争結合についてのストール（Stohl）（1980）の包括的な研究は、理論的基礎が存在しないために事実と反する働きをしてきたことを証明した。

国内紛争と国家間紛争の繋がりを考える際には、繋がりといっても様々なタイプがあることを認識することが必要である。実際、国内的要因が対外紛争に与えるインパクトと、対外的要因が国内紛争に与えるインパクトの両方がある。ジヌ（Zinnes）（1980）、レヴィ（1989）、ジェイムズ（1987）は、これらの繋がりの区別を理論的・経験的に行う必要があると述べる。繋がりのメカニズムにはいくつかある。(1)対外紛争の国内化。そこでは、弱国は他国の介入を招く。ガール（Gurr）は、外国の介入によって国内の対立が一層悪化すると主張する。そして、貧しい国はより貧しくなり、不平等は一層拡大し、従属国家がより従属的になり、国内で暴力が蔓延する（Gurr 1980）。(2)国内紛争の対外化。これは、次の二点を含む。（a）二元的な勢力均衡の変化、（b）外国の介入。

対外紛争と国内紛争の繋がりを概念化することは困難である。すでに述べたように、研究結果が説得力を欠いたり矛盾していたりすることがその理由である。変容理論の研究結果が示すように、国内紛争と対外紛争の間には、時空を超えて適用できるような単純で明確な繋がりは存在しない。明白な繋がりがあるというテーゼを支持するような経験研究は、今のところ見られない。国際システムの構造的条件が紛争の行方に影響を与えることもある。このことはつまり、紛争が従属国で行われる可能性が高いことを示している。これらの国家の間には相互的な関係が存在するようである。例えば、国内紛争が対外紛争へと発展して、それがさらに国内紛争を増大することもあれば減少させることもある（Wilkenfeld 1968；Skocpol 1979；Levy 1989）。

簡潔に言えば、実際のプロセスはよりダイナミックで相互作用的で、因果関係が複雑であるにもかかわらず、使われている方法は静的で一方向的で、多様なあり方を分析できずにいる。統治構造、人口の多様性、要求、不安定性などの要素も用いて国内紛争を考えなければ、民族紛争がもつ現実の複雑なプロセスを理解することはできないだろう（Wilkenfeld 1973；James 1987）。

変容理論を使って全ての国際的な民族紛争を説明することは大きな問題である。なぜなら、国家間の民族紛争は一方向的ではないからである。国内に弱さを抱えている場合、介入を招くことがある。これまでの研究に基づくならば、対内的脅威が国家間民族紛争の唯一の要因であるという仮説を受け入れることは難しい。対外的な利害関心や民族的一体感もまた、行動に影響を与えることがあるかもしれないのである。

実際に、南アジア、東ヨーロッパ、アフリカの諸国は、国内問題に悩まされている。これらの国家の多くが、紛争の外部化が結束を促すとは言えないような国内状況に直面している。民族紛争が国家エリートを分断してしまうことで、政策決定が困難になり、危機が長期化し、国家が泥沼の戦争に突入し、その結果外国の介入を招くということもあるのである。

しかしながら、紛争変容理論は、民族紛争が拡大する理由を説明する可能性を持つ。おそらく、高度の暴力を伴った民族紛争――特にゲリラ運動を含んだ長期化した分離主義紛争――のいくつかは、同盟国の支持を受けたエリートの直接の反応を受けることになるだろう。さらに、体制がどれだけ安定しているかが、民族紛争の外部化の起こる可能性を決定するということもできるだろう。つまり、国家のリーダーシップが弱ければ、それだけ対外紛争が結果的に生じる可能性が大きいのである。

(2) 紛争解決に向けて

経験的な支えを欠き国内的要因にしか目を向けていないという問題点を持つものの、国内的圧力・国際紛争・国家安全保障の関係を明らかにしているという点で、紛争変容理論は本研究にとって重要なものである。アザールとムーン（Azar & Moon）（1988）が言うように、民族紛争の国際化のプロセスを理解するには、民族紛争に悩まされている国家の安全保障上のニーズを理解する必要がある。例えば、民族紛争に直面している国家は国内的に非常に脆弱であり、エリートとその支配下の住民の安全保障上のニーズが大きく異なるという問題がある。こうした弱さが国家間紛争へと発展する。民族集団が自らの目的のために紛争を引き起こしたり、あるいは国家が紛争を規制する正統性や能力をなくした時、そうなる可能性が高まる。いずれの場合でも、外部からの介入がなされるであろう。前者の場合、ある国家は、その国の政府と敵対している民族集団を支援するために介入するだろう。後者の場合、政府を支援する国家が介入するだろう。民族紛争の国際化のプロセスを理解するためには、システムの脆弱性などのエリートが直面する様々な脅威や、共同体の分裂や紛争の長期化などの社会の脅威を理解することが必要とされる（Posen 1993）。このような様々な脅威は明確に異なる次元に存在しているわけではなく、相互に密接に関連して相乗効果を生み出すのである。

この理論は、ある国家にとっての国際的な安全性の意味を再定義しなければならないと説く。民族紛争に注目することに反対している国家の指導者は、そのような考えを押しつけることが多くの国家のリーダーシップや結束にとって脅威となり得ると反論している。理論的にこうした問題に敏感であることは重要だが、主権の変容やマイノリティの自決など民族紛争の国際的帰結を明らかにすることも必要である。

この理論の二つ目の長所は、国内の構造的特性が民族紛争の国際化に関係していることを明らかにしていることである。それによれば、制度的制約を強く受けているエリートは、支持してほしい集団の利害に強く影響されるため、戦争を起こす理由が制度的制約の小さなエリートとは異なる。彼らにとっては対外紛争が機能的で積極的な役割を持つために、エリートが戦争という手段を選択することもある。この機能的な役割は、国内紛争と国家間紛争の因果関係によって明らかにされる。国際紛争に発展した国内紛争が、ある条件の下では国内の結束力を強めるのに積極的な効果をもつことが指摘されている。

この議論は、紛争が解決可能であるという考えと根本的に異なるものである。紛争は解決されるのではなく、新たな形態へと変容するのである（紛争の外部化）。そのため、新たな問題がきわだち、紛争が拡大する。

相互作用理論の結論で述べたように、新しい国家が国内紛争を効果的に対処できるようになるまでには、たいてい時間が必要である。（新しいレジームや国家など）エリートが国内の圧力の影響を敏感に受ける場合に、民族紛争が顕著に見られる。つまり国家安全保障に対する対内的制約の重要性を強調している点で、紛争変容理論は民族紛争研究の現在にとって重要である。

もちろん問題もいくつかある。紛争の外部化を説明するなかでその因果関係が理論的に示されたが、それが民族紛争の実際のケースと一致しないという重要な問題がある。実際には、多くの民族紛争は「プッシュ要因」ではなく「プル要因」が原因で国家間紛争へと発展する（「プッシュ要因」とは外部の国家が紛争に自分から積極的に関与することを意味し、「プル要因」とは逆にそれに引き寄せられることを意味する）。また、これに関連した問題として、すでに指摘したように民族紛争に悩む国家の住民は多くの忠誠心を持つ。このような状況にある多民族国家では、紛争の外部化によって市民的結合性や体制への忠誠が発生することはほとんどないのである。この点に関して、コーザー（1956）は、外部化を社会内部の結合力の程度の関数であると表現した。結合力が小さいと、外部化は逆効果になる。コーザーによれば、その関係は曲線的であり、結合力が低すぎると外部化は行えない。あまりにも深く分断してしまっているため、多民族国家は外部化によって注意をそらすことはできない。紛争によって内部の結合力が高まるという考え方は、結合力が非常に高いレベルにある場合や非常に低いレベルにある場合ではなく、（むしろこれらの場合、紛争は結合力を高める働きをしない）、中レベルの場合に当てはまるのである。結局エリートがあまりに分断してしまっていると、注意をそらすためのメカニズムをもはや使うことができないのである。

最後の重要な批判は、国内紛争と対外紛争の間に客観的な（実際の）関係が存在しないと仮定されていることである。それによれば、国内紛争は、対外紛争と客観的に結びついている必要はないという。これは紛争変容理論のまさに基本的な考え方であり、国内紛争と対外紛争は直接的な繋がりがあると主張する紛争拡大理論や相互作用理論と立場を異にする。両者の繋がりは、政策決定者の情緒的動機か、あるいは超国家的民族集団の支援かによって明かになると考えられている。

まとめ

以上本論では、国家間民族紛争に関する理解を促進することを目的として、理論的考察を展開した。これからますます激化していくであろう民族紛争を予防するためにも、民族紛争の国際的次元の研究を包括的に進めていくことが要請されるだろう。第二章では、第一章で説明した既存の国際関係論の限界を克服するための三つの理論（紛争拡大理論・紛争相互作用理論・紛争変容理論）を検証した。本論で提示した三つの理論は、国際関係論における主流理論の限界をのりこえて、国境を越えて拡大していく民族紛争の複雑なプロセスを包括的に説明してくれる可能性をもつ。国家の行動を国際システムの性質から一方的に説明することで国際関係論が決定論的(deterministic)な見方を採用してしまっているのに対して、これら三つの理論は国家間民族紛争への非決定論的な見方を支持しているのである。これらの理論は十分なものとは言い難いが、民族紛争をよりよく理解しそれを予防するための洞察を与えてくれるものである。最後に、本論で分析した三つの理論を簡単にまとめておく。

まず、紛争拡大理論の主要な目的は二つ存在する。国家レベルでは民族紛争に対応する際の外部の国家の動機や目標、そして外国の介入が紛争の拡大に与える影響を説明することである。第二の目的は、紛争を拡大させる構造的特性を特定することである。手段的変数は、外部のアクターが持つ目的や動機を説明するために提示された。また情緒的変数は、国家が民族紛争に関与する理由を説明するために使われた。これらの変数を明らかにすることで、国家が様々な理由から行動しているということが示唆される。どちらか一方だけではなく手段的動機と情緒的動機を合わせて考えることで、第三者が関与する次元や可能性について説明することができるのである。

紛争相互作用のプロセスは、国民集団と国際システムの間で発生する。理論的な見地から言うと、この理論では、システムを超えた繋がりは国際システムが民族的マイノリティに肩入れしたことから生じるとされる。相互作用理論の主要な貢献もまた二つある。一つは、国家の発展とマイノリティの自決は相容れないものであり、このことが紛争の国際化を招く原因であることを明かにしたことである。第二は、アナーキーな国際システムにおいては、中心的・正統的パワーが存在しないために国家間民族紛争が発生するということを明らかにしたことである。

実際に、自分たちのアイデンティティが否認され安全性が付与されず、事実上参加することができないということが、民族的マイノリティの反乱を促進する。システムの次元から見ると、国際システムによって民族集団が体系的に否認され、また外部の勢力によって民族共同体が操られているために、マイノリティの要求は弱められてしまうのである。

紛争変容理論は、国内紛争と対外紛争の変化を体系的に関連付けようと試みている。この理論によれば、外部に共通の敵を見出すことでエリートが国内紛争を外部化すると考えられている。外部からのより大きな脅威に立ち向かうために自らの内部の差異を忘れ去った時、国内の結束性は強まるといわれている。国内紛争と対外紛争を必然的に結びつけて考える必要はないのである。

これら三つの理論は重要な点をいくつか挙げている。それらは単独では説明能力を重要なところで欠いているものの、それぞれ国内紛争と国際紛争の関係の一つの側面を見ぬいている。第一に、民族紛争と国際紛争の関係を説明するには、紛争拡大理論や相互作用理論が強調するように、情緒的利害と手段的利害の連関がどのような役割を果たしているのかを説明できなければならない。第二に、相互作用理論が強調するように、民族志向の目的を追求している国家が国際システムに対してどのような反応を示すか、また様々な国内構造によって民族紛争がどのように規定されるのかということを説明できなければならない。最後に、紛争変容理論が示したように、エリートと大衆の相互作用と、国内変数の説明能力を説明できなければならない。

本論で使用した「民族」、「民族的」という語は、原文ではそれぞれethnicity、ethnicと表記されている。なお、タイトル中の「民族紛争」は、ethnic conflictの訳である。近年では、「エスニシティ」、「エスニック」とそのままカタカナ表記することも多いが、本文では「民族」、「民族的」という訳語を一貫して採用した。

サドリア教授は、民族集団の特性を属性的で排他的（ascriptive and exclusive）と規定している。そして、民族の継続性は、諸価値やアイデンティティに支えられた境界が維持されているかどうかにかかっているとされる。また教授によれば、民族は、以下の六つの基準のうちどれか一つ、あるいはそれ以上に自らを帰属させることでアイデンティティを形成する。その六つの基準とは以下の通りである。(1)人種（皮膚の色、背丈、顔、髪質などの共通の遺伝的特性）、(2)血縁関係（氏族・種族・国民によって主張される血の繋がりや共通の先祖）、(3)宗教（同種の社会的忠誠としての宗教)、(4)言語(コミュニケーションの手段としての、また民族的文化的アイデンティティの象徴としての言語)。(5)慣習的な生活様式(例えばジャワ人やベンガリ人は、自分たちが隣の民族より優れた慣習や文化を持った民族と考え、そのことを誇りにしている)、(6)地域主義(明確な地理上の地域をもつために、人々の集団は統一されている)。=訳者註=

Bibliography

Azar, Edward. 1990. *The Management of Protracted Social Conflict* Aldershot : Dartmouth Publishing.

Azar, Edward & John Burton, eds. 1986. *International Conflict Resolution* Boulder : Lynne Rienner.

Azar, Edward & Chung-in Moon. 1988. *National Security in the Third World : The Management of Internal and External Threats.* Aldershot, England : Edward Elgar.

Birch, Anthony Harold. 1989 *Nationalism and National Integration* London : Unwin-Hyman

Boucher, Jerry ; Dan Landis & Karen Arnold Clark, eds. 1987. *Ethnic Conflict : International Perspectives* London : Sage.

Brecher, Michael. 1993. *Crises in World Politics.* Oxford : Pergamon Press.

Brecher, Michael ; Jonathan Wilkenfeld & Sheila Moser. 1988. *Crises in the Twentieth Century vols.* 1 and 2. Oxford : Pergamon Press.

Bueno de Mesquita, Bruce ; Randy Siverson & Gary Woller 1992. "War and the Fate of Regimes : A Comparative Analysis", *American Political Science Review*, vol. 86, pp. 638-646.

Burton, John W. 1990. *Conflict : Human Needs Theory.* New York, NY : St Martin's Press.

Burton, John. 1987. "The International Conflict Resolution Priorities" *Forum* Peace Institute Reporter, June, pp. 5-12.

Burton, John. 1986. "The History of International Conflict Resolution". Azar, Edward E. & John W. Burton, eds. *International Conflict Resolution.* Boulder, CO : Lynne Rienner, pp. 28-40.

Carment, David B. 1993. "The International Dimensions of Ethnic Conflict : Concepts Indicators and Theory", *Journal of Peace Research*, vol. 30, no. 2, May. pp. 137-150.

Carment, David B. 1992. "Les dimensions internes des comportements en temps de crise : etude de cas entre l'Inde et le Sri Lanka, 1983-1990", *Etudes Internationales*, vol. 23, no. 2, June. pp. 253-276.

Chazan, Naomi, ed. 1991 *Irredentism and International Politics.* Boulder, CO : Lynne Rienner.

Cooper, Robert & Robert Berdal. 1993. "Outside Intervention in Ethnic Conflict", *Survival*, vol. 35, no. 1, pp. 118-142

Coser, Louis. 1956. *The Functions of Social Conflict.* New York, NY : Glencoe Free Press.

De Silva, K. M. & Ronald J. May, eds. 1991. *Internationalization of Ethnic Conflict.* London : Pinter Publishers.

Gurr, Ted Roert. 1992. "The Internationalization of Protracted Communal Conflicts Since 1945 : Which Groups, Where and How". Midlarsky, Manus I. ed. *The Internationalization of Communal Strife.* London : Routledge, pp. 4-24.

Gurr, Ted Robert. 1991. "Minorities at Risk : The Dynamics of Ethnopolitical Mobilization and Conflict, 1945-1990". International Studies Association Annual Meeting, Vancouver.

Gurr, Ted R. ed. 1980. *Handbook of Political Conflict : Theory and Research.* New York, NY : Free Press.

Heraclides, Alexis. 1991. *The Self-Determination of Minorities in International Politics.* Portland, Oregon : Frank Cass.

Heraclides, Alexis. 1990. "Secessionist Minorities and External Involvement", *International Organization*, vol. 44, no. 3, pp. 341-378.

Heraclides, Alexis. 1989. "Conflict Resolution, Ethnonationalism and the Middle-East Impasse", *Journal of Peace*

Research, vol. 26, no. 2, pp. 197-212

Hill, Stuart & Donald Rothchild. 1992. "The Impact of Regime on the Diffusion of Political Conflict". Midlarsky, Manus I. ed. *The Internationalization of Communal Strife*. London : Routledge, pp. 189-203.

Homer-Dixon, Thomas ; Jeffrey H. Boutwell & George W. Rathjens. 1993. "Environmental Change and Violent Conflict", *Scientific American*, February. pp. 38-45.

Horowitz, Donald. 1985. *Ethnic Groups in Conflict*. Berkeley, CA : University of California Press.

Jackson, Robert H. and Carl G. Rosberg. 1982. "Why Africa's Weak State's Persist : The Empirical and the Juridical in Statehood". *World Politics*, vol. 35, no. 1, pp. 1-24.

James, Partick. 1993. "Structural Realism as a Research Enterprise : Toward Elaborated Structural Realism", *International Political Science Review*, vol. 14, pp. 123-148.

James, Patrick. 1987. "Conflict and Cohesion : A Review of the Literature and Recommendations for Future Research", *Cooperation and Conflict*, vol. 22, no. 1, pp. 21-33.

Keohane, Robert O. 1986. "Reciprocity in *International Relations", International Organization*, vol. 40, pp. 1-27.

Lebow, Richard. 1981. *Between Peace and War : The Nature of International Crisis*. Baltimore : Johns Hopkins University Press.

Lenin, Vladimir I. 1951. *Critical Remarks the national Question*. Moscow, Progress.

Levy, Jack S. 1989. "The Diversionary Theory of War : A Critique", Midlarsky, Manus I. ed. *Handbook of War Studies*. Boston, MA : Unwin Hyman, pp. 259-288.

Mayall, James. 1990. *Nationalism and International Society*. New York : Cambridge University Press.

Mearsheimer, John. 1990. "Back to the Future : Instability in Europe after the Cold War", *International Security*, vol. 15, pp. 5-56.

Miall, Hugh. 1992. *The Peacemarkers : Peaceful Settlement of Disputes Since 1945*. London : St Martin's Press.

Moynihan, Daniel Patrick. 1993. *Pandaemonium : Ethnicity in International Politics*. Toronto : Oxford University Press.

Posen, Barry. 1993. "The Security Dilemma and Ethnic Conflict", *Survival*, vol. 35, no. 1, pp. 27-47.

Premdas, Ralph R. 1991. "The Internationalization of Ethnic Conflict : Some Theoretical Explorations", K. M. de Silva & Ronald J. May eds. *Internationalization of Ethnic Conflict*. London : Pinter Publishers, pp. 10-25.

Rothman, Jay. 1992. *From Confrontation to Cooperation : Resolving Ethnic and Regional Conflict*. Newbury Park, CA : Sage.

Russett, Bruce. 1990. *Controlling the Sword : The Democratic Governance of National Security*. Cambridge, MA : Harvard Press.

Ryan, Stephen. 1990a. *Ethnic Conflict and International Relations* Brookfield, VT : Gower.

Ryan, Stephen. 1990b. "Ethnic Conflict and the United Nations", *Ethnic and Racial Studies*, vol. 13, no. 1, pp. 25-49.

Ryan, Stephen. 1988. "Emerging Ethnic Conflict : The Neglected International Dimension", *Review of International Studies*, vol. 14, pp. 161-177.

Skocpol, Theda. 1979. *States and Social Revolution : A Comparative Analysis of France, Russia and China*. Cambridge : Cambridge University Press.

Smith, Anthony D. 1993. "A Europe of Nations or the Nation of Europe", *Journal of Peace Research*, vol. 30, no. 2, May, pp. 129-135.

Smith, Anthony D. 1986. "Conflict and Collective Identity : Class, Ethnic and Nation", Edward Azar & John Burton, eds. *International Conflict Resolution*. Boulder : Lynne Rienner, pp. 63-84.

Starr, Harvey. 1990. "Modelling the Internal-External Linkage : Rethinking the Relationship Between Revolution,

War and Change", American Political Science Association Annual Meeting.

Stavenhagen, Rodolfo. 1987. "Ethnocide or Ethnodevelopment: the New Challenge", *Development : Seeds of Change*, vol. 1, pp. 74-81.

Stohl, Michael. 1980. "The Nexus of Civil and International Conflict", Gurr, Ted R. ed. *Handbook of Political Conflict*. New York: The Free Press, pp. 297-330.

Suhrke, Astri & Lela Garner Noble, eds. 1977. *Ethnic Conflict and International Relations*. New York: Praeger Publishers.

Vayrynen, Raimo, ed. 1991. *New Directions in Conflict Theory : Conflict Resolution and Conflict Transformation*. Newbury Park, California: Sage.

Waller, David V. 1992. "Ethnic Mobilization and Geopolitics in the Soviet Union: Towards a Theoretical Understanding", *Journal of Political and Military Sociology*, vol. 28, Summer, pp. 37-62.

Weiner, Myron. 1992. "Peoples and States in a New Ethnic Order?", *Third World Quarterly*, vol. 13, no. 2, pp. 317-333.

Welsh, David. 1993. "Domestic Politics and Ethnic Conflict", *Survival*, vol. 35, no. 1, pp. 63-80.

Wilkenfeld, Jonathan, ed. 1973. *Conflict Behaviour and Linkage Politics*. New York: David McKay.

Wilkenfeld, Jonathan. 1968. "Domestic and Foreign Conflict Behaviour of Naitions" *Journal of Peace Research*, vol. 5, no. 1, pp. 56-69.

Wright, Quincy. 1942. *A Study of War*, 2 vols. Chicago: University of Chicago Press.

Zinnes, Dina. 1980. "Why War, Evidence on the Outbreak of International Conflict", Gurr, Ted R. ed. *Handbook of Political Conflict*. New York: Free Press, pp. 331-360.

（訳・石塚輝紀＝中央大学大学院総合政策研究科博士前期課程）

民族問題は人類のアポリアか？

——ローザ・ルクセンブルクの『民族問題と自治』をめぐって

伊藤成彦

〈ブルジョアジーの歴史的・階級的な使命、課題とは、近代的な「国民」国家の創出であり、これに対して、プロレタリアートの歴史的な任務は、社会主義制度を導入するために、プロレタリアート自らが意識ある階級として生を享けた資本主義の政治形態であるこの国家を廃絶することである〉（ローザ・ルクセンブルク『民族問題と自治』）(1)

〈自治のみが、種々の民族が結集して、その地域の経済的・社会的利害を共同で解決することを可能にし、また他方、各郡、各自治体で、諸民族間の多様な関係を自然な仕方で考量することを可能にするのである〉（同）(2)

はじめに——冷戦終結・社会主義体制の崩壊と民族問題の台頭

一九八〇年代後半、ソ連におけるペレストロイカの試行とともに進行した米ソ対立＝冷戦体制の終焉過程は、同時にソ連社会主義を中心とした「社会主義体制」の崩壊をもたらした。その崩壊の後に現れたのは、ソ連・東欧社会主義体制を構成してきた諸民族の分離・自立であったが、特に社会主義体制の下で連邦を構成してきたソ連とユーゴスラビアでは、諸民族が分離・自立によって期待されたような独立と自由の享受に向かわずに、ロシア・チェチェン戦争やユーゴスラビア連邦共和国を構成してきたセルビア・クロアチア・ボスニア・アルバニアなど諸民族間の、血で血を洗う激烈な地域戦争に至った。それは民族問題の「台頭」どころか、民族主義の「爆発」とも言うべき状態をもたらし、一九九九年の「コソボ紛争」「ユーゴ戦争」を経てなお、解決への見通しを見出すには至っていない。

一方、冷戦体制の狭間で、「西側の一員」としてアメリカに追随して、専ら経済的利潤の追求に終始して「経済大国」の幻想を享受してきた日本は、冷戦の終結後、バブル経済の崩壊による「経済大国幻想」の消滅とともに、戦争責任への反省を拒否する「自虐史観論」の台頭や、一九九九年の第百四十五国会における「周辺事態法」や「国旗・国歌法」(日の丸・君が代法)の制定に端的に見られるように、軍事化と民族主義への傾斜を深めて、アジアの諸民族にとって新たな脅威となりつつある。

今日における民族主義の現れ方はこのように多様だが、このように多様に現出する民族主義を統一的に見る理論的視座が、社会主義体制の崩壊とともに急速に失われ、そのことがまた民族主義の「台頭」や「爆発」をもたらす一因をなしているように思われる。民族問題に関する理論・歴史研究において、民族問題を「アポリア」とみる見方が散見される(3)一因もそこに伏在するように思われる。しかし民族問題を「アポリア」とみることは、解決不能として突き放して、解決を諦めることを意味するが、それは研究者の取るべき態度ではあるまい。

これまで民族問題と総合的・理論的に取り組んできたのは、一方では、他民族を侵略・支配してきた植民地帝国の支配者であり、他方では、労働者の国際的な連帯・解放によって社会主義・共産主義の世界的な確立を目指したマルクス主義者であった。植民地帝国主義者の研究は、他民族支配をいっそう有効に進める目的をもって行われた研究であって、民族問題の解決を目指したものではないので、そのままでは民族問題の解決には役立たない。マルクス主義者が民族問題と取り組んだのは、「万国の労働者よ、団結せよ」という国際主義の立場から社会主義の確立を目指すためには、まず民族問題と取り組んで、その解決を目指さねばならなかったからだ。そして、民族問題があらためて多様に現れ、民族主義の「爆発」をもたらしている今日、依然として一考に値するのは、これらマルクス主義者たちの民族問題研究の遺産である。

マルクス主義者としては、オーストリア社会民主党の理論家オットー・バウアー（Otto Bauer 1881-1938）、ドイツ社会民主党の理論家カール・カウツキー（Karl Kautsky 1854-1938）、ポーランド王国地域社会民主党・ドイツ社会民主党・ロシア社会民主労働党に所属して活動した女性社会主義者ローザ・ルクセンブルク（Rosa Luxemburg 1870-1919）、ロシア社会民主労働党の創設者でロシア革命の指導者レーニン（Wladimir Iljitsch Lenin 1870-1924）等の業績が今日なお顧みるに足る。それらマルクス主義者の中で、ここではローザ・ルクセンブルクの民族問題に関する主著『民族問題と自治』（1908-1909）[4]を中心において、民族問題の本質とその解決を考察する。

（1） Róża Luksemburg : "Kwestja narodowościowa i autonomja. 2. Państwa narodowe a proletariat". Przegłąnd Socjaldemokratyczny, 1908, Nr. 7. S. 603. 邦訳『民族問題と自治』（加藤一夫・川名隆史訳、論創社、一九八四年）七三―七四頁。

（2） tamże, 5. Narodowość i autonomja. Przegłąnd Socjaldemokratyczny, 1908, Nr. 10. S. 813. 邦訳、前掲書、一九八頁。

（3） たとえば、加藤一夫『アポリアとしての民族問題。ローザ・ルクセンブルクとインターナショナリズム』（社会評論社、一九九一年）。丸山敬一編『民族問題　現代のアポリア』（ナカニシヤ出版、一九九七年）。

（4） 『民族問題と自治』（"Kwestja narodowościowa i autonomja"）は、ローザ・ルクセンブルクが一八九四年にヨギヘス、マルフレフスキなどと設立したポーランド王国地域社会民主党（SDKP、一九〇〇年にリトアニアの社会主義者を加えてポーランド王国地域・リトアニア社会民主党＝SDKPiLに発展）の理論機関誌『社会民主主義評論』（Przegląd Socjaldemokratyczny）に一九〇八―〇九年の二年間に次のように連載された。

第一章「諸民族の自決権」（Prawo narodów do stanowienia o sobie）一九〇八年八月、第六号

第二章「民族国家とプロレタリアート」（Państwa narodowe a proletariat）一九〇八年九月、第七号

第三章「連邦制、中央集権制、地方分立主義」（Federacja, centralizacja i partykularyzm）一九〇八年十月―十一月、第八・九合併号

第四章「中央集権制と自治」（Centralizatja i samorząd）一九〇八年十二月、第一〇号

第五章「民族と自治」（Narodowość i autonomja）一九〇九年六月、第一二号

第六章「ポーランド王国の自治」（Autonomja Królewstwa Polskiego）一九〇九年九月、第一四・一五合併号

この論文はこのような形で発表されたが、その後にポーランドでは一書に纏められたことはなく、第二次大戦後に第一章だけが、Róża Luksemburg, Wybór Pism t. 1-2（1959）の第二巻に収録された。

ポーランド以外では、西ドイツで第一章だけがドイツ語訳されてRosa Luxemburg, “Internationalismus und Klassenkampf. Herausgegeben und eingeleitet von Jürgen Hentze”. Sammlung Luchterhand 41. 1971. に収録され、フランスでは、Georges Haupt, Michael Lowy, Claudie Weill, “Les marxistes et la question nationale 1848-1914”. françois maspero. 1974 に第一章のごく一部が抄訳されて紹介された。

英語圏では、アメリカで社会主義者ホレース・B・デーヴィス（Horace B. Davis）が、第五章までを英訳して“The National Question, selected writing by Rosa Luxemburg, edited and with an introduction by Horace B. Davis”. NewYork, Monthly Review Press, 1967 として出版された。

日本では、第一章がドイツ語訳を基にして翻訳されて『マルクス主義と民族問題』（丸山敬一訳、福村出版、一九七四年）に収められ、その後ポーランド語のテキストに基づく世界初の完訳版が『民族問題と自治』（加藤一

夫・川名隆史訳、論創社、一九八四）年として出版された。

中国では、第一章だけが「民族問題与自治」として中国語訳され、『卢森堡文选』下巻（人民出版社、一九九〇年）に収録された。

また冷戦終結後の民族問題台頭の中でデーヴィスの英語訳を基にしたスペイン語訳が Rosa Luxemburg, "La Cuestión Nacional". Traducción y prólogo de María José Aubet, El viejo topo 1998. として出版されている。

第一章　ローザ・ルクセンブルクの民族理論の特徴

『民族問題と自治』におけるローザ・ルクセンブルクの民族理論の第一の特徴は、ロシア社会民主労働党がその綱領第九条に掲げていた「民族自決権」（国家を構成するあらゆる民族に対する自決権の承認）を、「この公式は、プロレタリアートの日々の政策に何らの実践的指針を与えないし、民族問題についても何ら実際的な解決法を与えない」[1]、「民族自決権という公式は、結局のところ、民族問題における政治的かつ綱領的な指針ではなく、ある種の問題の回避でしかない」[2]と真正面から否定したことだ。

では何故ローザ・ルクセンブルクは、「民族自決権という公式」は、「民族問題について何ら実際的な解決法を与えない」ばかりでなく、「問題の回避でしかない」と考えたのだろうか。

ローザ・ルクセンブルクはこう問いかける――「〈民族〉が自決の〈権利〉を持つべきだという。だがいったい〈民族〉とは誰で、誰が〈民族〉とその意思を代弁する力をもち、誰がそのような〈権利〉を持っているのか？」[3][4]と。さらに彼女は問う――「自分たちこそが何をおいてもまさに〈国民（民族）〉の意思の代弁者であって、他の政党はみな国民の意思を歪曲し偽造しているにすぎないと主張しないような政党が一つとしてあるだろうか？」[5]。

そしてローザ・ルクセンブルクはポーランドの例を挙げて、〈国民（民族）〉の実態を次のように指摘する。「ポーランドでは、黒百人組の政党である〈国民（民族）民主党〉が国民（民族）を借用し、〈民族自決権〉の名の下に「民族的な」労働者に社会主義的労働者を暗殺するようにけしかけた」[6]と。

つまりNaród（民族・国民）という概念は「ブルジョア・イデオロギーのカテゴリーの一つ」であって、「階級社会には、社会的・政治的に統一的な全体としての〈国民（民族）〉などというものは存在しない」[7]からだ、と。

確かに「国民」あるいは「民族」は、実態の曖昧な抽象的な概念だ。しかし「民族問題」は厳然として存在している。では、ローザ・ルクセンブルクは「民族問題」の本質をどのように見ていたのか。

「民族問題」の本質についてローザ・ルクセンブルクは主張する――「民族問題は、社会民主党にとっては、他のすべての社会的・政治的な問題と同様に、階級利害の問題なのである」[8]。だから「〈労働の権利〉という言葉がむなしく響かなくなるような社会体制になって初めて、〈民族自決権〉は空文句であることをやめるであろう」[9]と。

言い換えれば、「〈民族自決権〉はブルジョア社会ではまったく実現不可能で、社会主義体制という基盤の上でのみ実現可能な理念を形而上学的に定式化したものにすぎない」[10]。したがって「プロレタリアートの階級政党である社会民主党の任務は、民族自決権を実現することではなく、もっぱら働く階級の自決権、搾取され抑圧される階級、すなわちプロレタリアートの自決権を実現すること」[11]で、労働者階級が自決権を獲得した時に初めて民族自決権もまた実現する、というのがローザ・ルクセンブルクの基本的な考え方であった。

ローザ・ルクセンブルクはこうした基本的な立場に立って、とりわけポーランド国家の形成を目指す独立運動に一貫して強く反対した。

ローザ・ルクセンブルクがポーランドの独立運動に強く反対した理由は、二つの側面から考えられる。第一の側面は、近代の「国民国家」一般に対するローザ・ルクセンブルクの強い不信である。ローザ・ルクセンブルクにとって近代の「国民国家」とは、内に労働者階級と少数民族を抑圧し、外に弱小民族を侵略・支配・搾取する帝国主義国家に他ならなかったからだ。だからローザ・ルクセンブルクは近代の「国民国家」の実態を次のように描いた。

「近代国家の内容と本質を成しているのは、〈民族〉の自由でも独立でもなく、単にブルジョアジーの階級支配、関税政策、間接税、軍国主義、戦争、征服にすぎない。国民国家のこの凶暴な歴史的実体をイデオロギーの薄いヴェールで、すなわち〈民族の自由と独立〉というスローガンのまったく否定的なおめでたさで隠蔽することが、ブルジョア・イデオロギーのもっともな、当時としては実入りの多い階級的な傾向であった」[12]。

「大資本主義国家にとって、国際市場での生存競争、世界政策、植民地領有が必然であり、まさにそのように展開しているのだという観点に立てば、〈現代の諸条件のもとでの自らの課題〉、すなわち資本主義的搾取の要請に〈最もうまく合致している〉のは、カウツキーが主張するような〈国民国家〉ではなく、征服国家なのである」[13]。

そしてローザ・ルクセンブルクは、そのような「征服国家」の実例として、「ヨーロッパおよび全世界のあらゆる場所で、民族抑圧を行っている国家」としてイギリスとドイツ、さらには「化膿した傷として黒人抑圧を内部にかかえながら、アジアの諸民族を征服しつつある」北アメリカ合州国をあげていた[14]。同時にローザ・ルクセンブルクは、現在は被抑圧民族として独立を求めているポーランド民族自身が、一旦国家を形成すれば他民族を抑圧する可能性があることを次のように指摘していた――「わざわざ遠い所にまで事例を求めるまでもない。わがポーランドのブルジョア民族主義が、はっきりとルテニア人とリトアニア人に敵対している。プロイセンとロシアという分割国により、最も苛酷な絶滅政策を被っているその民族自身が、他の民族に対しては自立的に存在する権利を拒絶するのである」と。[15]

「民族自決権」とそれが目指す「国家的独立」に対するローザ・ルクセンブルクのこのような見方は、ローザ・ルクセンブルク個人を超えて、ポーランド労働運動の中で形成された見方でもあった。

（1） "Kwestja narodowościowa i autonomja", 1. Prawo narodów do stanowienia o sobie. in : Róża Luksemburg, "Wybór Pism t. 2 (1959), S. 122. 邦訳『民族問題と自治』一〇頁。

（2） Tamże, S. 123. 邦訳、同前一二頁。

（3） ポーランド語のNaródを日本語に訳する場合には、「国民」とも「民族」とも訳せる。『民族問題と自治』の訳者たちは、ローザ・ルクセンブルクは「国民国家の形成主体たるNaródと多民族国家の構成要素としてのnarodowośćとをある程度区別している」と見て、『民族問題と自治』の第一章の表題を「諸国民の自治権」と訳している。しかし日本語では「国民」とは「国の民」を意味し、「国家」の存在を前提としている。したがって、諸民族の間での国家の形成をめぐる権利が論じられている本書の第一章の表題は、国家形成以前の「諸民族の自治権」と訳すべきであろう、と私は思う。このようにNaród, Narodowośćを日本語に訳する場合に、「国民」と「民族」は文脈によっては意味、ニュアンスが異なってくるので、ここではその都度、文脈に応じて使い分け、あるいは「国民（民族）」と表記することとする。

（4） Tamże, S. 153. 邦訳　四六頁。

（5） Tamże, S. 153-154. 邦訳　四六頁。

（6） Tamże, S. 154. 邦訳　四七頁。

（7） Tamże, S. 147-148. 邦訳　四〇頁。

(8) Tamże, S. 150. 邦訳 四二―四三頁。
(9) Tamże, S. 151. 邦訳 四三頁。
(10) Tamże, S. 152. 邦訳 四五頁。
(11) Tamże, S. 153. 邦訳 四五頁。
(12) Przegląd Socjaldemokratyczny. 2. Pañstwa narodowe a proletariat. Nr. 7. 1908, S. 606. 邦訳、七七頁。
(13) Róża Luksemburg, "Kwestja narodowościowa i autonomja", 1. Prawo narodów do stanowienia o sobie. in: "Wybór Pism t. 2 (1959), S. 143. 邦訳『民族問題と自治』三五頁。
(14) Tamże, S. 143. 同前。
(15) Przegląd Socjaldemokratyczny. 2. Pañstwa narodowe a proletariat. Nr. 7. 1908. S. 602. 同前七一―七二頁。

第二章　ローザ・ルクセンブルクの民族理論の背景

1　**民族主義か、国際主義か――ポーランド社会主義運動の二つの潮流**

ポーランドは十八世紀末にロシア・オーストリア・プロイセンの三国によって三度（一七七二年、一七九三年、一七九五年）にわたって分割され、その上ナポレオン戦争後に、一八一五年のウィーン会議で四度目の分割を受けたために、一八三〇年十一月の十一月蜂起をはじめ、十九世紀を通じて民族独立・国家再興への試みが繰り返され、その民族運動はポーランドでは伝統と同時に伝説ともなってきた。しかし一八六一年にロシア全土で農奴解放が行われ（ロシア支配下のポーランド王国地域では一八六四年）、一八七〇年代にはロシア支配下のポーランドでも本格的な資本主義発展が始まり、民族主義運動と並んで社会主義運動が生まれてきた。

一八七六年にロシアから追われてきたルドヴィク・ヴァリンスキ（Ludwik Warynski 1856-1889）、スタニスワフ・メンデルソン（Stanislaw Mendelson 1857-1913）らの青年がワルシャワで社会主義的サークルを結成し、ヴァリンスキは一八七八年にプロレタリアートの国際連帯による社会主義の確立を主張した「ブリュッセル綱領」を発表し、一八七九年にはジュネーブでメンデルソンとともに亡命ポーランド人の新聞「平等 Rôwność」を創刊、翌一八八〇年十一月二十九日にジュネーブでその「平等 Rôwność」の主催で十一月蜂起五十周年記念集会を開催した。ところがヴァリンスキはこの記念集会で「国際社会主義革命のために」「労働者の世界社会主義共和国のために」という国際主義のスローガンを掲げてポーランド独立のスローガンを外したために、ボレスワフ・リマノフスキ（Boleslaw Limanowski 1835-1935）らの民族派は反発して、一八八一年にジュネーブで「ポーランドの民 Lud Polski」を結成し、「愛国主義と社会主義 Patriotyzm i socjalizm」と題したパンフレットを発行して民族運動と社会主義運動の結合を主張した。

一方ヴァリンスキは一八八一年年末にワルシャワに帰り、一八八二年八月に「国際社会主義プロレタリアート党 Partia Proletariat」（第一次プロレタリアート党あるいは大プロレタリアート党とも呼ばれる）を結成し、九月一日に「社会革命プロレタリアート党労働者委員会のアピール」を発表して、「ポーランド民族よりももっと不幸な民族がいる。それはプロレタリアートという民族だ」と労働運動の国際連帯を主張し、一八八一年にツアー・アレキサンドル二世を暗殺した「人民の意志」派との連帯を強調し、こうしてポーランド社会主義運動の中に民族派と国際連帯派の二潮流が形成され、以後対立を深めることとなる。

プロレタリアート党は一八八四年にロシアの「人民の意志」派とパリで協力協定を結んだが、その夏、指導部が一挙に逮捕され、二十九人が軍法会議にかけられて有罪の宣告を受けた。そして一八八六年一月にワルシャワ監獄に一八六四年以来はじめて絞首台が立てられて、四人の指導者が絞首刑に処せられ、終身刑の判決を受けたヴァリンスキは、悪名高いシュリュッセルベルク監獄に送られて一八八九年に獄死した。

プロレタリアート党はこのように大弾圧を受けたが、一八八七年にはマルチン・カスプシャク（Marcin Kasprzak 1860-1905）を中心に再建準備が行われ、一八八八年に第二次プロレタリアート党が結成された。ローザ・ルクセンブルクはワルシャワ女子第二高等女学校在学中からカスプシャク・グループと接触していたが、一八八七年に卒業と同時に第二次プロレタリアート党の秘密活動を手伝って結成に参加した。しかし、逮捕の危険が迫ったためにカスプシャクの計らいで一八八九年にスイスに亡命、当時女子学生を入学させた唯一の大学であったチューリヒ大学に入学した。

その年ワルシャワで、ユリアン・マルフレフスキ（Julian Marchlewski 1866-1925）、アドルフ・ヴァルシャフスキ（Adolf Warszawski 1868-1937）、ブロニスワフ・ヴェソヲフスキ（Bronislaw Wesolowski 1870-1919）らが、ストライキ基金組織のために合法的な労働運動組織として「ポーランド労働者同盟 Związek Robotnikow Polskich-ZRP」を結成してポーランド労働運動は飛躍的に発展し、一八九〇年五月にはポーランド初のメーデーが行われて一万人が参加、一八九二年のメーデーにはウジで八万人の労働者が参加し、厳しい弾圧に対して四日間のストライキで抵抗した。しかしこの闘いの弾圧のために、プロレタリアート党も労働者同盟も活動不能の状態に追い込まれた。

一方、一八九〇年に社会主義者鎮圧法が廃止されたドイツでは、同年十二月にベルリンで、ドイツ社会民主党の指導下にプロイセン支配地域のポーランド人社会主義者の組織として、「ポーランド社会主義者同盟」が結成され、一八九二年にはオーストリアのルヴフでイグナツィ・ダシンスキ（Ignacy Daszynski 1866-1930）らによってオーストリア社会民主党の一部としてオーストリア支配地域のポーランド人社会主義者からなるガリチア社会民主党が結成された。

ポーランド王国地域での労働運動の高揚と弾圧、プロイセン・オーストリア支配地域でのポーランド人社会主義者の組織の結成を背景に、一八九二年十一月十七日にパリで、リマノフスキ、メンデルソンらの呼びかけで、社会主義的な統一組織の結成を目指して、十八人の在外ポーランド人社会主義者の合同会議が行われて、「ポーランド人社会主義者在外同盟 Związek Zagraniczny Socjalistow Polskich-ZZSP」が結成され、リマノフスキが議長となり、メンデルソンが、「自立的民主共和国ポーランド」としてポーランドの国家の再興を中心スローガンとする綱領案を起草した。そして翌一八九三年一月にメンデルソンがワルシャワに赴いて、ZZSPが目指したポーランド社会党(Polska Partia Socjalistyczna-PPS)の結成を策し、二月―三月にプロレタリアート党と労働者同盟のメンバーが合体してPPSを構成した。しかしその後、王国地域の労働者が信頼し尊敬していたカスプシャクをメンデルソンが民族派の機関紙で「ロシアのスパイ」と中傷していることが分かってメンデルソンら在外民族派への不信を深めて、ZZSPが用意していた綱領を拒否した。そのためにZZSPは六月にタデウシュ・ヴォイチェホフスキ(Tadeusz Wojciechowski 1838-1919)をヴィルノに送って、ピウスツキ(Jósef Piłsudski 1867-1935)らのPPSリトアニア支部と「PPS第一回大会」を行って、八月にチューリヒで開催される社会主義インター第三回大会への代表権をZZSPに委任することを決議した。その後七月に、このヴィルノ会議の概要とZZSPへの社会主義インター第三回大会への代表権の委任決定を伝えた新聞『曙光』が王国地域に届くや、ワルシャワのPPSグループは七月二十三日に会議を開いてチューリヒに亡命したマルフレフスキに社会主義インター第三回大会への代表権を委任することを決定した。

一方、チューリヒに行ったマルフレフスキは、ローザ・ルクセンブルク、ヨギヘス(Leon Jogiches 1867-1919)と「ポーランド王国社会民主党 Socjaldemokracja Królestwa Polskiego-SDKP」在外グループを結成し、その機関紙として七月にパリで『労働問題 Sprawa Robotnicza』を創刊した。そしてその直後にローザ・ルクセンブルクと一緒に『労働問題』を発刊したヴァルシャフスキ夫人がワルシャワを訪ねて七月三十日にPPSグループにそのことを報告した。その集会でPPSを「ポーランド社会民主党 Socjal-Demokracja Polska」と改称すること、及び『労働問題』を機関紙とすることが決定された。さらに八月にはローザ・ルクセンブルクら『労働問題』編集部との間で協定を結んだ際に、「ポーランド王国社会民主党 Socjal demokracja Królestwa Polskiego-SDKP」という党名を初めて用い、ローザ・ルクセンブルクに社会主義インター第三回大会への代表権を委任することを決定した。

こうしてローザ・ルクセンブルクは、一八九三年八月六日—十二日にチューリヒの音楽ホールで開催された社会主義インター第三回大会の国際舞台に二十三歳で登場することとなったのであった。

2　社会主義インター第三回（チューリヒ）大会での対立

ローザ・ルクセンブルクは、一八九三年八月に社会主義インター第三回大会に初参加した時から、一貫して、大プロレタリアート党以来のポーランド社会主義運動における国際主義の立場を代表していた。設立間もないSDKPとその機関紙『労働問題』を代表して登場したローザ・ルクセンブルクは、ZZSP代表という形ですでに社会主義インター内に席を占めていたメンデルソン、ダシンスキなど九人の民族主義派と代表権を争ったが、彼らはマルクス、エンゲルスからの支援を後ろ楯にして社会主義インターの指導者たちと親交があり、とくにメンデルソンはロシアのプレハーノフと、ダシンスキはオーストリア社会民主党のヴィクトール・アトラーと親しかったので、国際的に全く無名であったローザ・ルクセンブルクとマルフレフスキは最初から不利な立場にあった。しかし「当時二十三歳であったローザは（中略）小柄で、華奢で、身体の欠陥をうまくかくすサマードレスを着て、鋭い眼とはげしい言葉で自己の代表権を主張したので、なみいるものたちは圧倒され、魅了され、手をあげて彼女の代表権を承認した」[1]とベルギーの社会主義者エミール・ヴァンデルヴェルデ（Emile Vandervelde 1866-1938）が間違って記憶していたように、ローザたちは結果的には票決で破れたとはいえ、国別投票で九対七（棄権三）[2]という成果をあげたのであった。

この大会にローザ・ルクセンブルクがポーランド社会主義運動を代表して行うために用意した報告を結ぶ次の文章は、民族問題に対する彼女の立場を鮮明に示していた。

「独立ポーランドを再興する綱領は、現実を考慮していないので、プロレタリアートの要求に合致した政治活動を創り出すことは出来ない。ポーランド三（被支配）国の労働者階級に共通の政治的最低綱領というものは、第一の国は普通選挙権を含む比較的広い政治的自由を持ち、第二の国は政治的権利が乏しく、普通選挙権をこれから闘い取るべきところであり、第三の国は完全に絶対主義の軛の下にあり、労働者党の政治活動は常に所与の政治的条件に応じなければならないので、そういう統一綱領は実際上不可能だ」。

「現実の諸関係に基づく政治活動は、今日ガリツィアのプロレタリアートにとっては、全オーストリアのプロレタリアートとともに普通選挙権を目指す共同闘争を闘うことであり、ポーゼンとシュレージエンのプロレタリアートにとっては、ドイツ社会民主党と政治的綱領を共にすることであり、ロシア支配下ポーランドのプロレタリアートにとっては、その現実の生活条件に応じてロシア帝国の全プロレタリアートに共通のスローガンである〈絶対主義の打倒〉を唱えることだ」。

「この綱領こそが結局、労働者階級を社会主義の勝利へと真っ直ぐに導き、同時にポーランド民族へのあらゆる支配と圧政をも最終的に廃止して、あらゆる文化的抑圧の根源を絶つ時を近づけるものである」[3]。

ポーランド独立の再興こそがポーランドの社会主義をもたらし、ポーランドの社会問題（階級問題）を解決する条件だ、という民族派ZZSPの主張に対して、ローザ・ルクセンブルクは社会主義インター第三回大会で、ポーランド三（被支配）国（オーストリア・プロイセン・ロシア）それぞれのポーランド人労働者がそれぞれの地域の労働運動に一体化して、政治的自由と社会主義を目指すことがポーランド民族の解放につながるというSDKPの綱領の路線を示したのであった。

一八九三年八月の社会主義インター第三回大会では、ローザ・ルクセンブルクは代表権を否認されたが、それはポーランド社会主義運動内の民族派と国際派の国際舞台における対決の幕開けを意味したものに他ならなかった。彼女は代表権を否認されたとはいえ、ローザ・ルクセンブルクの演説は、ヴァンデルヴェルデだけでなく、例えばドイツ社会民主党の理論機関誌『ディ・ノイエ・ツァイト』(Die Neue Zeit) を主宰していたカール・カウツキーにも、「ローザ・ルクセンブルクは入ってきた時から皆の注目を引き、彼女の主張は好意的な同意や、部分的には熱狂的な称賛を受けると同時に、彼女が闘いの相手とした者たちからは激しい憎悪を呼んだ(4)」と後に回想したような強い印象を与えたのであった。

☆第二章1の記述に利用した参考文献を以下にあげておく。

• Stefan Kieniewicz, "Historia Polski 1795—1918", Państwowe Wydawnictwo Naukowe, Warszwa 1970. 邦訳『ポーランド』（ステファン・キェニェヴィチ編、加藤一夫・水島孝生共訳、恒文社、一九八六年）

• M. K. Dziewanowski, "The Communist Party of Poland. An Outline of History". Harvard University Press, 1959.

・"Socjaldemokracja Królestwa Polskiego i Litwy. Materialy i Dokumenty. Tom I. 1893-1903. Wydali H. Buczek i F. Tych. Książka i Wiedza, 1957.
・Annelies Laschitza, "Im Lebensrausch, trotz alledem Rosa Luxemburg. Eine Biographie". Aufbau-Verlag, 1996.
・Peter Nettl, "Rosa Luxemburg". Kiepenheuer & Witsch, 1968. 邦訳『ローザ・ルクセンブルク』上下（J・P・ネトル著、諫山・川崎・宮島・湯浅・米川共訳、河出書房新社、一九七四年）
・Ulrich Haustein, "Sozialismus und nationale Frage in Polen", Böhlau Verlag, 1969.
・Georg W. Strobel, "Quellen zur Geschichte des Kommunismus in Polen 1878-1918", Verlag Wissenschaft und Politik, 1968.
・Georg W. Strobel, "Die Partei Rosa Luxemburgs, Lenin und die SPD", Franz Steiner Verlag, 1974.
・川名隆史「ポーランド王国の労働運動における二つの潮流の形成について」（『一橋研究』第八巻第一号、一九八三年四月）

（1） Paul Frölich, "Rosa Luxemburg. Gedanke und Tat", Verlag Friedrich Oetinger, 1949 S. 53. 邦訳パウル・フレーリヒ『ローザ・ルクセンブルク』（伊藤成彦訳、御茶の水書房、一九九八年、四四頁）。

（2） Protokoll des Internationalen Sozialistischen Arbeiterkongresses in der Tonhalle Zürich vom 6. bis 12. August 1893. S. 15.

（3） Rosa Luxemburg, "An den III. Internationale Sozialistischen Arbeiterkongreß 1893" in : Gesammelte Werke Bd. 1 / 1. Dietz Verlag, 1970.

（4） Annelies Laschitza, "Im Lebensrausch, trotz alledem Rosa Luxemburg. Eine Biographie". Aufbau Verlag, 1996. S. 49.

第三章　マルクス・エンゲルスのポーランド独立支援論との対決

1　ポーランド問題論争

チューリヒで国際舞台に登場したローザ・ルクセンブルクは、一八九六年七月にロンドンで開催が予定されていた社会主義インター第四回大会に向けて、カウツキーが主宰する『ディ・ノイエ・ツァイト』誌上に二篇の論文を早速寄稿したが、それを巡って「ポーランド問題論争」ともいうべき論争が展開された。[1] この論争を構成した論文を発表順に上げると次のようになる。

- Rosa Luxemburg, "Neue Strömungen in der polnischen sozialistischen Bewegung in Deutschland und Österreich", Die Neue Zeit, Jg. 14. Bd. 2. 1895 / 96, Nr. 32-33.
- S. Häcker, "Der Sozialismus in Polen. Eine Entgegnung", DieNeue Zeit, Jg. 14. Bd. 2. 1895 / 96, Nr. 37.
- S. G., "Ein Beitrag zur Geschichte der Agrarpolitik Russlands in dessen polnischen Provinzen", Die Neue Zeit, Jg. 14. Bd. 2. 1895 / 96, Nr. 40.
- Rosa Luxemburg, "Sozialpatriotismus in Polen", Die Neue Zeit, Jg. 14. Bd. 2. 1895 / 96, Nr. 41.
- Karl Kautzky, "Finis Poloniae ?", Die Neue Zeit, Jg. 14. Bd. 2. 1895 / 96, Nr. 42.
- S. G., "Die finanzielle Politik Russlands in dessen polnischen Provinzen", Die Neue Zeit, Jg. 15. Bd. 2. 1896

/97, Nr. 44.

以下にこの論争を通してのローザ・ルクセンブルクの主な主張点とヘッカー、カウツキーの反論・批判点を上げておく。

第一論文「ドイツとオーストリアにおけるポーランド社会主義運動の新潮流」(Neue Strömungen in der polnischen sozialistischen Bewegung in Deutschland und Österreich) でローザ・ルクセンブルクは先ず、「すべてを解放する社会主義的転換を通してではなく、現存する秩序の枠内でポーランドの国家的独立を目指すということは、〈独立ポーランド資本主義階級国家〉(Unabhängiger polnischer kapitalistischer Klassenstaat) を目指すことに他ならない」が、それは「社会民主主義の思考方法とはいささかも関係のないもの」だと断じた上で、そういう民族派のプログラムの実現可能性とそれが実行された場合の実践的結果の検討を次のように行った。

第一に、ロシア・オーストリア・プロイセンに分割された三地域はそれぞれの仕方で経済的に発展して共通性が薄れているので、三地域のポーランド人ブルジョアジーにとってはポーランド国家の独立は利益にならず、特にロシア支配地域のポーランド王国のブルジョアジーはポーランドの再統一には関心を示さず、むしろ併合国家に属することで得られる有利な条件による経済的搾取に熱狂している。したがってポーランドの再興は進行する社会発展の結果と矛盾・対立する。

もしポーランドのプロレタリアートに併合諸国家の政府とポーランド人ブルジョアジーの意思に抗してポーランド再興が可能だとすれば、社会主義的変革への着手も可能だということになる。しかし労働者階級の解放闘争が成功すればするほど、ポーランドの労働者は自分の利益のために独立国家を作る必要性をますます感じなくなることであろう。

またドイツやオーストリアの社会民主党の列内でポーランドの再興を要求することは、それぞれの党のその他の要求や活動と調和せず、その分離主義は階級的立場を曖昧にして、共同闘争を困難にする。したがって独立ポーランドの再興というプログラムは「全くユートピア的な基盤」の上に立てられたもので、ポーランドの運動はこういう民族主義的な動揺に終止符を打ち、「プロレタリアートの力でポーランド階級国家を建てる」というユートピアを完全に放棄して、ドイツ・オーストリアの社会民主党と共通の政治的プログラムを基礎とすることが、ポーランド労働者が取るべき唯一の道だ。

こう主張したローザ・ルクセンブルクにとって最大の障害は、国内基盤の脆弱なＰＰＳに拠るダシンスキ、メンデルソンらの民族派ではなく、その民族派を理論的に支えてきたマルクスとエンゲルスのポーランド独立支援論であった。

そのためにローザ・ルクセンブルクは、「ドイツとオーストリアにおけるポーランド社会主義運動の新潮流」で、同時にマルクスとエンゲルスのポーランド独立支援論とも対決しなければならなかった。

2　ポーランド問題とマルクス・エンゲルス

マルクスとエンゲルスは一八四六年一月のクラカウ蜂起以前から、ポーランド問題に関して、様々な機会に発言していた。ここにその主な発言（書簡は除く）を年代順に拾ってみる。

(1)　マルクス・エンゲルス「一八三〇年ポーランド蜂起十七周年記念日のロンドンにおける国際集会での演説」（一九四七年十一月二十九日）

一八三〇年十一月蜂起の敗北以後、ポーランドの民主派は大量に西欧に亡命して活動していたが、マルクスとエンゲルスは一八四五年に、十一月蜂起の戦士でブリュッセルに亡命していたポーランドの著名な歴史家ヨアヒム・レレヴェル（Joachim Lelewel 1786-1861）と初めて会った。翌一八四六年一月にクラカウにポーランド民族政府が設立されて、二月には農民の同権を宣言した声明が発せられたが、他のポーランド人地域での同時蜂起はなく、クラカウ蜂起を軍事的に準備・指揮したミエロスワフスキ将軍（Ludwik Mierosławski 1814-1878）がポーゼンで逮捕されて蜂起は鎮圧され、クラカウ自由共和国はオーストリアに一体化された。しかしこのクラカウ蜂起以来ポーランド再興が英・独・仏の労働運動の外交政策の基本に置かれることとなった(2)。

レレヴェルらはその後、一八四七年十一月にブリュッセルで「民主主義協会 Association démocratique」を設立（マルクスは副会長）、マルクスとエンゲルスはロンドンに赴いて十一月二十九日に「民主兄弟 Fraternal Democrats」主催で開催された「一八三〇年ポーランド蜂起十七周年記念集会」に参加し、公開の席でポーランド問題について初めて発言した。

・マルクス――「ブルジョアジーに対するプロレタリアートの勝利は、同時に、今日、諸国民を相互に敵視対立させている民族的・産業的紛争に対する勝利でもある。だからプロレタリアートのブルジョアジーに対する勝利は、同時に、全被圧迫民族解放の合図でもある」。「すべての国のうちでイギリスこそは、プロレタリアートとブルジョアジーの対立がもっとも進んだ国である。だから、イギリスのプロレタリアートのイギリスのブルジョアジーに対する勝利は、全被圧迫者の、その圧迫者に対する勝利にとって決定的である。だからポーランドはポーランドで解放されるのではなく、イギリスで解放される」(3)。

・エンゲルス――「われわれドイツの民主主義者は、ポーランドの解放に特別な利害関係を持っている。ポーランド分割によって利益を得たものはドイツ諸侯であったし、今日なおガリツィアとポーゼンを制圧しているのは、ドイツの軍隊である。われわれドイツ人、とくにわれわれドイツの民主主義者にとっては、われわれの国民からこの汚点をぬぐいさることは、重大な問題である。一民族は他民族を圧迫し続けながら、同時に自由になることはできない。したがってドイツ人の圧迫からポーランドを解放することが成就しなければ、ドイツの解放は成就されない」[4]。

(2) マルクス・エンゲルス「クラカウ蜂起二周年記念日にブリュッセルで開催された記念祭での演説」（一八四八年二月二十二日）

ロンドン集会の翌年、一八四八年二月に、レレヴェル、ルブリナーなどポーランドの亡命民主主義者が組織し、民主主義協会主催で行われた「クラカウ蜂起二周年記念集会」で、マルクスとエンゲルスはそれぞれ次のように述べた。

・マルクス――「クラカウの革命運動の先頭に立った人々は、民主主義的なポーランドだけが独立たりうるのであって、ポーランドの民主主義は封建的な諸法律の廃止なしには、隷農を自由で近代的な土地所有者に変えるような農民運動なしには不可能である、とのかたい確信をもっていた」。「クラカウ革命は民族独立の大業を民主主義の大業および被抑圧階級の解放と一体化することによって、全ヨーロッパに輝かしい模範を示した」[5]。

・エンゲルス――「クラカウ革命は、古いポーランドを再興しようとしたのでもなければ、外国政府が存続させてきたポーランドの古い諸制度を保持しようとしたのでもない」「そうだ、諸君、クラカウの蜂起によって、ポーランドの大業はかつての民族的なものからすべての国の人民の大業となった。またかつては同情の問題であったものから、すべての民主主義者にとっての利害問題となった」[6]。

(3) マルクス・エンゲルス『共産党宣言』（一八四八年二月）

マルクスとエンゲルスは一八四八年二月に発表した『共産党宣言』の中で、ポーランド問題について短く次のように触れた。

「ポーランド人の間では、共産主義者は、土地革命を民族解放の条件としている党を支持する。これは、一八四六年のクラカウの反乱を起こしたあの党である」(7)。

(4)　マルクス「フランクフルトにおけるポーランド討論」(『新ライン新聞』、一八四八年八月九日、第七十号)。一八四八年四月のポズナニ蜂起の敗北後、フランクフルトで開かれた「国民議会」で、プロイセンが四月十四日・二十二日、五月二日、六月四日の四回に分けて行ったポズナニ大公国の併合が審議された。マルクスはその審議を『新ライン新聞』(一八四八年八月九日、第七十号)で、「フランクフルトにおけるポーランド討論」として報道・論評した。マルクスはその記事の冒頭で、「議会は、七回にわたるポーランドの分割を承認し、一七七二年、一七九四年、一八一五年の汚辱を、ドイツの王侯の方からとりのけて、自分の肩に移した」と皮肉りながら、この討論を詳細に報道・論評した。その記事の中で、マルクスはポーランド独立とドイツ及びヨーロッパとの関係について次のように述べた。

「一八四六年のクラカウの蜂起以後は、ポーランドの独立のための闘争は、同時に、家父長制的・封建的絶対主義にたいする農業民主主義——東ヨーロッパでただ一つ可能な民主主義——の闘争でもある。だからわれわれがポーランドの抑圧に手をかしているあいだは、ポーランドの一部をドイツにしばりつけているあいだは、われわれはいぜんとしてロシアとロシアの政策にしばりつけられたままであり、われわれ自身のところの家父長制的・封建的絶対主義を根本的にうちやぶることはできない。民主的ポーランドの建設は、民主的ドイツの建設のための第一条件である」[8]。

(5) マルクス「民主的汎スラブ主義」(『新ライン新聞』、一八四九年二月十六日、第二二三号)

マルクスは、『新ライン新聞』一八四九年二月十五日号と十六日号にバクーニンが発行したパンフレット「スラヴ人への檄」を批判的に紹介し、チェコ人を「歴史なき民」と呼び、概してスラヴ人を反革命と断定した記事を連載した。この記事の中でマルクスは、ポーランド人について次のように書いた。

「これにくらべてポーランド人はなんとまったく違った行動をとったことか。八十年来抑圧され、隷属させられ、搾取されてきた彼らは、つねに革命に味方して、ポーランドの革命化とポーランドの独立とは不可分であると宣言してきた」。「ポーランド人は、汎スラブ主義熱をまったくまぬがれているただ一つのスラブ民族である」。「ポーランドの解放は革命と切っても切れないように結びついているので、そして、ポーランド人と革命家とは同義語になっているので、ポーランド人にたいしては、全ヨーロッパの同情と彼らの民族の再興とが保証されている」[9]

(6) マルクス「在ロンドン・ドイツ人労働者教育協会のポーランドに関する声明」(一八六三年一〇月)

ポーランドにおける一八六三年一月蜂起に感激したマルクスは、エンゲルスと共同でポーランドに関するパンフレットを発行することを計画し、新聞や本からポーランド、プロイセン、ロシアの歴史に関する抜き書きを作って二通の草案を書いたが、マルクスが病気になったためにパンフレットは完成に至らなかった[10]。その後マルクスは八月に、一月蜂起の後にポーランド人を支援するドイツ人部隊を編成するためにロンドンに来たラビニスキ大佐と会って、義捐金の募集を援助することを約束し、在ロンドン・ドイツ人労働者教育協会を通してドイツ人亡命者の間でポーランドの一月蜂起参加者への義捐金を募るリーフレットのために簡潔な文章を書いて、次のように呼びかけた。

「ポーランド問題は、ドイツ問題である。独立のポーランドなくしては、独立かつ統一のドイツはありえず、ポーランドの第一次分割とともに始まったロシアの至上支配からのドイツの解放はありえない」[11]。

(7) マルクス「国際労働者協会創立宣言」(一八六四年九月二十八日、ロンドン)

国際労働者協会、つまり第一インターナショナル創立宣言の中で、マルクスはポーランド問題について次のように触れた。

「カフカスの山間の要塞がロシアのえじきになり、英雄的なポーランドがロシアに闇うちされるのを目のあたりに見ながら、ヨーロッパの上層階級が恥知らずにもこれを是認したり、つくりものの同情をよそおったり、愚かな無関心を示したりしたこと、その頭をサンクト・ペテルブルクにおき、その手をヨーロッパのすべての内閣のなかに伸ばしているあの野蛮な権力の大がかりな侵略が、なんらの抵抗にもあわなかったこと、これらのことは労働者階級に(中略)私人の関係を規制すべき道徳と正義の単純な法則を諸国民の交際の至高の準則として確立することが彼らの義務であることを教えた」[12]。

(8) エンゲルス「労働者階級はポーランドについて何をなすべきか?」(『ザ・コモンウェルス』一八六六年三月二十四日号)

「ヨーロッパの労働者は、彼らの政治綱領の重要な構成部分として、彼らの対外政策の最も包括的な表現として、一致してポーランド再興を宣言している」[13]。

(9) マルクス「個々の問題についての暫定中央評議会代議員への指示」(一八六七年二月二十日)

マルクスは一八六七年に第一インターの暫定中央評議会の開催に当たって十項目の提案を行ったが、その第九項目で、ポーランド問題について次のように述べた。

「現在の変化した中央ヨーロッパ、とくにドイツの状態のもとでは、民主主義的ポーランドをもつことは、これまで以上に必要になっている。民主主義的ポーランドがなければ、ドイツは神聖同盟の前哨となり、民主主義的ポーランドが存在すれば、ドイツは共和主義的フランスの協力者となるであろう。このヨーロッパにおける大問題が解決されないうちは、労働者階級の運動はたえず妨げられ、阻止され、その発展は遅らされるであろう」[14]。

(10) マルクス「ロンドンにおけるポーランド集会での演説」(一八六七年一月二十二日)

「ヨーロッパの選ぶ道は、二つのうち一つしかない。モスクワに率いられるアジア的野蛮が、なだれのようにその頭上に襲いかかるか、それともポーランドを再興し、こうすることによって二千万の英雄によってアジアからわが身を守り、自己の社会的改造を完成するための時間をかせぐべきか」[15]。

(11) エンゲルス「亡命者文献　1・ポーランド人の声明」(一八七四年六月)

一八七〇年のパリ・コミューンには多くのポーランド革命家たちが参加したために、ロシア支配下にあるポーランドへの関心・同情が西欧で再び呼び覚まされた。そうしたことを背景に、エンゲルスは「亡命者文献」シリーズの第一回目に「ポーランド人の声明」を紹介する長い文章を書き、その中で次のように述べた。

「ポーランドは同国の歴史的発展とその置かれている現状により、フランスよりもずっと二者択一、すなわち革命に進むか、それとも滅びるか、そのどちらを選ぶかの決定をせまられている。そしてこのことによって、ポーランドの運動は本質的に貴族的性格のものだというばかげた話は、すべてふっとんでしまう。ポーランドの運動になかには、貴族的欲望をもっている人もたくさんいる。だが、ポーランドそのものは、運動に身を投じるやいなや、徹頭徹尾革命的になるのであって、このことは、一八四六年と一八七三年にわれわれが目撃したところである」「ポーランドの貴族は、せめてロシアの支配の下にポーランド統合するために、ますますロシアに結びついた。革命的大衆は、ドイツ労働者党に同盟を申し入れ、インターナショナルの隊列にくわわってたたかうことによって、これに回答している」「独立の生存を求めるポーランドの要求は、これを拒むことはできない。ポーランドの再興は、ことに二つの国民、すなわちドイツ人とロシア人自身にとっても、必要事なのである。他国民を抑圧している国民は、自分自身を解放することはできない。他国民の抑圧に必要とされる権力は、結局のところ自国民自身にたいして向かってくる」「ポーランドの独立とロシアの革命は相互の条件となっている」(16)

(12) マルクス「ポーランドのために」(一八七五年一月、ロンドン)

一八七五年一月に一八六三年一月蜂起記念祭がロンドンで行われ、マルクスとエンゲルスもそこで演説した。エンゲルスの演説は「ポーランドの再興はロシア革命の利益である」と「亡命者文献」の結びの主張を要約して強調したものであったので、ここにはマルクスの演説の一節を引いておく。

「国際的労働者党がポーランド国民の再建に努めることは、断じて矛盾ではない。その反対である。すなわち、ポーランドがふたたび自分の独立をかちとった後ではじめて、ポーランドの内的発展がふたたび始まりうるのであり、またヨーロッパの社会改造にポーランドが自主的に協力できるのである。生活力のある一民族が外国の侵略者の鎖にしばられているかぎり、その民族は必然的に、全力、全努力、全精力をことごとく外敵反対にふりむける。したがってその内的生活は麻痺したままであり、この民族は社会解放のために活動する能力を欠いたままにとどまる」(17)。

(13) エンゲルス「一八六三年のポーランド蜂起記念集会での演説」(一八七六年一月二十二日)

「ポーランドとともにあるとき革命は確固たるものになるのであり、ポーランドなしには革命は挫折せねばならない」(18)。

(14) マルクス・エンゲルス「一八三〇年のポーランド革命五〇周年を記念して開催されたジュネーブの集会へのメッセージ」(一八八〇年十一月二十七日)

ヴァリニスキらの『平等』がジュネーブで開催した十一月蜂起五〇周年の国際集会にマルクスとエンゲルスは連名で次のようなメッセージを送った。

「ポーランド分割は神聖同盟を、ヨーロッパのあらゆる政府に対するツァーリの主導権をおおいかくす仮面を強化した。したがって、〈ポーランド万歳〉の叫びはおのずから次のことを語っていた。神聖同盟に死を、ロシア・プロイセン・オーストリアの軍事的専政に死を、近代社会に対するモンゴル的支配に死を」(19)。

(15)　エンゲルス「『共産党宣言』ポーランド語第二版への序文」（一八九二年）

「ポーランドの独立は、若いポーランドのプロレタリアートだけがたたかいとることができるし、彼らの手にあってこそ安全に確保される。というのは、ポーランドの独立は、ポーランドの労働者自身にとって必要であると同じように、ポーランド以外の全ヨーロッパの労働者にとっても必要だからである」[20]。

マルクス・エンゲルスのポーランドに関する発言・記述は、この他にも、エンゲルス『ドイツにおける革命と反革命』（一八五一―五二年）、マルクス『パーマストンとロシア』（一八五三年）、マルクス『フォークト君』（一八六〇年）などにも言及があるが、ここでは割愛する。このようなマルクス・エンゲルスのポーランド独立支援論は、ここに引用した発言・主張に見られるように、マルクスとエンゲルスは一八四八年前後には「革命」、つまりヨーロッパの労働者との反ブルジョア闘争のための階級的連帯という「階級」の側面を強調していた。しかし一八六三年以後には、「階級」よりもポーランド民族の独立支持という「民族」の要素が前面にでてくる。そこには二つの側面があって、第一の側面は、民族の国家的独立を奪われ、フランス革命に励まされて行った民主的改革を踏みにじられたポーランド人社会主義者への同情であり、第二の側面は、マルクスが第一インターの「暫定中央評議会代議員への指示」で端的に述べているように、反動の牙城ロシアからドイツとヨーロッパの民主主義を守るための防波堤としての民主主義的ポーランドへの支持・支援であった。

3　「社会愛国主義」批判

マルクス・エンゲルスのポーランド独立支援論に対して、ローザ・ルクセンブルクは主張した。マルクスのポーランド観は、「ポーランド人と革命家が――少なくとも民族的な意味で――一体であった時代、蜂起に次ぐ蜂起でこの国が沸き立っていた美しい時代に属する」「だが今は、どの蜂起もとっくに忘れられた過去に属している。なぜなら、その時以来ロシア支配ポーランド、つまりポーランドの心臓部、あらゆる民族的蜂起の中心部で、農奴制の完全な廃止と資本主義的大工業の発展以上のことは何も起きなかったからだ。それとともにポーランドの社会的諸関係も大きく転換した。一八四八年のポーランドの革命家たち、つまり貴族は、経済的にも政治的にも破綻した。今や舞台には新たな人物が、ブルジョアジーが登場して、第一バイオリンを弾いている。しかも民族の歌〈ポーランドいまだ滅びず〉ではなく、ロシアの国歌〈神よ、ツァーを守りたまえ〉をだ」と。[21]

またローザ・ルクセンブルクは、エンゲルスが一八九三年にドイツ社会民主党の機関紙『前進』（Vorwärts）に連載してパンフレットとして発行した「ヨーロッパは軍備を縮小できるか？」のロシアの項で、ロシア帝国は経済的・財政的に破産状態で、政治的にも破綻の前夜にあると分析[22]しているのを引いて次のように述べた。

「だから今日のロシアはニコライ一世時代のロシアのように、その侵略を物理的な壁で防がねばならないようなロシアではない。今やその胎内では強力な変革過程が進行し、それはやがて育って絶対主義を圧倒し、絶対主義が譲歩を知らなければ、絶対主義を〈地震に襲われた鶏小屋のように〉転覆で脅かすことになろう」[23]。

同時にローザ・ルクセンブルクは、エンゲルスがロシアとドイツが戦争をする場合には、ドイツ軍の保護の下にポーランド軍という同盟軍がつくられ、その時プロイセンが、「自国の安全をはかるために強大なポーランドを復興させなければならないということは、プロイセンにとって当然の罰であろう」[24]と書いた点をおさえて、「ポーランドの再興をヨーロッパにとって必要だと見做すものたちは戦争を期待している。しかし第一に、例えそれがマルクスやエンゲルスの口から語られようとも、戦争は社会民主主義の原則とは完全に異質なものであり（中略）第二に、戦争が綱領に合致せず、社会主義政党を満足させるものでない限り、将来の戦争の結果を社会主義的綱領の基礎とすることはできない」[25]と釘をさした。

さらにローザ・ルクセンブルクは、『ディ・ノイエ・ツァイト』掲載の第二論文「ポーランドにおける社会愛国主義」の冒頭で、ヘッカーがローザ・ルクセンブルクの第一論文への批判で、「〈ポーランドの独立を大破局（戦争あるいは革命）の前に実現する〉ことができると〈初めから主張したことはない〉」と述べたことに対して、「ポーランドの再興が〈大破局〉の後になって階級国家として行われるというのは、ばかげたことで、大破局の後での〈民族解放〉は自明なことだ」と反論した。[26]

そしてさらに、社会主義インター・ロンドン大会に民族派から提出されていたポーランド再興決議案を引用して、「ポーランドの独立は、国際的労働運動にとっても、ポーランド・プロレタリアートにとっても、ともに必要不可欠な政治的要求である」と主張したこの決議を、「すべての国の全プロレタリアートの結束した政治闘争を、一連の実りのない民族闘争に解消させる」ことになる、と断じた。[27]

さらにヘッカーが、ロシア政府とポーランド・ブルジョアジーの間の矛盾・対立を挙げてポーランド独立論の根拠としたのに対して、ローザ・ルクセンブルクは、ポーランド独立運動の中心をなしてきた貴族層が、一八六四年の農奴解放によってその経済的・社会的基盤を失うとともに「民族闘争の時代」は終わり、「ポーランドの再興に関心をもち、その関心を実現するだけの力をもつ社会階級はもはやポーランドには存在しない」として、ブルジョアジー、小ブルジョアジー、農民、ブルジョア・インテリゲンチアの現状と可能性を一つ一つ検討した上で、「今日のポーランドでは、その独立に関心を持つものは力を持たず、力をもつものは独立にまったく関心がない」と断定した。[28]

またもう一つ、ローザ・ルクセンブルクがこの論争で、ポーランド独立論に現実性がないとして挙げた重要な根拠は、ロシア社会の変化であった。ローザ・ルクセンブルクはこの論文でも、「ロシアの変化」をもたらしている重要な要因がロシア・プロレタリアートの成立・成長にあることを次のように指摘した。

「今や若いモグラがロシアの土台を、資本主義を掘り崩し、絶対主義を内部から打倒する保証を与えている。ロシアは今や銃剣だけでなく、闘うプロレタリアートをも示し、これこそがペテルスブルクの一元支配という悪夢からヨーロッパを解放する保障であると同時に、ポーランド・プロレタリアートが政治的自由の獲得を目指す日々の闘争で、ロシア・プロレタリアートの同盟者たることの保障でもある。従って今や国際的運動並びにポーランドとロシアの運動の利益は、実際には実現不可能なポーランド階級国家の再興を求めることではなく、ロシア帝国におけるプロレタリアートのあらゆる勢力をツァーリズム打倒の闘争に結集することである」[29]。

こうしてローザ・ルクセンブルクは、「ロシアにおける政治的自由を目指す闘争こそが、ポーランド・プロレタリアートに労働者としての利益を守る可能性だけでなく、ポーランドにおける自治的自由のために唯一の有効な方法で闘い、脅かされているポーランド民族の擁護者としての立場を守る可能性をも与える」[30]と述べて、ここで初めて「ポーランドにおける自治的自由」(autonome Freiheiten in Polen) という言葉を用いたのであった。

4　カール・カウツキーのポーランド独立支持論と社会主義インター・ロンドン大会

『ディ・ノイエ・ツァイト』誌上でのポーランド論争で、ポーランド独立論を批判するローザ・ルクセンブルクの前に本質的な意味で立ちはだかったのは、彼女の論敵のポーランド独立派ではなく、『ディ・ノイエ・ツァイト』

の編集長であると同時に、マルクス・エンゲルスの思想的遺産相続人としてのカール・カウツキーであった。

カール・カウツキーは『ディ・ノイエ・ツァイト』(一八九五／九六年、四十二号・四十三号)に「ポロネーズは終りか？」(Finis Poloniae?)[31]というラテン語の表題の論文を連載して、ローザ・ルクセンブルクのポーランド独立否定論を全面的に論評した。そこでのカウツキーの主張は、大きく三点に大別できる。

第一点は西欧社会主義運動にとってのポーランド独立運動の位置づけ、第二点はローザ・ルクセンブルクのポーランド独立否定論への批判、第三点はこの問題のインター・ロンドン大会での取り扱い方である。

カウツキーはまず論文の冒頭で、一八六三年一月蜂起への国際的連帯集会として一八六四年九月にロンドンの聖マーティン・ホールで行われた大集会から国際労働者協会(第一インターナショナル)が生まれてきたことは「決して偶然でない」[32]と指摘して西欧社会主義運動がポーランド独立運動を支援してきた二つの理由をあげた。第一に、ロシアのツァーの支配とその西方・南方への拡大指向が西欧の民主主義と文明にとって国際的な危険なので、汎スラブ主義に敵対する唯一のスラブ民族であるポーランド人の国家の再興は、ロシアの拡張欲に対する防壁として重要である。第二に、反対勢力のないロシア帝国の中でポーランド人は唯一の抵抗運動の要素であり、しかもポーランドの小貴族はヨーロッパの革命の戦場で民主主義の側に立って闘ってきた。このような事情から、「ポーランド独立支援がヨーロッパの革命諸党派の国際的義務となっていた」とカウツキーは、ポーランド独立運動と西欧社会主義運動とのこれまでの関係を説明した。[33]

次いでカウツキーは、「そこにいささか予期せざることが起きてきた。ポーランド人は、国際プロレタリアートがポーランド解放の要求を掲げることに抗議する、という異議がポーランド社会民主主義者の隊列からあげられたのだ」と書いて、ローザ・ルクセンブルクの主張を次の三点に要約した。

一　ポーランド独立の要求は、今日の社会では達成できない。

二　ポーランド独立の要求は、ポーランドの決定的部分のロシアへの有機的一体化を目指す経済的発展に逆行する。

三　この要求を支持すると、ポーランド社会民主主義者は小市民的ナショナリズムに繋ぎ止められて、ポーランドを分割する三つの地域でそれぞれに、実践的課題から疎外される。(34)

ローザ・ルクセンブルクの主張をこのように要約したカウツキーは、ローザ・ルクセンブルクの主張をすべて否定・批判したのではない。

カウツキーは、「確かにポーランドの状況は大きく変化した」として、「ポーランド貴族の力は打ち破られ、その残党はツァーとの平和を求めている」「ポーランド人が革命の国たることを止めた今、ロシア絶対主義に対抗する自由ヨーロッパの防壁としてのポーランド再興の理念はその重要性を失った」「ペテルブルクは今日ワルシャワよりもはるかに重要な革命の中心で、ロシアの革命運動はすでにポーランドの運動よりももっと大きな国際的意味をもっている」等々と、ローザ・ルクセンブルクの主張を認めた。(35)

しかしカウツキーは、ロシアとポーランドの状況が大きく変化したという点ではローザ・ルクセンブルクと認識を等しくしたが、その認識に基づいてポーランド独立運動の否定に進むことには反対した。「彼女はもう一歩先へ行く。彼女はポーランド問題の国際的な意味を否定するばかりではない。彼女はポーランドの社会民主主義者自身がポーランド独立を要求に掲げることに抗議をするのだ」と。(36)

ローザ・ルクセンブルクのこうしたポーランド独立全面否定論に対して、「ポーランド独立の達成は、ルクセンブルク嬢が見ているほど、それ程実際に見込みがないものだろうか？」とカウツキーは問う。(37)

カウツキーはローザ・ルクセンブルクが指摘したロシアとポーランドの政治・経済・社会状況の大きな変化を認めながら、同時にロシアとポーランドの間には依然として抑圧・被抑圧の関係が存在し、「ポーランドの資本家たちはロシアの中のポーランド人は二流の人間でロシア人の意のままだと感じる」ように、差別に対する反発が民族運動に力を与える可能性を指摘した。

さらにカウツキーは、ルクセンブルク嬢は言語の問題も無視しているとして、次のように民族問題と言語に関する持論を展開した。「社会と言語は相互に緊密に結びついている。緊密な社会的共同生活は、必然的に一定の言語共同体を生み出し、その反面、言語共同体の欠如は社会関係形成の最大の障害だ」「ポーランド社会民主党にとってガリツィアで発行される社会主義的新聞やパンフレットが、ポーランドの労働者大衆には翻訳なしには通用しないドイツ社会民主党の新聞やチラシよりもはるかに身近で影響力があるのは自明のことだ」と。そしてカウツキーは、「ポーランド・プロレタリアートは統一・独立ポーランドで初めて、発展段階に応じた影響を国家に及ぼすのに必要な基盤を見出すことができる。従ってポーランド独立の要求は、無意味な遊びではなく、大きな価値のある最高度に実践的な要求である」「ポーランド独立の問題はどこから見ても、ポロネーズの終り！という叫びと共に祖国の独立を実践活動で断念するポーランド社会主義者に同調すべき理由はどこにも見出せない」と主張した(38)。

第三にカウツキーは、ポーランド独立運動の有効性という点ではポーランド独立派を支持したが、ポーランド独立派が一八九六年のロンドン大会に向けて、「ポーランド独立は、国際労働運動全体にとってもポーランド・プロレタリアートにとっても、共に必要不可欠な政治的要求である」ことの承認を大会に求めた決議案には同調しなかった。

「六十年代の初期であればまだ、ポーランド独立とだけ言ってツァーに反対する決議をすることが出来たが、今日、もし国際会議がポーランドについてだけ述べて、ロシアの解放をも国際的に緊要だと宣言しないとすれば、ロシアの革命運動に対して不公正だと思われる」と、カウツキーは考えた。しかも大会決議が、ポーランド問題という具体的な問題に踏み込めば、「ルテニア、ルーマニア、スロバキア、チロル・トリエステ、チェコなども彼らの民族的要求の確認を求める権利を持とう」ともカウツキーは考えた。そのためにカウツキーは、ロンドン大会の決議を民族自決権の支持・植民地支配への反対という原則に限ることを主張した。(39) こうしてロンドン大会では、次のような決議が行われた。

「大会は、全ての民族の完全な民族自決権を支持し、目下軍国主義・民族主義あるいはその他の専制支配の軛の下で苦しんでいる全ての国の労働者に対して同情の意を表することを宣言し、これらの諸国の労働者に対して、国際資本主義の克服と国際社会民主主義の目的完遂のために、階級意識を持った全世界の労働者の隊列に加わって闘うことを呼びかける」(40)。

（1） Rosa Luxemburg, "*Die industrielle Entwicklung Polens*" の邦訳者・肥前栄一氏は、訳書『ポーランドの産業的発展』への解説として、この論争を「ポーランド資本主義の現状分析にかかわる論点のみに焦点を絞って」紹介している。

（2） N. Rjasanoff, "*Karl Marx und Friedrich Engels über die Polenfrage*" in: Archiv für die Geschichte des Sozialismus und der Arbeiterbewegung. VI. Jg. 1916, S. 178. マルクス・エンゲルスとポーランド問題に関する以下の記述は、リヤザノフ（Davis Borisovich Ryazanov 1870-1938）の労作に負うところが大きい。

（3） マルクス・エンゲルス全集、第四巻、四三〇頁。

（4） マルクス・エンゲルス全集、第四巻、四三〇―四三一頁。

（5） マルクス・エンゲルス全集、第四巻、五三六―五三七頁。

(6) マルクス・エンゲルス全集、第四巻、五三九頁。

(7) マルクス・エンゲルス全集、第四巻、五〇七頁。

(8) マルクス・エンゲルス全集、第五巻、三三二—三三三頁。

(9) 同、二七一頁。

(10) Karl Marx, "Manuskript über die polnische Frage" Herausgegeben und Eingeleitet von Werner Cinze und Dieter Hertz-Eichenrode, Mouton & Co, 1961.

(11) マルクス・エンゲルス全集、第一五巻、五四九頁。

(12) マルクス・エンゲルス全集、第一六巻、一一頁。

(13) 同、一五五頁。

(14) 同、一九八頁。

(15) 同、二〇四頁。

(16) マルクス・エンゲルス全集、第一八巻、五一九—五二〇頁。

(17) 同、五六九頁。

(18) マルクス・エンゲルス全集、第一九巻、三六頁。

(19) 同、二三六頁。

(20) マルクス・エンゲルス全集、第二二巻、二九〇頁。

(21) Rosa Luxemburg, "Neue Strömungen in der polnischen sozialistischen Bewegung in Deutschland und Österreich" in: Gesammelte Werke, Bad. 1/1. S. 33.

(22) マルクス・エンゲルス全集、第二二巻、三八八—三九三頁。

(23) Rosa Luxemburg, Ebenda, S. 31.

(24) マルクス・エンゲルス全集、第二二巻、三九〇頁。

(25) Rosa Luxemburg, Ebenda, S. 32.
(26) Rosa Luxemburg, Ebenda, S. 37.
(27) Rosa Luxemburg, Ebenda, S. 41.
(28) Rosa Luxemburg, Ebenda, S. 46–49.
(29) Rosa Luxemburg, Ebenda, S. 42.
(30) Rosa Luxemburg, Ebenda, S. 51.
(31) Karl Kautzky, "Finis Poloniae ?" in : Die Neue Zeit, Jg. 14. Bd. 2. 1895 / 96, Nr. 42–43.
(32) Ebenda, Nr. 42. S. 484.
(33) Ebenda, Nr. 42. S. 485–488.
(34) Ebenda, Nr. 43. S. 513.
(35) Ebenda, Nr. 42. S. 488–490.
(36) Ebenda, Nr. 42. S. 491.
(37) Ebenda, Nr. 43. S. 515.
(38) Ebenda, Nr. 43. S. 521–523.
(39) Ebenda, Nr. 43. S. 524–525.
(40) Verhandlung und Beschlüsse des Internationalen Sozialistischen Arbeiter- und Gewerkschafts-Kongresses zu London vom 27. Juli bis 1. August 1896. S. 18. in : Kongreß-Protokolle der Zweiten Internationale. Bd. 1. Paris 1889–Amsterdam 1904. Verlag Detlev Auvermann KG. 1975.

第四章　民族の国家的独立か、自治か？
——レーニンとの理論的葛藤

1　スイスからドイツへ——理論から実践へ

ローザ・ルクセンブルクは、一九〇八年に『民族問題と自治』の冒頭で、一八九六年の社会主義インター・ロンドン大会決議について、「それはポーランド再興の動議の却下を意味していた」と評価して、次のように述べた。「ロンドン決議は、その内容からして、問題を民族的基盤から国際的基盤に移すことによって、ポーランド問題だけを顧慮する代わりに、抑圧されたすべての民族の権利を一般化し、またポーランド社会党の動議が要求したような特定の、完全に具体的な実施政策——独立ポーランドの再興——ではなく、一般的な社会主義的原則であるすべての抑圧された民族のプロレタリアートに対する共感と、その自治権の承認を表明している」と。(1)ローザ・ルクセンブルクはこのように述べて、ロンドン会議がポーランド社会党が提出したポーランド独立支援決議を採択しなかったことをもって「一応の勝利」としたが、彼女が批判・反対していた「民族自決権」が一般的に承認されたという点では、不本意な決議であった。

しかし問題に最終的な決着をつけるのは、国際会議での決議ではなく、労働運動の現場であった。だからローザ・ルクセンブルクは、ロンドン大会以後、彼女の理論の学術的実証を目指した博士論文「ポーランドの産業的発展」(2)を完成させるやすぐに、ドイツ社会民主党に入党して現場で活動するためにドイツに移住した。

ローザ・ルクセンブルクのドイツ社会民主党入党は、国際主義という彼女の理論に沿ったものであると同時に、彼女の民族理論を実践するためのものであって、そこには大きく言って二つの方向が含まれていた。

その第一は、第二インターで最大・最強の社会主義政党であるドイツ社会民主党を通して国際労働運動・社会主義運動に影響を及ぼす方向であり、第二は、ドイツ社会民主党を通してプロイセン支配地域のポーランド人に影響を及ぼし、さらにはポーランド社会民主党を発展させる方向であった。つまり第一の方向が西に向けての影響力の行使であれば、第二の方向は、東に向けての影響力の行使を目指すもので、ローザ・ルクセンブルクはいわば二正面行動を選んだのであった。

実際、ローザ・ルクセンブルクは一八九八年五月にベルリンに移住してドイツ社会民主党に入党すると、早くも翌六月には帝国議会議員選挙の応援のためにプロイセン支配地域のグールヌイ・シロンスク（オーバー・シュレージエン）地方に出掛けて、ポーランド人有権者の間でポーランド語で遊説活動を行った。その地でローザ・ルクセンブルクが初めて見たポーランド人の暮しが、彼女にあたえた印象を、彼女はチューリヒにいた恋人のヨギヘスに宛てた一八九八年六月九日付の手紙で、次のように書き送った。

「わたしにもっとも大きくて強い印象をあたえたのは当地の環境です。ライ麦畑、牧場、森、広大な草原、ポーランド語、そしてあたりのポーランド人の農民たち。こうしたものすべてがわたしをどんなに幸せにしてくれるか、あなたには思いも及ばないことでしょう。わたしは生き返ったような感じがし、まるで再び足が地に着いたような感じがしています。どんなに彼らの言葉に耳を傾け、ここの空気を吸っても飽きることはありません！　昨日、わたしはレグニッツァで一時間、帰りの汽車を待たなければなりませんでした。それで麦畑の中を歩き廻って麦の花と葉を集めました。わたしの幸せにはわずかに一つだけ、いえもっと正しく言えば、わずかに〝一人〟だけ欠けていました。もうわたしは次の〝休暇〟にはスイスには行かないであなたがここにやって来て（同じお金だもの）シロンスクのどこかの村で一緒に暮らそうと決めました。というのは、見渡す限りの広大なライ麦畑（穂はもうわたしの背丈よりも高い！）や、五つほどの裸足の子供が番をしている、牛のいる牧場や、わが松林を見れば、あなたも生き返って喜ぶだろうことは間違いないと思っているから！　それにやつれた、汚いわが農民たち。でも何と素晴らしい種族！　カンジンでわたしは三家族を見ました。二家族は農民の家族で、一家族はユダヤ人の家族で、彼らはアメリカに移住するところ！　何という貧しさ！　涙を抑えずにはいられないほどに。でも同時にわたしは彼らを見るのがとても嬉しくて、彼らから目を離すことができませんでした」(3)。

これが、ローザ・ルクセンブルクがプロイセンの支配下にあったポーランド人農民の暮しを初めて見た時の印象であった。そしてこれ以後、この印象が彼女の活動の原点になったものと考えられる。

こうしてローザ・ルクセンブルクは、一方では、プロイセンの支配下のポーランド人農民・労働者の間に新しい活動の場を見出すと同時に、他方では、一八九八年から九九年にかけて、ドイツ社会民主党内の権威の一角を成していたエドゥアルト・ベルンシュタインの著作を真っ向から批判した論文「社会改良か、革命か？」を書いて「修正主義論争」の口火を切り、ドイツ社会民主党と社会主義インターの中で、気鋭の理論家として頭角を現して行った。

2 「民族問題」の転換期（一八九八―一九〇三）

ローザ・ルクセンブルクがベルリンに移住したのに前後して、東方に新しい社会主義運動が台頭してきた。ロシアのユダヤ人労働者が一八九七年にリトアニアのビルニュスで「ブンド」を結成し、翌九八年にはロシア社会民主労働党が結成された。プレハーノフをはじめロシアの社会主義者たちはスイスで亡命生活を送っていたが、ようやくロシア国内に社会民主労働党が結成されたのである。

こうしたロシア社会主義運動の新しい動きに刺激されて、フェリクス・ジェルジェンスキを中心とするリトアニア社会民主党がローザ・ルクセンブルクらのポーランド王国地域社会民主党（ＳＤＫＰ）との合同を求め、一八九九年十二月に両党が合同して、「ポーランド王国地域・リトアニア社会民主党」（Socjaldemokracja Królestwa Polskiego iLitwy—ＳＤＫＰｉＬ）へと発展した。

ＳＤＫＰからＳＤＫＰｉＬへの発展は、ポーランド王国地域における同党の組織的拡大をもたらし、ローザ・ルクセンブルクらのポーランド社会主義運動における地位を強化することになったが、同時に、ブンドやロシア社会民主労働党との関係をどうするかという新しい問題に直面することとなった。

ローザ・ルクセンブルクにとってその時までの「民族問題」とは、彼女の用語によれば「社会愛国主義」によってポーランド国家の再興を目指したポーランド社会党（ＰＰＳ）との理論闘争と主導権争いであった。端的に言えばローザ・ルクセンブルクは、ポーランド社会党の「社会愛国主義」に対して社会民主主義を、彼らの「民族排外主義」に対して国際主義を対置して闘ってきた。この闘いは二十世紀に入ってからも継続したが、それにもまして大きな問題が現れてきた。民族問題の本質的解決方法をめぐるレーニンとの葛藤である。

そういう意味では、ローザ・ルクセンブルクがベルリンに移住した一八九八年からレーニンとの対立が表面化した一九〇三年までの間は、ローザ・ルクセンブルクの「民族問題」にとっては、いわば転換期であったと見ることができる。

この転換期にローザ・ルクセンブルクが「民族問題」に関して書いた論文では、次の四つの論文が注目される。

①「民族性の擁護のために」（一九〇〇年、ポズナニで刊行のパンフレット）
②「社会愛国主義的綱領のアクロバット」（『社会民主主義評論』一九〇二年第三号）
③「プロレタリア党の追憶のために」（『社会民主主義評論』一九〇三年第一号）

④「ポーランドとロシアの社会主義の相互関係」（ロシア語草稿、一九〇三年）

①「民族性の擁護のために」は、プロイセン支配下のポーゼン（ポズナニ）で「民族性の擁護のために」という表題のパンフレットとしてポーランド語で刊行されたもので、その内容は、1「非民族化のシステム」、2「誰の罪か？」、3「われわれの同盟者」、4「ポズナニにおける貴族とブルジョアと民衆」の四節からなる。先ず冒頭でローザ・ルクセンブルクは、プロイセンの文化大臣が、ポーゼン市の学校で唯一ポーランド語で行われていた宗教教育の授業をドイツ語で行うように指示したことをあげて、「学校で半日を過ごすわれわれの子供たちは、今後学校で自分の民族の言葉、父母の言葉を一語も聞くことが出来なくなる」「プロイセン政府はポーゼン市の学校から過去二〇年にわたって一歩一歩ポーランド語を排除し、公務員や公的生活からポーランド的要素を排除し、ドイツの農民・労働者を移住させてドイツの〈植民地化〉に努めてきた」と指摘する。(4)

そして「この目的は何か？」とローザ・ルクセンブルクは問い、「ポーランド語、ポーランドの民族性をプロイセンから消すこと、三〇〇万人のポーランド人にポーランド人として生まれたことを忘れさせることだ」と指摘して、「いまこそポーランド民衆は怒りを表すべきときだ、ゲルマン化に対する闘争に立ち上がるべきときだ」と呼びかける。(5)

「ではどのような方法で、ポーランドの民族性を擁護すべきか？」。この問いに対するローザ・ルクセンブルクの答えは、ドイツ社会民主党を支持することだ、何故ならドイツ社会民主党だけがドイツ社会で、ポーランド民衆が援助と友情を期待できる政党で、ポーランド民族の抑圧をも階級的観点から見て解決できる政党だからだ、とローザ・ルクセンブルクは説明する。だからローザ・ルクセンブルクはこの一文を、「ドイツの労働者大衆との同盟によって、ドイツとポーランドの支配階級の搾取に反対し、プロイセン政府の抑圧に反対すること、それがわれわれのスローガンだ」と結んでいる。(6)

このようにローザ・ルクセンブルクは、ポーランド民族性の擁護をドイツ社会民主党とドイツ労働者階級との同盟という「階級的立場」から行うことを主張した。

②「社会愛国主義的綱領のアクロバット」は、ローザ・ルクセンブルクらＳＤＫＰｉＬ指導部がドイツ社会民主党の理論機関誌『ディ・ノイエ・ツァイト』にならって創刊した『社会民主主義評論』（Przegląd Socjaldemokratyczny）にポーランド語で掲載された。この論文は、一八九三年以来のポーランド社会党（ＰＰＳ）の──ローザ・ルクセンブルクに従えば──「社会愛国主義」をもう一度総括的に批判したもので、当初（一八九三─一九六年）は彼らはドイツ・フランス・イギリスの古い社会民主主義者たちの伝統的同情の支持を得ようとしていたが、国際情勢はマルクス・エンゲルスがポーランドの独立運動を支持していた時代と大きく変わり、ロシアに革命運動が起きてきているので、「もしポーランド社会党が本当にポーランド・プロレタリ階級の政治的要求の立場に立つならば、民族問題の正常な解決方法は「民族的自治」なのだが、ポーランド社会党の指導部は大衆闘争への見通しを失って武装蜂起という闘争方法が主張されている、ことを指摘した。(7)

実際この論文は、ピウスツキらポーランド社会党右派の武装蜂起路線を予見したもので、その結果ポーランド社会党は武装蜂起路線の右派と大衆闘争路線を主張した左派に分裂し、左派は一九〇五─〇六年革命の中でＳＤＫＰｉＬに合流した。

③「プロレタリア党の追憶のために」は、論文②同様に『社会民主主義評論』（一九〇三年一・二月号）にポーランド語で掲載された。この論文はローザ・ルクセンブルクらポーランド社会民主党（ＳＤＫＰ）の前身をなす一八八〇年代の〈プロレタリアート党〉の性格と歴史を包括的に考察・分析した長い論文で、「ポーランドとロシアの社会主義の相互関係」（ロシア語草稿、一九〇三年）とともにローザ・ルクセンブルクの民族問題論の発展にとって重要な意味を持つ。

ローザ・ルクセンブルクがここで強調したことは、第一に、一八八二年にルドゥヴィク・ワリンスキを中心に設立された〈第一次プロレタリアート党〉は、「ポーランド民族よりももっと不幸な民族がいる。それはプロレタリアートという民族だ」というワリンスキの言葉に象徴されるように、一貫して階級支配との闘争と社会主義の立場からポーランド民族主義のポーランド再興を否定してきたこと。第二に、〈プロレタリアート党〉はマルクスを学び理論的には社会民主主義の立場に立っていたが、実践的にはロシアの〈人民の意志〉グループの影響を強く受け、特に一八八四年にパリで〈人民の意志〉派と共同行動を行う協定を結んで、大衆行動の立場に立つ社会民主主義か少数陰謀集団のテロルを主とするブランキズムか、というジレンマに直面していたことだ。

〈プロレタリアート党〉がブランキズムに転換した結果、党活動から大衆行動と政治宣伝が消滅し、「英雄待望論が台頭して、大衆はギリシャ悲劇のコーラスの役割を負うこととなった」とローザ・ルクセンブルクは分析した。そして、ポーランド社会主義運動の再生は社会民主主義の立場への回帰による他はなく、その永続性を保証する条件は、ロシアの社会主義が、同様に社会民主主義の立場に立つことだ、というのがローザ・ルクセンブルクの結論であった。(8)

ローザ・ルクセンブルクが一九〇三年にポーランド王国・リトアニア社会民主党（ＳＤＫＰｉＬ）の理論機関誌『社会民主主義評論』にこのような論文を発表したのは、その年の七月にブリュッセルで開催が予定されていたロシア社会民主労働党（ＳＤＰＲＲ）の大会を前にして、十九世紀八〇年代のポーランドとロシアの社会主義運動の関係を振り返って見て、そこに教訓を汲みつつ、両者のあるべき関係を示すためであったと思われる。

そしてその問題提起をロシア社会民主労働党に向けてさらに直截に行うために書かれたのが、ロシア語草稿として未完のまま残された「ポーランドとロシアの社会主義の相互関係」であった。

ちなみにこの草稿は、一九〇三年五月―七月の間にインクで書かれて「一一六頁位まで番号」が打たれていた。この草稿がその時完成されなかったのは、ポーランド王国・リトアニア社会民主党とロシア社会民主労働党との統一計画が御破算になったためであったのかも知れない。いずれにせよローザ・ルクセンブルクは、一九〇六年一月にロシア革命最中のワルシャワからベルリンのルイーゼ・カウツキーに手紙を書いて、この草稿をワルシャワの隠れ家に送って貰ったが、その後三月四日にローザ・ルクセンブルクがヨギヘスと共にロシアの官憲に逮捕された際に、この草稿は押収された。押収された時、草稿の番号は一二九頁となっていたので、一三頁分はワルシャワの隠れ家で書き加えられたものと推定される。(9)

「ポーランドとロシアの社会主義の相互関係」の内容は、その年一月にポーランド語で発表された「プロレタリア党の追憶のために」とかなりの部分が重複しているが、特にこの草稿の特徴は、第一に、「民族主義に対する否定的態度こそは、ポーランド社会主義のあらゆる発展段階を貫く赤い糸である」と、ポーランド社会主義の民族主義否定論を強調し、同時に「ポーランド社会党の民族主義は、一貫してポーランドの革命運動をロシアの革命運動から分断し、その結果、副次的にはポーランドにおける専制の支柱となっている」と、ポーランド社会党の役割を改めて批判したこと、第二に、「ポーランドの社会民主主義は、ロシアの現在の社会民主主義運動が発展しないかぎり、確固たるものにならない」と、暗にロシアの運動の「人民の意志」派的なブランキズムからの脱却を求めたことだ。

ローザ・ルクセンブルクがこのようにロシアの社会主義運動への期待をこめて「ポーランドとロシアの社会主義の相互関係」の完成を急いだのは、一九〇三年七月末―八月にブリュッセルで開催が予定されていたロシア社会民主労働党第二回大会で、ポーランド党とロシア党の統合が計画されていたからであった。

3　ルクセンブルク vs レーニン――最初の対立

ポーランド王国地域・リトアニア社会民主党（ＳＤＫＰ:ｉＬ）は、一九〇三年七月二十四―二十九日にベルリンで第四回大会を開催して、ロシア社会民主労働党との連合を七つの条件を付けて決定した。その条件には、「ポーランド王国地域とリトアニアにおける宣伝と組織に関して、すべての内部問題（独自の大会、委員会、文書）でのポーランド社会民主主義者たちの完全な自治」、ツァー帝国を構成するすべての民族の民族自決権を承認した「ロシア党の綱領第七条の表現を民族主義的な精神で解釈されないような厳密な表現へと変更すること」、ポーランド社会党の「ポーランド社会愛国主義に対するロシア社会民主党の立場をＳＤＫＰ:ｉＬの精神で表現した決議の採択」などが含まれていた(10)。

そしてＳＤＫＰ:ｉＬを代表してアドルフ・ワルシャフスキ（ワルスキ）が七月三十日にブリュッセルに赴いてロシア社会民主労働党第二回大会に参加した。一方ロシア党の側ではレーニンが「ポーランドの同志たちを来賓として招待する」提案をして決議されていた。ところがちょうどその頃、『イスクラ』四四号（一九〇三年七月十五日発行）に掲載されたレーニンの「われわれの綱領における民族問題」がローザ・ルクセンブルクのもとに届いた。

レーニンはその論文の冒頭で、「民族自決のための闘争を無条件に承認しても、それによってわれわれはけっして、あるゆる民族自決の要求を支持する義務を負うものではない。プロレタリアートの党としての社会民主党は、民族の自決ではなく、各民族内のプロレタリアートの自決を促進することを、自己の積極的な主要任務としている」と、ローザ・ルクセンブルクに近い考えを述べていた。ところがこのようなレーニンの主張に抗議したポーランド社会党（ＰＰＳ）に反論する中で、レーニンはカール・カウツキーが一八九六年に『ディ・ノイエ・ツァイト』に掲載した論文「ポロネーズは終りか?・」に依拠して、マルクスとエンゲルスがポーランド独立運動を支援していた時代とは状況が大きく変わって、「当時はポーランドはツァーリズムに対抗する文明の真の防衛であり、民主主義の先進部隊であった」が、今日では「ペテルブルグはワルシャワよりも重要な革命の中心地であること」をカウツキーも指摘していると、ここでもまたローザ・ルクセンブルクに近い立場に立ちながら、最後にはカウツキーと社会主義インターナショナル・ロンドン大会の決議の立場に立って、「ツァー帝国を構成するすべての民族の民族自決権を承認する」というロシア社会民主労働党綱領第七条を次のように説明した。

「この綱領は、たとえ社会主義以前には実現される見込みが全く僅かであるにしても、ポーランドのプロレタリアートが自由な独立ポーランド共和国を自分のスローガンとして掲げるのをすこしも排除しない」[11]。

レーニンはこの文章の後に、「この綱領が要求するのは、真に社会主義的な党が、プロレタリアの意識を堕落させないこと、階級闘争を曖昧にしないこと、ブルジョア民主主義的な空文句で労働者階級をたぶらかさないこと、プロレタリアートの今日の政治闘争の統一を破壊しないことだけである」と書き添えていたが、ローザ・ルクセンブルクとSDKPiLの立場から見れば、レーニンのこの論文はカウツキーとロンドン大会決議の立場に立って、ポーランド社会党（PPS）のポーランド独立論を認めるものに他ならなかった。だからローザ・ルクセンブルクは、即座にブリュッセルのワルスキに手紙を書いて、ロシアの党に対して綱領第七条の変更を強く要求し、それが入れられない場合には両党の統合の話し合いを打ち切るように指示した[12]。

こうしてSDKPiLとSDPRRとの統合計画は沙汰止みとなったが、当時はレーニンとルクセンブルクの両者にどこまで意識されていたか分からないが、後から見ると、民族問題をめぐる両者の相違がこの統合問題をめぐってかなり明瞭に現れていた。

端的に言えば、ルクセンブルクは「民族的自治」を主張し、レーニンは「民族的自治」に反対して「民族自決」を主張したのだが、この相違は何を意味していたのか。

レーニンは一九〇三年二月一日に『イスクラ』三三号に発表した論文「アルメニア社会民主主義者の宣言について」で、「民族問題においてロシアのすべての社会民主主義者が指針とすべき二つの基本原則」として、次の二原則をあげていた。

一　民族自治の要求ではなく、政治的ならびに市民的自由と完全な同権の要求。

二　国家の構成にくわわっているあらゆる民族にとっての自決権の要求。

そしてレーニンは、「連邦制度や民族自治を説教することは、プロレタリアートの仕事ではない」とも述べていた。

またレーニンは、『イスクラ』三四号（一九〇三年二月十五日）に発表した論文「ユダヤ人プロレタリアートに〈独自の政党〉が必要か」で、ブンドが第四回大会でＳＤＰＲＲと「連合制的関係」を持つことを決定したことを、「ブンドを独自の政党と宣言することは、民族問題に関する基本的課題をまさしく背理にまで還元することだ」と激しく批判して、「一八九八年の規約中の〈自治〉は、ユダヤ人の労働運動に必要となりうるいっさいのものを、この運動に保証している」と述べた。この論文におけるレーニンの次の言葉は、この問題に対する当時のレーニンの考え方を端的に現すものと思われる。

「ユダヤ人の運動の特殊な諸問題ではほかならぬ自治が多数決に対する保障となるが、専制に対する闘争、全ロシアのブルジョアジーに対する闘争の諸問題では、われわれは単一の、中央集権化された戦闘組織として行動しなければならず、言語や民族上の差別なしに、理論上および実践上、戦術上および組織上の諸問題をつねに共同で解決することによって結束をかためた全プロレタリアートに立脚しなければならない……」(13)。

つまりレーニンは、カウツキーの民族論や一八九六年の社会主義インターナショナル・ロンドン大会の決議にしたがって党綱領に「ツァー帝国を構成するすべての民族の民族自決権の承認」を取り入れていたが、ロシアの党内の組織論では「中央集権化された戦闘組織」の原則を立てて、「民族自決」に反対した。

一方、ローザ・ルクセンブルクとポーランド王国地域・リトアニア社会民主党は、綱領問題では「民族自決」に反対したが、ロシアの党内の組織論では、「すべての内部問題（独自の大会、委員会、文書）でのポーランド社会民主主義者たちの完全な自治」を要求して、ブンド同様に、実質的には「連合制的関係」を主張していたのであった。

端的に言えば、この段階におけるローザ・ルクセンブルクとレーニンの党組織論上の相違は、中央集権か分権か、という相違であった。そしてこの相違が、これ以後、民族問題と党組織論をめぐる両者の相違・対立の底流をなしていくこととなる。

例えば、ローザ・ルクセンブルクは一九〇四年に、ロシア社会民主労働党メンシェビキ派のポトレソフからの依頼を受けて書いた論文「ロシア社会民主党の組織問題」を『ディ・ノイエ・ツァイト』に発表した。ローザ・ルクセンブルクがこの論文を書いたのは、一九〇三年のロシア党第二回大会でメンシェビキ派と対立・分裂したボルシェビキ派のレーニンの著書『一歩前進、二歩後退』を読んで、革命的社会民主主義者を「自分の階級的利害を自覚したプロレタリアートの組織と分かちがたく結ばれたジャコバン主義者」(14)と説明するレーニンの党組織論に、十九世紀末ロシアの「人民の意思」派のテロリスト的秘密結社主義という、思想的・政治的な「負の遺産」の存続を危惧したからであった。

だからローザ・ルクセンブルクは、レーニンの組織論を「超中央集権主義」として批判して、社会民主主義の運動は「あらゆるモメント、あらゆる過程で、大衆の組織とその自立的直接行動を前提とする、階級社会史上最初の運動」であって、「その点でそれ以前の社会主義運動、例えば、ジャコバン・ブランキスト型とはまったく違った組織形態を創り出す」と主張した。[15]

ローザ・ルクセンブルクのこの論文は、レーニン批判を通して彼女独特の民主主義的党組織論を鮮明に示したものとして注目されてきた。[16]

それはそれで正しい見方なのだが、同時にローザ・ルクセンブルクのこのレーニン批判は、一九〇三年のロシア党第二回大会で物別れに終わったロシア党とポーランド党の提携問題にも深く関わっていた。

レーニンは『一歩前進、二歩後退』の中で、中央集権的組織原則を主張するために、それに反対した者たちを「自治主義」と呼んで、「中央集権主義に反対して自治主義を擁護する歴然たる傾向が、組織問題における日和見主義に固有な原則的特徴である」と批判していた。[17]

ローザ・ルクセンブルクの次の言葉は、レーニンの「超中央集権主義」を批判すると同時に、ポーランド党がロシア党に参加した場合の「自治主義の擁護」をも含意していた、と読むことが出来る。

「レーニンが推奨する超中央集権主義は、その本質において、積極的・創造的な精神によってではなく、硬直した夜警の精神によって支えられているように見える。その思考の方向は、党活動の豊潤化にではなくもっぱらその統制に、その展開にではなく制限に、運動の結集にではなく締め上げに向けられている」。[18]

（1） Róża Luksemburg, Kwestia Narodowościowa i Autonomia, in: Wybór Pism 2. 1959. S. 120-121. 邦訳『民族問題と自治』（加藤一夫・川名隆史訳、論創社、一九八四年）。

（2） Rosa Luxemburg, Die industrielle Entwicklung Polens. Leipzig 1898.

（3） Róża Luksemburg, Listy do Leona Jogichesa-Tyszki. Tom 1（1893-1899）. Warszawa, 1968. S. 196-197. 邦訳、ローザ・ルクセンブルク『ヨギヘスへの手紙』（伊藤成彦・米川和夫・板東宏訳、河出書房新社、一九七六）第一巻、二二〇―二二一頁。

（4） Rosa Luxemburg, "Zur Verteidigung der Nationalität" 1900, in : Gesammelte Werke, Bd. 1 / 1. 1970. S. 810.

（5） Ebenda, S. 810.

（6） Ebenda, S. 810.

（7） Rosa Luxemburg, Sozialpatriotische Programmakrobatik, in : Rosa Luxemburg : Internationalismus und Klassenkampf. Sammlung Luchterhand 1971, S. 176-177.

（8） Rosa Luxemburg, Dem Andenken der "Proletariat", in : Gesammelte Werke, Bd. 1 / 2. S. 362.

（9） ローザ・ルクセンブルク「ポーランドとロシアの社会主義の相互関係」（中京法学第一二巻第二号、一九七七年、佐保雅子訳）所収のフェリクス・ティフの解説（伊藤成彦訳）参照。

（10） Socjaldemokracia Królestwa Polskiego i Litwy-Materialy i Dokumenty, Pod redakcja Feliksa Tycha. Tom II. 1902-1903. Książka i Wiedza, 1962. S. 354.

（11） レーニン「われわれの綱領における民族問題」、レーニン全集第六巻、四七五頁。

（12） Socjaldemokracia Królestwa Polskiego i Litwy-Materialy i Dokumenty, S. 368-369.

（13） レーニン全集第六巻、三四四頁。

（14） レーニン『一歩前進、二歩後退』全集第七巻、四一一頁。

（15） Rosa Luxemburg, Organisationsfrage der russischen Sozialdemokratie, in G. W. Bd. 1 / 2. S. 252.

（16） 拙論「集権と分権の弁証法――レーニンとローザの党組織論」（伊藤成彦『ローザ・ルクセンブルクの世界』社会評論社、一九九八）参照。

（17） レーニン全集第七巻、四二五頁。

(18) Rosa Luxemburg, Ebenda, S. 433-434.

第五章 『民族問題と自治』への助走

1 助走——論集「ポーランド問題と社会主義」

ローザ・ルクセンブルクは一九〇五年五月—六月に、「ポーランド問題と社会主義」と題した論文集を刊行した。この論集は、ローザ・ルクセンブルクの「ドイツとオーストリアにおけるポーランド社会主義運動の新潮流」(Die Neue Zeit. 95 / 96.) やカウツキーの「ポロネーズは終りか?」(Die Neue Zeit. 95 / 96.) など、『ディ・ノイエ・ツァイト』誌上での「ポーランド問題論争」をはじめとして、H・パルブス「ポーランド問題」(Säcksische Arbeiter Zeituung, 1896)、F・メーリンク「ポーランド問題」、レーニン「我々の綱領における民族問題」(Iskra, 1903) など二十編の論文を収めて、さらに彼女自身のかなり長い「序文」を付していた。

その「序文」は、彼女がそれまでに書いてきたポーランド問題に関する主張を集大成した趣のもので、十九世紀のポーランド独立回復運動に対するマルクスやエンゲルスの期待に始まり、ポーランドにおける社会主義運動の台頭と国際主義と社会愛国主義の対立、インター・チューリヒ大会(一八九三)とロンドン大会(一八九六)におけるポーランド問題、彼女自身の博士論文『ポーランドの産業発展』(一八九八)の意味、カウツキーのPPS擁護論とそれへの批判など、それまでの「ポーランド問題」をローザ・ルクセンブルクの立場から改めて総括した上で、次のように締め括っていた。

「わがプロレタリアートは、存続と発展の権利を持つ特別な精神的文化としての民族性の擁護のために闘うことが出来るし、闘わねばならない。そして今日わが民族性の擁護は、民族主義的な分離主義によってではなく、専制の打倒をめざす闘いを通してのみ可能となる」。

「国際的社会主義の帆を掲げてすすむ社会民主主義号は、ポーランドでもその船上で民族的・文化的財宝を擁護する——それが歴史的弁証法の現在の結果であり、この弁証法こそが社会研究のマルクス主義的方法を理解し、予見し、行動に転化することを可能とするのである」(1)。

この「序文」は、一八九三年以来十年以上に及んだPPSとのポーランド独立論を巡る論争を総括すると同時に、ロシアの党との合同に備えるという意味で、ローザ・ルクセンブルクにとっては重要な意味を持つ論文であった。そしてローザ・ルクセンブルクはこの論文の出来栄えに大変満足していた。

この「序文」の原稿をクラクフにいたヨギヘスに宛てて送った際に、彼女はそれに添えた一九〇五年五月七日付の手紙に、「序文はすばらしい出来としかいいようがありません」と自慢しながら、次のように書いていた。

「これはとても読者の役に立つでしょう。読者を教え、状況について判断する材料を与えることになります。ただ心配なのは、マルクスと対立するわれわれの立場をあまりにも強調しすぎている点ですが、この心配もわたしに言わせれば、とりこし苦労でしょう（中略）全体としてみれば、結局のところ、マルキシズムの勝利の歌なのですからね。また率直な〈修正意見〉は、わが国の青年をむしろいっそう魅了する結果になるのではないでしょうか」(2)

後から見れば、この「序文」は『民族問題と自治』への第一の助走であった。

2　助走――「われわれは何を要求するのか？――ポーランド王国・リトアニア社会民主党綱領へのコメント」

やはり後から見てのことだが、『民族問題と自治』への第二の助走は、「序文」の完成後、彼女が直ちに取りかかった「われわれは何を要求するのか？」と題する「ポーランド王国・リトアニア社会民主党（ＳＤＫＰｉＬ）綱領へのコメント」であった。

ＳＤＫＰｉＬは一九〇〇年の結成以来まだ綱領を作成していなかったので、一九〇三年七月末にベルリンで開催した第四回党大会で、綱領の起草委員としてヨギヘス、ワルシャフスキ、マルフレフスキの三人を選出した。しかし起草委員たちは綱領を起草せず、ローザ・ルクセンブルクが一九〇四年一月発行のＳＤＫＰｉＬの雑誌『労働者評論』（Przegląd Robotniczy）に「綱領の一般向きの解説」として「綱領概要」を発表した。しかしこれでは不十分なので、論集「ポーランド問題と社会主義」の刊行の見通しがつくと直ぐに、「われわれは何を要求するのか？　――ポーランド王国・リトアニア社会民主党綱領へのコメント」の作成に取りかかった。

この頃の彼女のヨギヘス宛の書簡を見ると――

・「自治と連〔邦〕についての論説にはとうに取りかかっているのですが、〈急ぎの仕事〉にひっきりなしに中断されているようなしだい。おそくとも七月十五日までには終わるようにします。これが重要だということは自分でも分かっています。むずかしい仕事で、理論的な処理が必要なのですが、しかし、ぶじに書き上げることができると思います」（一九〇五年六月二十七日）(3)。

・「わたしが執筆している『われわれの要求』について言えば、われながら気に入っていると白状します。構想が展開されるにつれて、感銘を与えるものになっています。補足はやはり入れますから、あなたの注文を知らせて下さい。ご存知でしょうが、いま手もとにあるだけでもう三三ページ!!　第一部と補足を加えると大部になってしまう！　このことを考慮に入れて下さい。だから補足はあまり広範につけることはできません」（一九〇五年八月四日）(4)。

ローザ・ルクセンブルクのこのような手紙を見ると、『われわれの要求』は八月に殆ど完成したように見えるが、そうではなかった。一九〇五年十月の手紙で、彼女はヨギヘスに宛てて次のように伝えている――

・「『要求』にもとりかかり、今日明日中に仕上げます」（一九〇五年十月九日）(5)。

・「そちらに『労働者評論』を送ります。まだ欠けているのは、(1)巻頭論説、これは二日後に。(2)政治欄、これはあなたの助言まち。巻頭論説では、『われわれの要求』第二部を書きます。ご要望のとおり、われわれの政治的要求、その条項ごとの解説です」（一九〇五年十月十三日）(6)。

同じく十月十三日に出した第二信に、「今日『要求』にとりかかり、自治を補足し、同封します。残りも書き上げて送ろうかと思いましたが、あなたの注文を聞くため保留します」とあり、その末尾には、「印刷に廻す前に『われわれ〔の要求〕』の追加分に眼を通すこと」という注文がついている(7)。

この手紙によって『われわれの要求』第二部が一応完成したことがわかる。しかしそれは文字通り一応の完成であって、それから一週間後の十月二十日付のヨギヘス宛の手紙から、再びこの問題が論じられる――

・「いまようやく『われわれ〔の要求〕』へのあなたの注意の入った手紙を受け取ったので、急いで一筆。（中略）あなたの注意はすべて考慮しましたが、二つの例外あり。(1)二院制、閣僚の責任制等の細目については、言及すべきかどうか、またどこで言及すべきか、どうも見当がつかない。そこでとりあえず小冊子発行まで触れないでおき、その時までに協議しましょう。(2)帝国議会《ドゥーマ》の件については、それをここで取り上げるべきだというあなたの考えは大間違いです。これは永続的・一般的な意味でのわれわれの具体的要求、われわれの綱領への注解であって、数週間ないし数カ月程度を予想した煽動論説ないし小冊子ではないのです」（一九〇五年十月二十日）[8]。

同じく二十日付の第二信では、「わたしはいまそちらから今日送られてきた『われわれ〔の要求〕』の後半を書いています。それで忙しく、ちゃんとした手紙は書けません」（同）[9]。

・「いま『われわれの要求』の校正をおえたところ。帝国議会《ドゥーマ》について冒頭と末尾にいくらか付言しました」「自治についての一節はまだ保留しています」（一九〇五年十月二十三日）[10]。

・「もう自治の一節の訂正に掛からなくちゃ。わたしとしてはどう切り抜けたものやらてんで分かりません。この件すべてをもう一度わたしの裁量に委ねるとは、あなたも賢明なこと！　とにかくやってみます」（一九〇五年十月二十四―二十五日）[11]。

そしてその翌日の二十六日付の手紙に、「自治」に関する考察がかなり詳細に書かれている。ローザ・ルクセンブルクの民族問題論の要に当たる自治論の形成過程を示す資料としても興味深いので、以下に出来るだけ詳しく紹介する。

「電報を受け取りました。あなたの指摘については徹底的に考えましたが、そのうちの一つ、つまり民族文化への考慮だけを自治の論拠とすることに私たちとしては同意できない、という点はおおいに正当だと認めます。ここでも私たちにとって第一義的なのは、あなたが曖昧に〈経済的分散性〉と言っているものではなく、階級闘争およびその〈地域的〉性格（資本の分散性）の強化です。そのことを訂正してみます。イスクラ派がブルジョア政治家たちにならって〔聖母マリアをあがめるように〕くり返し唱えている〈歴史的、経済的分離性〉なるものは、わたしたちのお手本どころか、かれらの無批判性を示すものです。こんな命題はトルビェツキーやストルーヴェには結構な論拠でしょうが、私たちは階級闘争の党であって、〈歴史的諸権利〉の党などではない。その他の指摘については私の意見は変わりません。すなわち、

(1) 全体の基礎として第一にすべての特権の廃止、すべての民族集団の同権をおき、その細目、系としてのみ自治を認めるのが私の考えです。これこそPPS等の立場と私たち〔SDKPiL〕の立場を区別する核心です。私たちにとっては諸民族の一般的、連帯的利益＝国家全体のなかのプロレタリアートの利益こそ出発点であり、連中にとっては私たち〔ポーランド人〕の分離性が出発点なのです。（中略）

(2) したがって、タイトルはあなたの提案する自治ではなく、〈……する国〔家的〕機関〉等々と定式化すべきで、この定式は私たちがロシア人に対して、一般綱領プラス細目としての国内自治を提案したときと同じものです。私たちSD〔社会民主主義者〕は、〈地域〉で活動しているにせよ、PPSのような地方割拠的な党派ではなく、全国的党派の一分肢であり、したがって私たちの綱領はその各項目の基礎に全国的性格を堅持すべきことをお忘れなく。

(3) 「リトアニア」について言えば、一体そのために何を要求すべきものやら、皆目わかりません。一つの自治〔国〕をか、それとも二つのか？ 私としては「リトアニアのためにも」〔自治〕をあえて要求するでしょう。そうすべきです。ただし私は今後も一つの国としての「わが国」という言い方をします。短い文章を挿入して私が第二のセイム〔ヴィルノの制憲議会〕を望む旨示唆するかどうかは、あなたにおまかせします」

ここで手紙本文の中での『われわれの要求』第二部に関する言及は終わるのだが、この長い手紙には、さらに次のような「追伸」が付いている。

「追伸。あの項目のタイトルについて私は今になって疑念を抱いています。〈すべての民族集団への……保証〉といった規定は、宗教的願望ではあっても綱領的要求の定式とは言えません。綱領においては、それぞれの権利に対応する具体的な機関をはっきり要求すべきで、その点私たちがかつてロシア人宛に提唱した定式〈……する国家的機関〉も今では不充分でしょう。万人のために何を具体的に要求するか？　私の考えでは〈ロシア国家の居住するすべての民族の市民権の同権、および民族的言語、文化、学校の自由の保障、ポーランドとリトアニアの国家的自治〉です」(12)

ローザ・ルクセンブルクのこの手紙に編者のフェリクス・ティフは次のような注記を付けている。

「自治に関する項目は、『われわれの要求』第二部の本文には記入されなかった。『労働者評論』一九〇五年第六号所載の論説末尾には、次の告示が出ている。〈論説『われわれの要求』は加筆のうえ小冊子として発行される予定で、この際ページ数があまり多くならぬよう、社会民主主義綱領の若干の項目、例えば〈都市、農村の地方自治〉その他は本論説では省略してよいと認めた〉」(13)。

そしてローザ・ルクセンブルクが基本的に執筆した『われわれの要求』は、第一部と第二部を合わせて、一九〇六年にパンフレット「われわれは何を要求するのか？　――ポーランド王国・リトアニア社会民主党綱領へのコメント」として刊行されたのだが、ここに引用したローザ・ルクセンブルクの手紙が重要な意味を持つのは、「私としてはリトアニアのためにも〈自治〉をあえて要求するでしょう。そうすべきです」と書いていたその「リトアニアの自治」が、パンフレットから消えているからだ。

どのような事情から、また誰がそれを削除したのであろうか？

いずれにせよ、ローザ・ルクセンブルクが「序文」や「要求」を書いていた時、一九〇五年ロシア革命はすでに始まって進行していた。そして革命の進行の中でワルシャワではロシア党とポーランド党（SDKPiL）とPPS左派が急速に接近し、一九〇五年四月にはドイツ社会民主党委員長のアウグスト・ベーベルがロシア支配下のポーランド王国地域で働くドイツ人労働者に、SDKPiLに加わって国際的な社会民主主義者として活動するように呼びかけた「公開状」を発表し、さらに同年六月には、ロシア党とSDKPiLの軍事革命委員会の間で協定が結ばれて、その関係はますます緊密化した。

そうした革命の進行の中で、同年十一月にはSDKPiL党大会が初めてポーランド王国地域内で開催されて、ヨギヘス主宰の下にローザ・ルクセンブルクが起草した綱領草案が承認されると共に、SDKPiLは「自治的地方組織」としてロシア党に加わるという「合同条件」も決定された(14)。

一方、ローザ・ルクセンブルクは、一九〇五年十一月四日にヨギヘスに宛てた手紙で、

「今日、マルトフとダンが私の所に到着しました。二人はここからペ〔テルブルク〕にでかけるつもりです。パルヴスもここに戻り、同行するはずだと言っていました。スタロヴェル〔ポートレソフ〕とヴェーラ〔ザスーリチ〕もやはり同じ目的で近日中に当地に現れるとのこと。わかるでしょ。こんなわけで私は何かに衝かれ、この『フォアヴェルツ』でのみじめさとごたごたから逃げ出したいという望みで胸がはりさけそうです。あの人たちがひどく羨ましいの！　あなたはいつここに着くの？(15)」。

ローザ・ルクセンブルクはこの時、ヨギヘスがベルリンに来るのを待っていた。ヨギヘスは十一月五日から短期間ベルリンに滞在し、またすぐにワルシャワに戻った。そしてその翌月、十二月二十八日には、ローザ・ルク

センブルクはアンナ・マーチュケという偽名のパスポートを持ってワルシャワに潜入し、ヨギヘスに合流してSDKPiLの革命闘争を指導した。

3 一九〇五年――ロシア革命の中で

一九〇五年十二月三十一日にワルシャワに到着して、ヨギヘスとともに革命闘争を指導し始めたローザ・ルクセンブルクは、直ちにロシア官憲に探知されて、一九〇六年三月四日にヨギヘスと共にワルシャワの隠れ家で逮捕された。

その翌四月にストックホルムで開催されたロシア党第四回党大会でSDKPiLはロシア党に合流した。その際に、「SDKPiLが発表した契約書には、自治条項が含まれていたが、ロシア語のテキストにはそれがなかった。この事態をポーランド側は、SDAPRがポーランド党の立場を考慮してこの点で綱領を変更したと解釈した。しかしロシア側ではそのような可能性を一瞬たりとも真面目に考えたことはなかった」[16]。

ちなみに一九〇六年四月にSDKPiLがSDAPRと合同の際に発表した契約書とは、次のようなものであった――

一　SDKPiLはSDAPRの一地域組織であり、その地域のあらゆる民族のプロレタリアートの間で活動し、この地域の党のあらゆる組織の活動を統一する。

注一　ポーランドの社会主義的諸組織は、SDKPiLへの加入によってのみSDAPRに加入することができる。それらの組織とSDAPRとの間の長期・短期の協定は、SDKPiLの了解の下でのみ成立することができる。

注二　SDKPiLとブンドとの関係は、SDAPRの了解を得て決められる。SDKPiLはこの一般的な枠内で、地域におけるブンドとの共同行動の具体的なケースを決定する。

二　SDAPR中央委員会とSDKPiL幹部会は、この問題に関心を寄せる全ての地区組織を招集して、リトアニア人がSDKPiLの活動領域に止まることを決定する。

三　SDKPiLはその活動領域においては、組織の場所・形態に関連する全ての問題を自主的に決定し、当該領土で活動する他の党派との関係をも同様に自主的に決定する。

四　SDKPiLは独自の党大会を開催する。

五　SDKPiLはその活動の枠内で、労働組合の党組織に対する関係のあらゆる問題を自主的に決定する権利を保持する。

六　SDKPiLはSDAPRの全国大会に、SDAPRに加盟する他の全ての組織と同様の原則に基づいて参加する。

七　SDAPRの中央機関紙編集局に、SDKPiLはメンバーを一名送り、他の編集局員と同様の権利をもって編集業務全般に参加し、政治業務局を指導する。

八　SDKPiLは国際社会主義会議および国際社会主義事務局において、ポーランド人が会議中に独自のセクションを構成する限り、独自の代表権を保持する。

九　SDKPiLは従来の党名をSDAPRへの副題として保持する。

十　全ての国内党会議に際して、そこにポーランドで活動する諸党派が参加する場合には、SDKPiL代表が全国党としてのSDAPRの代表として参加することと並んで、SDKPiL特別代表も会議への他の参加者と同等な権利をもって参加する義務を負う。〔SDAPR合同会議は、ポーランドの自治に対する要求を承認する〕(17)

最後の括弧内の一節について、ゲオルク・シュトローベルは次のように注記している。「SDAPR合同会議後にSDAPRが発表したロシア語の契約文書には、最後の一節が含まれていなかった。そのためにSDKPiL幹部会は、ボルシェビキ派の機関紙『フペリョード』編集部にこの点を指摘して抗議をした。その際にSDKPiL幹部会は、この一節は両党の協調委員会で了解されたものだと指摘して、問題を明白にするためにSDKPiL幹部会の書簡を『フペリョード』に掲載することを求めた。編集部はこの要請を了承したが、その書簡に紙面を割くことはしなかった」[18]。

つまりSDAPRボルシェビキ派は、SDKPiL幹部会の主張の正当性を知りながら、その主張を無視したのだ。

一方、SDKPiLにとっては「ポーランドの自治に対する要求」は、両党の合同の条件として極めて重要であった。それはロシア革命によってツァーの支配を倒して「ロシア民主共和国」もしくは「ロシア社会主義共和国」を樹立した後のポーランドの状態に関わることであったからだ。

だからローザ・ルクセンブルクが起草して、一九〇五年十一月にポーランド王国地域内で開催されたSDKPiL党大会で承認された「SDKPiL綱領摘要」にも、「ロシア帝国内のあらゆる民族の同権と自由な文化的発展、民族学校・民族語の使用の保障」と並んで、「ポーランドの自治」が明記されていた[19]。

では何故ローザ・ルクセンブルクたちSDKPiLは、一方ではロシア党との合同を志向しながら、他方ではロシア党内での「ポーランドの自治」にこれほどまでこだわったのか？

この問への答えは、二つの側面から考えられる。第一には、ローザ・ルクセンブルクたちSDKPiLは、ロシア革命の成功後のロシア共和国における、ポーランド民族を含む諸民族の平等・同権の共生を構想する必要があり、それはロシア革命を共同で闘うロシア党とポーランド党との関係をも規定すべきものであった、ということだ。つまりＳＤＫＰｉＬは、ロシア党との連帯・共同行動を進めるという基本的目的のために、ロシア党との正常な関係の形成を求めたという側面だ。

しかし同時に重要なことは、ＰＰＳのポーランド独立論を否定したＳＤＫＰｉＬは、ポーランド独立論に対抗し得る根拠を必要としたことだ。だからローザ・ルクセンブルクが主となって起草して、一九〇六年に約二万部が刊行されたと言われるパンフレット『われわれは何を要求するのか？——ポーランド王国・リトアニア社会民主党綱領へのコメント』は、ポーランドの労働者にとって最優先の課題は、ロシアの労働者と共にツァーの支配を打倒して政治的自由を獲得することだ、と次のように主張した。

「ツァー支配の打倒と政治的自由の獲得は、ポーランドのプロレタリアートにとってもロシアのプロレタリアートにとっても同様に第一の必要である。従って政治闘争では、ポーランドの労働者はロシアの労働者と共に統一体を、同一の政治的綱領を持った政治的階級を構成する」[20]。

こうしてＳＤＫＰｉＬとローザ・ルクセンブルクは、ポーランドの労働者とロシアの労働者の階級的連帯・共闘を最優先の課題としたが、しかしそれによって民族的差異・差別が解消すると考えていたのではなかった。『綱領へのコメント』はさらに続けて次のように述べている。

「ポーランド民衆は、ロシア帝国において異民族の政府の下にある限り確かに異質な状態にある。しかしポーランドのプロレタリアートは、たとえ自己の民族政府を持ったとしても、引き続き搾取され抑圧される階級であり続ける。ちょうどロシアのプロレタリアートが彼らのロシア政府から引き続き搾取され抑圧されるように」[21]。

このようにＳＤＫＰｉＬとローザ・ルクセンブルクは、ポーランド民衆が「異民族の政府の下にある限り確かに異質な状態にある」ことを視野に収めながらも、民族問題の解決のためにも階級問題の解決が優先するとして、ロシア党との連携・共闘・合同をＳＤＫＰｉＬの活動にとって必須の課題と考えたのであった。

4　レーニン・ボルシェビキとの協力

一九〇六年三月四日にワルシャワ市内でヨギヘスと共にロシアの官憲に逮捕されたローザ・ルクセンブルクは、ワルシャワ在住の家族及びポーランドとドイツ社会民主党の同志たちの奔走の結果、「健康上の理由」によって同年六月二十八日に釈放され、八月十日にフィンランドのクオッカラに到着した。クオッカラ（現在ロシア領レピノ）はペテルブルグから汽車で一時間程の距離で、ロシア革命の指導者たちが身を隠していた。ここでローザ・ルクセンブルクはレーニンをはじめ、ボグダーノフ、ジノヴィエフなどＳＤ′ＡＰＲボルシェビキ派の指導者たちと初めて会い、また近くに住んでいたアクセリロード、ザスーリチとも再会してロシア革命について語り合った。

レーニンをはじめボルシェビキ派の指導者たちとのこの初会談について、アネリース・ラシッツァは「ローザ・ルクセンブルクは彼らの書いたものから得ていたのとは全く違った印象を受けた」[22]と書き、ピーター・ネトルも、「レーニンとローザはおたがいに十分知り合うようになった。毎晩毎晩、彼女はクオカラのライタイゼン家の一階にあるレーニンの住居に座って、長時間、ロシア革命について、レーニンや、ジノヴィエフ、カーメネフ、ボグダーノフらと語り合った。彼女がかれらにあたえた感銘はかなりのもので、〈ロシア革命を正しく、かつ全体として評価できる最初のマルクス主義者〉という評をうけている。このときに、レーニンとローザ・ルクセンブルクとの間に人間的共感がうまれた」[23]と描いている。

こうしてレーニンとの親交を深めたローザ・ルクセンブルクは、翌一九〇七年五月十三日―六月一日にロンドンで開催されたロシア社会民主労働党（ＳＤＡＰＲ）大会に、ドイツ社会民主党とポーランド・リトアニア社会民主党を代表して挨拶し、「ロシア革命は、十九世紀における一連のブルジョア革命の最終行動ではなく、むしろ未来のプロレタリア革命の先触れであって、この革命を指導することこそが社会民主党の歴史的役割である」とロシア社会民主労働党を激励しながら、「ロシア社会民主労働党がこれらの役割をなしとげるために欠くことのできない重要な条件は、党の統一である」と、一九〇四年の党大会以来の党分裂の解決を求めた。[24]

さらに同年八月十八日―二十四日にシュトットガルトで開催された第二インターナショナルの大会では、ベーベルが提案した「軍国主義と帝国主義に反対する決議案」に対して、レーニンと協力して、「戦争勃発が迫った場合には……戦争勃発の防止に全力をつくすべき義務を負う……それにもかかわらず戦争が勃発した場合には、資本主義階級支配の廃棄を促進することに全力を尽くす」という文を決議案の最後に付け加えて、その決議の性格を一変させた。[25] そして翌一九〇八年一月に、レーニンは夫人クルプスカヤと共にストックホルムからジュネーブに行く途中にベルリンに立ち寄って、ローザ・ルクセンブルクを訪ねた。[26]

このように一九〇六年八月以降は、ローザ・ルクセンブルクとレーニンが最も近づいた時期であって、『民族問題と自治』は、そうした環境の中で構想され、執筆されたのであった。

（1） Róża Luksemburg, Przedmowa do książki "Kwestia polska a ruch socjalistyczny", w : Róża Luksemburg, Wybór Pism, T. 1. S. 407-408. ドイツ語訳は、Rosa Luxemburg, Vorwort zu dem Sammelband "Die Polnische Frage und die Sozialistische Bewegung" in : Internationalismus und Klassenkampf. Herausgegeben und eingeleitet von Jürgen Hentze, Luchterhand 1971. S. 218-219.

（2） Róża Luksemburg, Listy do Leona Jogichesa-Tyszki, T. 2.（1900-1905）. Listy zebral, slowem wstępnym i przypisami opatrzyl Feliks Tych. Książka i Wiedza 1968. S. 328. 邦訳は、ローザ・ルクセンブルク『ヨギヘスへの手紙』（伊藤成彦・米川和夫・坂東宏訳、河出書房新社、一九七七）第三巻一八九―一九〇頁。ドイツ語訳は、Rosa Luxemburg, Gesammelte Briefe (Dietz Verlag Berlin 1982), Bd. 2. S. 91-92.

（3） Róża Luksemburg, Listy do Leona Jogichesa-Tyszki, Tamże. S. 404. 邦訳、前掲書二五八頁。ドイツ語訳、Ebenda, S. 142.

（4） Róża Luksemburg, Listy do Leona Jogichesa-Tyszki, Tamże. S. 429. 邦訳、前掲書二七九頁。ドイツ語訳、Ebenda, S. 161.

（5） Róża Luksemburg, Listy do Leona Jogichesa-Tyszki, Tamże. S. 469. 邦訳、前掲書三〇八頁。ドイツ語訳、Ebenda, S. 189.

（6） Róża Luksemburg, Listy do Leona Jogichesa-Tyszki, Tamże. S. 477. 邦訳、前掲書三一四頁。ドイツ語訳、Ebenda, S. 194.

（7） Róża Luksemburg, Listy do Leona Jogichesa-Tyszki, Tamże. S. 480. 邦訳、前掲書三一六頁。ドイツ語訳、Ebenda, S. 196.

（8） Róża Luksemburg, Listy do Leona Jogichesa-Tyszki, Tamże. S. 500. 邦訳、前掲書三三〇頁。ドイツ語訳、Ebenda, S. 208-209.

（9） Róża Luksemburg, Listy do Leona Jogichesa-Tyszki, Tamże. S. 503. 邦訳、前掲書三三二頁。ドイツ語訳、Ebenda, S. 210.

（10） Róża Luksemburg, Listy do Leona Jogichesa-Tyszki, Tamże. S. 506. 508. 邦訳、前掲書三三四―三三六頁。ドイツ語訳、Ebenda, S. 212. 214.

（11） Róża Luksemburg, Listy do Leona Jogichesa-Tyszki, Tamże. S. 512. 邦訳、前掲書三三九頁。ドイツ語訳、

Ebenda, S. 216.

（12） Róża Luksemburg, Listy do Leona Jogichesa-Tyszki, Tamże. S. 513-516. 邦訳、前掲書三三九―三四二頁。ドイツ語訳、Ebenda, S. 217-219.

（13） Róża Luksemburg, Listy do Leona Jogichesa-Tyszki, Tamże. S. 516. 邦訳、前掲書三四二頁。ドイツ語訳、Ebenda, S. 217.

（14） George W. Strobel, Quellen zur Geschichte des Kommunismus in Polen 1878-1918. Programme und Statuten. Verlag Wissenschaft und Politik, Köln 1968. S. 63.

（15） Róża Luksemburg, Listy do Leona Jogichesa-Tyszki, Tamże. S. 536. 邦訳、前掲書三五六頁。ドイツ語訳、Ebenda, S. 231.

（16） Georg W. Strobel, Ebenda, S. 64.

（17） Georg W. Strobel, Ebenda, S. 248-249.

（18） Georg W. Strobel, Ebenda, S. 249.

（19） Georg W. Strobel, Ebenda, S. 238.

（20） "Was Wollen Wir? Kommentar zum Programm der Sozialdemokratie des Königreiches Polen und Litauens" in: Rosa Luxemburg, Internationalismus und Klassenkampf. Sammlung Luchterhand 1971, S. 92.

（21） Ebenda.

（22） Annelies Laschitza, "Im Lebensrausch, trotz alledem Rosa Luxemburg. Eine Biographie", Aufbau-Verlag 1996, S. 249.

（23） Peter Nettl, "Rosa Luxemuburg" Kiepenhauer & Witsch 1968, S. 345-346. 邦訳、練山正・川崎賢・宮島直機・湯浅赳男・米川紀夫訳『ローザ・ルクセンブルク』上、河出書房新社一九七四年、三七二頁。

（24） Rosa Luxemburg, Gesammelte Werke Bd. 2. Dietz Verlag 1972, S. 213.

（25）Ebenda, S. 236.
（26）Róża Luksemburg, "Listy do Leona Jogichesa-Tyszki" Tom 3. 1971. S. 25. 編者フェリクス・ティフが加えた注17参照。邦訳、板東宏訳『ヨギヘスへの手紙』第四巻、河出書房新社、一九七七年、四五―四六頁。

第六章　『民族問題と自治』の位相

1　『民族問題と自治』の執筆経過――書簡から

ローザ・ルクセンブルクは一九〇八年六月六日もしくは七日にヨギヘスに宛てた手紙に、「わたしは火曜日か水曜日に姉といっしょに海にゆきます。『社会民主主義評論』にやがて掲載されるはずの自治に関する論文Ⅰはそこから送ります。序文にはこれ以上かかずらってはいられません。最終的には自治に関する論文そのものを序文として掲載してもよいでしょう[1]」と書いていた。この手紙の発信地はまだ「ベルリン・フリーデナウ」だが、カウツキー一家に宛てた六月十二日付の絵葉書の発信地は、バルト海に面したコルベルク（コウォブジェク）なので、六月十二日からコルベルクに滞在したものと推測される。ローザ・ルクセンブルクがバルト海岸のコルベルクに来たのは、病気の姉の保養に付き添ってきたもので、滞在は四週間ほどだった。この間、六月十九日付でコスチァ・ツェトキンに宛てた手紙に、自治に関する論文について次のように書いている。

「私は今ポーランドの自治に関するポーランド語の大きな仕事に取り掛かっています。私は問題を理論的に取り扱っていますが、とても興味をそそられています。論文はまず雑誌に三回ないし四回連載されてから、ポーランド語とロシア語でパンフレットとして出版されることでしょう。今は六月号と七月号の最初の二回分を書き上げて、七月一日までに渡すことが出来れば、その後は休暇で解放されます」[2]。

またその翌日に書いたと見られるヨギヘス宛の手紙には、「ほとんどすっかり書き改めることにした自治に関する仕事に没頭していて」と書いている[3]。

これらの文面からみると、ローザ・ルクセンブルクは、「ほとんどすっかり書き改めることにした、自治に関する論文」は「雑誌に三回ないし四回連載」する分量で終わると考えていたように見える。実際、『民族問題と自治』は『社会民主主義評論』に第四章までは次のように、ほとんど切れ目なく連載された。

第一章　一九〇八年八月（第六号）
第二章　一九〇八年九月（第七号）
第三章　一九〇八年十—十一月（第八・九合併号）
第四章　一九〇八年十二月（第十号）

『民族問題と自治』の執筆は、ここまでは予定通りに進んだが、第五章が発表されたのは、翌一九〇九年六月刊行の第十二号でほぼ半年の間が開いた。この間、一九〇九年五月一日付でシュツットガルト近郊からヨギヘスに宛てた手紙で、ローザ・ルクセンブルクは次のように書いている。

「きょうユーレクにあてて自治の原稿を書留便でひとまとめで発送しました九〇枚あります。この部分については一〇六枚書いたのですが、印刷で三〇ページ以上になってはならないので、残りは分離して最終篇にくり入れることにします。（最終篇はこれから執筆しなければなりませんし、その下書きすらまだできていません）」[4]。

そしてイタリアのジェノヴァからヨギヘスに宛てた五月十日付の手紙には、「『自治』の最終部分を十日までに約束するなど思いもよりません。この仕事は全部基礎から書かねばなりませんし、数日後でなければとりかかれません（中略）最終部分は六月二十日に発送すれば間に合うでしょう。そうするほかないのです。さもないと、昨年同様アブハチとらずになるにちがいありません」[5]と書いていた。

さらに六月二日付のヨギヘス宛の手紙——

「前にも書きましたが、わたしには十日までに自（治）に関する論文を提出することなど考えられません。これを書くためにはまだ以下の資料が必要です。(1)自治の要求を論じたわれわれのすべての古い記録（旧『労働問題』など）とマチェイ・ルーズガ（ローザ・ルクセンブルクの筆名で一八九五年に労働問題社から発表されたパンフレット『ポーランドの独立と労働問題』を指す）、ザレフスキの評論はあり。(2)革命以前の時期の（国家再建を要求した）エンデツィア（国民党）の綱領諸文書、同党による自治綱領の最初の、その理由付の宣言（一九〇三年だったはず）、同じく同党の一九〇六年一月ないし二月の選挙用声明。わたしはこの声明をワルシャワの『赤旗』論説で批判しました。せめてこの日の『赤旗』だけでも。(3)進歩党の綱領的文書（小冊子など）はあるだけ全部（わたしの手もとには、かれらの自治案の定式と『プラウダ』の若干の論説しかありません）。

一九〇五年一月ないし二月の『黎明』には「パリ・ブロック」の会合（一九〇四年一二月）の報告記事がのっています。それとモスクワでのカデットと国民党員および進歩党員の集会（一九〇四年？）の報告も必要です。『解放』に載っているかもしれません」[6]。

さらに八月に入ってからも——

「自治についてはまだたっぷり仕事が残っています。この論文は雑誌の第一フォリオではなく、おそらく第三フォリオに入るように構成すべきです。それにしてもうまくやれるかどうか不明ですし、急いでも何のとくもありません」(7)。

そして八月十日付の手紙では——

「自治に関する仕事のプランは次の通り——これまでの部分は、中央の権能に属すべき領域に関して、その根拠を論じました。これからは自治的機能の根拠を論じることになる。後者が欠かせないのは、さもないと、中央議会の権能を広範に究明したあと、地方議会には何ひとつ残らないのではないか、われわれの〝自治〟なるものはほらにすぎないのだ、という印象を与えることになるからです。そこで、われわれの自治要求に具体的な内容を与えるためにも、わたしは自治の積極的内容をできる限り具体的に展開するつもりです。それゆえ学校制度については二度記述しなければなりません。まず一般的な基盤は全国家的であるべきことを論証し、つぎに、諸原則の執行と適用は自治的であるべきことを明らかにする、というふうに」(8)。

こうして『民族問題と自治』の「最終部分」と見られる第六章は、同年九月刊行の『社会民主主義評論』第一四・一五合併号に掲載された。

2　民族自決権の否定

『民族問題と自治』はすでに述べたように六章から成っているが、ローザ・ルクセンブルクが書簡の中でこの論文をしばしば「ポーランドの自治に関する論文」と呼んでいることに先ず注意しておく必要がある。というのは、表題が『民族問題と自治』となっているために、これをローザ・ルクセンブルクの「民族問題論」として一般化して見る読み方があるが、この論文の目的は、一八九三年以来ポーランド社会党（PPS）との間で争ってきたポーランドの民族問題を、PPSのポーランド国家の再興・独立論に対して、「ポーランドの自治」として解決する方向を示そうとしたものに他ならないからだ。

『民族問題と自治』の第一章の表題は、"Prawo narodów do stanowienia o sobie"で、私は本稿第一章の注3で述べたような理由から、この表題を「諸民族の自決権」と訳しておく。

ローザ・ルクセンブルクが『民族問題と自治』の冒頭に「諸民族の自決権」という問題を据えたのは、「諸民族の自決権」とは多数民族が小数民族を包摂・統合・抑圧しながら「国民国家」を形成するためのイデオロギーであって、ローザ・ルクセンブルクたちSDKP（iL）は、まさにこのイデオロギーを掲げてポーランド国家の再興を目指すPPSと一八九三年以来厳しく対立・抗争してきたからであり、しかもSDKPiLが一九〇六年にレーニンたちのロシア社会民主労働党と統合するに当たって、綱領からの削除を主張した「諸民族の自決権」が依然として、同党綱領第九条として掲げられていたからだ。

したがってローザ・ルクセンブルクは『民族問題と自治』の冒頭に「諸民族の自決権」という問題を据えたのだが、しかしそれはこのことによってロシアの党と対立・抗争するためではなかった。

すでに述べたようにこの時期、ローザ・ルクセンブルクとレーニン・ボルシェビキは同志的な関係にあった。ローザ・ルクセンブルクはここで、ツァーリズム支配の打倒を共に目指す同志として、ポーランドの党（SDKPiL）の立場・考え方をレーニン・ボルシェビキに説明するために、『民族問題と自治』の執筆を構想し、先ずその冒頭でレーニン・ボルシェビキが固執する「諸民族の自決権」という主張の誤りの指摘を行ったものと考えられる。

ローザ・ルクセンブルクはここでロシアの党が「諸民族の自決権」を綱領第九条に掲げていることが如何に誤ったことであるかを、オーストリア社会民主党のブリュン綱領や、一八九六年の社会主義インターナショナル・ロンドン大会での「民族自決権に関する決議」の解釈などを示して縷々説明しているが、ローザ・ルクセンブルクの主張の主眼は、「諸民族の自決権」という公式は、「プロレタリアートの日々の政策に何らの実践的指針を与えるものではなく、民族問題について何ら実践的な解決を与えるものでもない[9]」というところにあった。

ここで注意しておくべきことは、ローザ・ルクセンブルクが「プロレタリアートの日々の政策」にとって、という立場から「諸民族の自決権」を見ていたことだ。そういう立場から見れば、「あらゆる国、あらゆる時に一律に適用できるような〈諸民族の権利〉などというものは、〈人権〉とか〈市民権〉といった類の形而上学的な空文句以外の何ものでもない[10]」。

若きマルクスは『ヘーゲル法哲学批判序説』や『ユダヤ人問題』で、「法の前の平等」や「人権」が法的に保障されても、それは人間の「政治的解放」に過ぎず、それを実際に保障する社会的な条件が創り出されなければ空文句に終わると見る立場から、『共産党宣言』への道を歩みだした。ローザ・ルクセンブルクもまた「諸民族の自決権」そのものに反対したのではなく、そのスローガンを叫べば民族問題が解決するという幻想を持って、現実にはそのスローガンによって、階級社会を再生産する「国民国家」を作ることに反対したのである。

だからローザ・ルクセンブルクは次のように書いた。

「社会民主党は、プロレタリアートの階級政党である。その歴史的任務は、プロレタリアートの階級的利害を、また同時に資本主義社会の革命的な発展の利害を社会主義を実現する方向で代弁することである。したがって社会民主党は、諸民族の自決を実現するためではなく、もっぱら勤労者階級、すなわち搾取され抑圧されている階級であるプロレタリアートの自決権を実現するために生まれてきた」[11]。

しかし同時にここで注意しておくべくことは、ローザ・ルクセンブルクが「諸民族の自決」と「プロレタリアートの自決」を絶対的に相対立するものと捉えていたのではないことだ。「社会主義者が民族問題にどのような態度を取るべきかは、とりわけ、それぞれの所与の具体的な状況にかかわっている。それは国ごとにひどく異なっており、しかも、それぞれの国の中でも時間の経過とともにかなりの変化をこうむっている」[12]。したがって「諸民族の自決」と「プロレタリアートの自決」が一致することは、理論的にはあり得ることだが、それには階級の問題が解決されていなければならない。第二章「国民国家とプロレタリアート」では、まさにその問題が論じられている。

3　「国民」国家の廃絶

カール・カウツキーは、「近代的な国民理念の根源」を成す三要因として、「①自らの商品生産のための国内の販売市場を確保しようとするブルジョアジーの願望、②政治的自由と民主主義への願望、③国民文学と国民教育の一般人民層への普及」を上げているが、これに対してローザ・ルクセンブルクは先ず、カウツキーがあげた第一の要因、つまり「ブルジョアジーの市場利害」に関して、市場願望を実現するためには強力な軍国主義や対外関税政策、「一言でいえば、資本主義は、その然るべき発展のために販売市場ばかりでなく、近代資本主義国家の装置のすべてを必要としている」[13]と指摘する。つまり「ブルジョアジーの階級利害に合致した国民的欲求の特殊な形態とは、国家的独立」であって、国民国家は「ブルジョアジーが自民族の防衛と結束から他の諸民族に対する征服と支配の政策へと転換する必然的な歴史的形態である」[14]と述べる。しかも「今日の〈国民国家〉は例外なくすべてこれに当てはまる」として、手近な例として、「わがポーランドのブルジョア民族主義が、はっきりとルテニア人とリトアニア人に敵対している。プロイセンとロシアという分割国により、最も苛酷な絶滅政策を被っているその民族自身が、他の民族に対して、自立的に存在する権利を拒絶するのである」[15]と、国民国家が例外なく侵略国家となる事実を指摘する。

このような国民国家の分析に立ってローザ・ルクセンブルクは、次のように第二章の核心的主張を行う。

「ブルジョアジーの歴史的・階級的使命、課題とは、近代的な〈国民〉国家の創出であり、これに対してプロレタリアートの歴史的任務は、社会主義制度を導入するために、プロレタリアート自身が意識ある階級として生をうけた資本主義の政治形態である国家を廃絶することである」[16]。

では「資本主義の政治形態である国家」を廃絶して、社会主義制度の導入を目指すプロレタリアートにとって、民族問題はどのような形を取るのか。これはローザ・ルクセンブルクにとってここでの中心的な主題である「自治」の問題にかかわることなので、ここで彼女の意見を聞いておこう。

彼女は、「〈国民〉国家は、ブルジョアジーにとって必要不可欠であれ、プロレタリアートの階級利害にとっては何の意味もない」と述べた後で、国家廃絶後の民族問題の解決方法を次のように説明する。

「それゆえカウツキーが挙げたあの〈近代的な国民理念の三つの根源〉のうち、階級としてのプロレタリアートにとって原則的に重要なのは、次の二つ、つまり民主主義の諸制度と普通教育だけである。労働者階級にとって、その政治的・精神的な成熟のための条件として必要なのは、母語の権利と民族文化——学問、文学、芸術——の自由で無拘束な発展であり、正常な、、民族的抑圧によっても歪められない普通教育である。民主主義の一般原則という点からも、またある民族に対する政治的差別が階級対立を隠蔽し、自民族のプロレタリアートを惑わす最強の手段として被抑圧民族のブルジョアジーに利用されるという点からしても、労働者階級にとっては、自民族と国家内の他のすべての民族の市民的同権が欠くべからざるものである」(17)。

4　中央集権化と地域自治

ローザ・ルクセンブルクは、第一章で「諸民族の自決権」を真っ向から否定することで新しい国民国家の創出を拒否し、第二章では「プロレタリアートの自決権」の立場から現存する国民国家の廃絶を主張した。こうしてローザ・ルクセンブルクが近代国民国家を乗り越えた地点に構想したのが「ポーランドの自治」なので、第三章「連邦制・中央集権制・地方分立主義」、第四章「中央集権制と自治」は、第五章「民族と自治」と第六章「ポーランド王国地域の自治」を呼び出す役割を負っている。従って以下では、第三章と第四章を一括して考察する。

第三章の表題として並記された「連邦制・中央集権制・地方分立主義」の三つの政治制度の中で、ローザ・ルクセンブルクは連邦制と地方分立主義を拒否し、中央集権制を支持している。ローザ・ルクセンブルクが連邦制と地方分立主義を拒否して中央集権制を支持することは、ローザ・ルクセンブルクの「ポーランドの自治」の主張と一見整合性を持たないように思われる。

何故ローザ・ルクセンブルクは、連邦制と地方分立主義を拒否して中央集権制を支持するのか。

端的に言えば、ローザ・ルクセンブルクは、連邦制と地方分立主義は資本主義発展の歴史に照らして反動的であり、唯一中央集権制だけが資本主義発展の方向に沿っている、と考えるからだ。だからローザ・ルクセンブルクは述べる。

「近代生活のあらゆる分野で、出来るだけ強力に中央集権化するというのが、資本主義の顕著な方向となっている。資本主義が進展すればするほど、中央集権化はそれだけ力強くあらゆる障壁を突き破り、それぞれの大国の内部のみならず、国際立法によって資本主義世界全体にも一連の画一的な諸制度をもたらしている」[18]。

中央集権制は、今日の言葉でいえば、資本主義の「世界化」が必然的にもたらすものだ、とローザ・ルクセンブルクは見ていた。そして資本主義発展がもたらすこのような中央集権制が未来の社会主義体制の基礎になる、とローザ・ルクセンブルクは考えた。ローザ・ルクセンブルクは次のように述べている。

「資本主義発展のこの中央集権的傾向は未来の社会主義体制の主な基礎の一つである。なぜなら、生産と交換そのものが出来るだけ高度に集中されることによって初めて、経済が全世界的な規模で統一的な計画に従って社会化され、遂行されるための基礎が創り出されるからである。他方、戦闘力である労働者階級と国家権力とが集中され、中央集権化されることによって初めて、社会主義変革とプロレタリアート独裁の実現を目指すプロレタリアートが、この国家権力を最終的に掌握することが可能となるのである。このように、プロレタリアートが近代の階級闘争を遂行し、勝利しうるのに適した政治的枠組みが、大資本主義国家である」[19]。

「それゆえ、資本主義発展の正嫡子である近代社会主義運動も、ブルジョア社会やブルジョア国家と同じく、顕著な中央集権化傾向を内包している。したがって、社会民主党は、どこの国でも、地方分立主義にも連邦主義にも断固反対するのである」[20]。

中央集権化傾向が資本主義発展の必然的な方向であり、近代社会主義運動も顕著な中央集権化傾向を内包しているとすると、資本主義発展がもたらす中央集権化が極まった地点で、同じく中央集権化傾向を内包する社会主義運動への権力の転換が行われる、とローザ・ルクセンブルクは考えたのであろうか？

もしそうだとすれば、レーニンの「超中央集権主義」に対するローザ・ルクセンブルクの批判（『ロシア社会民主党の組織問題』）は何を意味することになるのだろうか？

この疑問に対するローザ・ルクセンブルクの答えが、第四章「中央集権制と自治」だ。ローザ・ルクセンブルクは、第四章を次のように書き出している。

「資本主義の全般的な中央集権化傾向にもとづき、それと同時に、ブルジョア社会の客観的発展そのものとその要請から、ブルジョア国家の中に地方自治が生まれてくる」[21]。中央集権化傾向を必然とするという資本主義発展が、それに反するような地方自治をなぜ必要とするのか？　さらにローザ・ルクセンブルクの意見を聞こう。

「近代国家の中央集権主義は、必然的に官僚制と結びつく」が、「ブルジョア経済は、それが公的機能によって運営される際には、もともと融通のきかない紋切り型の中央集権的官僚主義ではどうにもならないような繊細さと適応力とを必要としている。すでにここから、近代国家の中央集権主義の矯正として、住民代表に委ねられた立法と並んで、地域自治が自然の傾向として、中央集権主義と共にブルジョア社会に生まれてくる。この地域自治は、その地域の多様な諸条件を考慮し、また社会が公的な機能に直接影響を及ぼしたり、参加することで、国家装置が様々な社会的要請により良く対処しうる可能性を与える」[22]と。

つまり地方自治は「中央集権主義の矯正」として生まれてくるのだが、同時にローザ・ルクセンブルクは、それが「一連の社会的機能の物質的負担を住民自身に転嫁する形をとって発生する」ことも見落としていない。だから「近代的自治はすべて、決して中央集権主義の廃止ではなく、それへの補足にすぎない」[23]とローザ・ルクセンブルクは見る。ローザ・ルクセンブルクは中央集権主義と地方（地域）自治との関係をこのように見ながら、同時に中央集権主義と地方（地域）自治の間の矛盾・対立に注目する。[24]

つまり資本主義は帝国主義化すればするほど中央集権化するが、同時に近代国家の体内から生まれた地方自治は、それ独自の動きをする。「一定の立法の権能なしには、いかなる自治もありえないから」で、「一定の範囲で住民を拘束する法律を発布する権能、それだけでなく、中央の立法機関によって発布された法律の施行の監視が、近代的で民主的な意味での自治のまさに精神と核を成し、また州や県の議会、都市や農村の議会の基本的な機能となっている」と。[25]

そしてローザ・ルクセンブルクは、「近代的で民主的な意味での自治のまさに精神と核」を支持し、発展させることこそが社会民主党の役割だと次のように述べる。

「社会民主党は、自治体、郡、州が、その地方領域で、財産問題のみならず、一連の社会問題をも解決することを任務とする社会体なのだとする見解を擁護する」。[26]

そして、そのようにして「近代的な地域自治が成長してくるのとまさに同じ土台から、特定の条件のもとで、内部立法を伴う民族自治が生長してくる」とローザ・ルクセンブルクは主張する。[27]

5 「民族自治」の条件

「近代的な地域自治が成長してくるのとまさに同じ土台から、特定の条件のもとで、内部立法を伴う民族自治が生長してくる」とローザ・ルクセンブルクは書いて、民族自治の成立には「特定の条件」が必要だと主張する。

では「特定の条件」とは、どのような条件なのか——そのことを論じたのが、第五章「民族と自治」だ。

ローザ・ルクセンブルクは十九世紀末以来、特に博士論文『ポーランドの産業的発展』で集中的かつ実証的に、ポーランドにおける資本主義の発展がロシアとの市場統合を必要として、ポーランド独立の可能性を奪ったと主張してきたが、ローザ・ルクセンブルクの「ポーランド民族自治」論がその主張と表裏一体をなしていることは、興味深い。ローザ・ルクセンブルクは「ポーランド民族自治」論の背景、つまり「ポーランド民族自治」が成り立ちうる「特定の条件」を次のように説明しているからだ。

「経済的・社会的紐帯でポーランドをロシアに結びつけている資本主義の発展は、ロシア絶対主義を下から掘り崩し、絶対主義の打倒を使命とする階級であるロシアとポーランドのプロレタリアートを結集し、革命化し、そうしてツァーリ帝国での政治的自由の獲得を不可欠のものとし、そのための方法を準備した。だが同時に資本主義は、帝国の民主化を目指す全般的傾向にもとづき、またそれを背景として、ポーランド王国地域の経済的・社会的かつ文化的・民族的な生活を、より緊密な利害結合の中に区分し、こうしてポーランドの国内自治を実現するための客観的条件を準備したのである」(28)。

ポーランドにおける資本主義の発展が、一方では経済的・社会的にポーランドとロシアを一体化させて、ツァーリ帝国の民主化を目指すロシアとポーランドのプロレタリアートの連帯を生み出し、他方ではポーランド民族の社会的・文化的緊密化をもたらして、「ポーランドの国内自治を実現するための客観的条件を準備した」というのである。

しかし民族の社会的・文化的緊密化があれば、どこでも「民族自治」が可能となるわけではない。では「ポーランドの国内自治を実現するための客観的条件」とは何か。ローザ・ルクセンブルクは、さらに続けて言う。

「近代国家の内部に、民族的に独自な領域が存在し、なおかつそれが一定の経済的・社会的な独自性を持った領域を成しているところでは、同じブルジョア経済の要請から、最高段階の自治である国内自治が不可欠なものとなる。この段階では、民族的・文化的独自性という新しい要因が作用することにより、地方自治は、まったく特定の諸条件のある所にのみ適用されうる、特別な形式を持つ民主的な機構に改変される」(29)。

ここで注意すべきことは、ブルジョア経済の要請から地方自治が不可欠なものとして生まれてくるが、それ自体は民主的とは限らず、「特別な形式を持つ民主的な機構に改変されねばならない」とローザ・ルクセンブルクが念を押していることだ。

「ポーランド王国地域の国内自治は、とりわけポーランドのブルジョアジーの階級支配のため、階級搾取や階級抑圧の利益をそれだけ無制限に、まさに意のままに追求しうるような、より進んだ形態の支配のために必要なのだ。近代の法治国家の議会制度や、その一部としての地方自治制度は、ある一定の発展段階では、ブルジョア支配に不可欠の道具である」(30)ともローザ・ルクセンブルクは述べている。

しかもローザ・ルクセンブルクは、そのような「国内自治（ポーランド王国地域内）」を「ポーランドのブルジョア支配の最も成熟した政治形態」と見て、「まさにこういう理由から、自治はポーランドのプロレタリアート階級にとっても欠くことのできない要求となる」(31)と主張する。この論理は、ローザ・ルクセンブルクの独特な弁証法だ。

だからローザ・ルクセンブルクは主張する――「国内自治は、絶対主義の打倒と帝国全体での政治的自由の実現という、ポーランドのプロレタリアートの一般的な政治綱領とまったく同じ道筋を通って生まれてくる」と。[32]

つまりローザ・ルクセンブルクが主張する「ポーランドの国内自治」は、ツァーリ帝国の絶対主義が打倒され、ロシア民主共和国が成立した後に、しかし経済・社会体制は資本主義だ、という状態で実行されるもので、それは同じ資本主義体制でもPPSがツァーリ帝国の絶対主義との闘争を避けて作りだそうとするポーランド国家再興に比べれば、確かに「プロレタリアートの自決」にとってははるかに有利だと思われる。

しかし何故それが、ポーランド王国地域でだけ可能となるのか？　この問いに対してローザ・ルクセンブルクは答える。

「ある特定の民族的地域の自治という意味での近代的な国内自治は、その民族がそれ自身のブルジョア的発展、それ自身の都市生活、インテリゲンチヤ、文芸・学術生活を有している所でのみ可能なのである。これらすべての条件を兼ね備えているのがポーランド王国地域である」。[33]

ローザ・ルクセンブルクはこの観点から、ユダヤ人、リトアニア人、白ロシア人、カフカスなどでの民族自治の可能性を探っているが、どの民族・地域にもポーランドの場合のような条件はないと判断した上で、次のように述べる。

「ある民族の他の残りの民族に対する支配などなく、あらゆる民族に文化的に生きる自由を保障する民主的な精神、またカフカスの人種的境界など斟酌しない近代的発展の真の社会的な要請の精神にのっとったカフカスの民族問題の唯一の解決方法とは、リトアニアの場合と同様、広汎な地方自治の適用、すなわち、特定の民族の性格を持たない、いかなる民族にも特権を与えない、農村、都市、郡、県の自治を適用することである。このような自治のみが、種々の民族が結集して、その地域の経済的・社会的利害を共同で解決することを可能にし、また他方、各郡、各自治体で、諸民族間の多様な関係を自然な仕方で考量することを可能にするのである」[34]。

つまりポーランド王国地域以外では、「民族自治」の条件はなく、「いかなる民族にも特権を与えない」広汎な地方自治の適用によって、「種々の民族が結集して、その地域の経済的・社会的利害を共同で解決することを可能に」する、というのが、ローザ・ルクセンブルクの主張だ。

6 「ポーランドの自治」の領域

第六章「ポーランド王国地域の自治」の冒頭で、ローザ・ルクセンブルクはこれまでの主張を次のように整理して述べている。先ずポーランド王国地域以外の民族・地域については――

「民族自治は、唯一の、そしてすべての民族集団に適用される政治形態でもないし、また社会主義者であれば、どんな条件のもとでも目指すであろう純粋に自由な理想でもない。リトアニアの例が証明しているように、ある場合には、自治の適用が自由と民主主義に反する結果に行きつくこともありうるのである」[35]。

そしてポーランド王国地域に関しては――

「わが国の社会的・文化的かつ歴史的な諸条件は、ポーランド王国地域の国内自治を不可欠なものにしている。それはアジア的専制の廃止と、資本主義経済とブルジョア的発展の要請に合致した政治生活の進歩的形態の創出を目指すロシア帝国の全般的な政治的変革の不可避の結果として不可欠なものとなっている。まさにこのような点から、自治はポーランドの革命的プロレタリアートの綱領的要求となる」[36]。

ローザ・ルクセンブルクはこのように、他の民族・地域に比しての資本主義発展の大きさを根拠に、断固としてポーランド王国地域の「民族自治」を主張するのだが、そこにはどのような必然性があり、またメリットがあるのだろうか。この問いに答える役割を負って書かれたのが、最終章の第六章だ。

この課題に答えるために、ローザ・ルクセンブルクは共和国全体から分割すべきでない分野と「民族自治」が独自に取り組むべき分野とを区分けする。分割すべきでない分野としてローザ・ルクセンブルクが挙げているのは、まず通商・関税であり、次いで交通・通信手段であって、自治の名の下でのこれらの分割は、資本主義発展に逆行し、労働者の統一と団結を弱めるとローザ・ルクセンブルクはみる[37]。

次いで軍制に関しては常備軍と併合政策の廃止・人民の総武装としての民兵制を主張し、税制に関してはあらゆる間接税の廃止を主張して社会民主党の立場を次のように説明する。

「社会民主党の綱領の精神で税制を改革することは、軍事政策、関税・通商政策、世界政策の相応の改革と関連してのみ可能なので……このように税制に関する全般的かつ基本的な立法は、資本主義発展の本質からしても、社会民主党の原則的立場からしても、中央議会の領分に属さねばならない」[38]。

さらにローザ・ルクセンブルクは、公教育の基本も民法・刑事訴訟法も、労働者保護立法も共和国全体で統一すべきだと主張し[39]、「民主的な体制が一般に保障すべき団結、結社、集会の権利および言論と出版の自由といった領域でも、同じ理由から統一的な中央立法が必要だ」として、「分権主義の残滓は、共和制のスイスでも帝政のドイツでも反動の欲望のための逃げ道にすぎないものとなっている」と分断・分権を否定している[40]。

このように国民生活の基本部分が共和国の中央政府と議会で決定されるとすると、「民族自治」の独自性はどこに求められるのか？

ローザ・ルクセンブルクが国内自治の課題として挙げているのは、公教育の創出・育成、農業・林業・鉱業・水陸交通と公共衛生の領域だ。

先ず公教育についてローザ・ルクセンブルクは主張する——

「公教育の創出、発達、育成といったすべての課題は、当然、国内自治の権能に属している」「公教育の問題は、当該の社会集団の活発で不断の参加なしには、どうしようもない問題である。第二に、公教育は、民族生活を織りなす横糸、つまりそれぞれの民族の独自の言語は精神文化と解き難く結びついている。したがって公教育が、当該のそれぞれの民族の積極的な関与なしには創出されえないことは明白である[41]」。

ローザ・ルクセンブルクがこのように主張するための根拠・背景として述べている一八一五年以後のロシア支配下でのポーランド人の教育状況は凄まじい。ここにローザ・ルクセンブルクが述べている事実の一つ一つが実に興味深く、それは日本のアイヌ民族・台湾・朝鮮支配にもそのまま重なるものだ。つまり一口に言えば、貴族の封建支配とロシアの植民地支配は、ポーランド人から公教育を奪って精神的貧困におとしめてきたので、「土台から先端に至るまで——広汎な人民大衆の参加のもとで——公教育の全体系が建設されねばならない」とローザ・ルクセンブルクは言う。「公教育の全体系」とは、「普通教育や社会の要請に合致する専門教育の初等、中等、高等の各学校だけでなく、絶対主義の政治によって完全に無視されてきた精神文化のすべての機関、つまり図書館や公共読書室、研究施設や実験施設、研究活動への援助機関、美術学校や美術館など」で、それらを作りださなければならない、とローザ・ルクセンブルクは主張する。

ローザ・ルクセンブルクは一九〇〇年に「民族性の擁護のために」という論文をポーランド語で書いて、プロイセン支配下のポーゼンの学校でポーランド語の授業が廃止されたことに厳しく抗議したが、(42)ここではロシア支配下でどのような民族文化の破壊が行われてきたかを詳細に語っている。

ローザ・ルクセンブルクが自治議会のその他の役割として挙げているのは、農業・林業・鉱業・水陸交通と公共衛生の領域だ。ローザ・ルクセンブルクは、一九〇八―〇九年の二年間に『社会民主主義評論』の六号にわたって連載したこの長編論文を次のように締めくくっている。

「これまで述べてきた諸領域に、公共衛生の立法と、病院やあらゆる種類の医療機関を包括する公共衛生の領域を付け加えると、自治立法や自治行政の然るべき活動領域として、本来の文化、つまり経済的、社会的、精神的な文化の広汎で多様な分野がでそろうことになる。この文化は、その本質からして、どこでも最も地域的かつ民族的な性格を有し、全住民の日常的な利害に最も直接的に関わっている。この物質的かつ精神的文化の広汎な利害を、できる限り、革命的な社会発展の立場で、また勤労者人民大衆の立場で処理することが、わが国の自治機構の本来の任務であり、ポーランド王国地域の労働者階級は、それと連帯した全国のプロレタリアートの階級政党とともに、これを自覚して指摘しなければならない」(43)。

7 『民族問題と自治』は未完か？

『民族問題と自治』は、ローザ・ルクセンブルクにとっては未完の作品だ、という説がある。この説は、SDKPiLの僚友アドルフ・ヴァルスキが一九二九年に雑誌『ス・ポラ・ヴァルキ（戦場から）』に発表した「SDKPiL第四回大会及びSDPRR第二回大会に関する資料」で次のように述べたことに発する。

「最後の章にさっと目を通しただけで、実際に〔この論文が〕未完に終わったことがすぐに分かる。なぜか。著者はそれに答えたがらなかったが、いずれにせよ、筆者はこの問題を完全に記憶から消そうと考えてしまったようである。だが、書簡や『われわれは何を望むか』や『社会民主主義評論』の中のローザ・ルクセンブルクの論文の内容に盛り込まれているリトアニアの自治要求の歴史に入り込んでみると、著者が民族問題あるいは歴代のツァーリ国家における民族問題について自ら納得がゆくように解決するには多分、何らかの要素が不足していたという結論に達する」。(44)

ローザ・ルクセンブルクのヨギヘスへの手紙の編者フェリクス・ティフもアドルフ・ヴァルスキのこの文書の一部を、一九〇九年五月二十五日ころにローザ・ルクセンブルクがヨギヘスに宛てた手紙への注の中で紹介している。(45)

『民族問題と自治』が未完だというのは、アドルフ・ヴァルスキの推測あるいは意見であって、著者のローザ・ルクセンブルクがそう言ったわけではない。実際、ローザ・ルクセンブルクはその後、この作品を書き足そうとはしていないので、著者は一応この作品は完成させたつもりでいたものと思われる。

もちろんそのことは、この作品が非の打ち所がない程に完成した作品であるかどうか、という内容上の問題とは、別の事柄だ。

すでに述べたようにローザ・ルクセンブルクは、八月十日付のヨギヘス宛の手紙で、「自治に関する仕事のプランは次の通り——これまでの部分は、中央の権能に属すべき領域に関して、その根拠を論じました。これからは自治的機能の根拠を論じることになる。後者が欠かせないのは、さもないと、中央議会の権能を広範に究明したあと、地方議会には何ひとつ残らないのではないか、われわれの〝自治〟なるものはほらにすぎないのだ、という印象を与えることになるからです」と述べていた(46)。

ローザ・ルクセンブルクはこのような心配から第六章の最後の節を書いたものと思われるが、何故ポーランドだけで「民族自治」が可能なのか、という問いに対する説明は必ずしも十分ではなく、さらにポーランドを除く他の地域では多民族を含む地方（地域）自治で民族問題が解決できるというのであれば、何故ポーランドは「民族自治」に固執するのか、という問いも起きてくる。

私の理解では、『民族問題と自治』は民族問題一般を論じた論文ではなく、ポーランドの民族問題を「ポーランドの自治」という観点から論じたもので、一八九三年以来の宿敵であるポーランド社会党（ＰＰＳ）のポーランド国家再興論に対抗して、ポーランドの民族問題の解決はポーランドの自治によるというのがＳＤＫＰｉＬの基本方針であって、ローザ・ルクセンブルクはまさにＳＤＫＰｉＬの基本方針を理論化するために、この論文を書いたのである。つまり理論的分析を通して結論が出てくるのではなく、結論はすでに定まっていたのだ。したがってローザ・ルクセンブルクにとっては、その理論化が十分か不十分かはＳＤＫＰｉＬの同志や他者の判断に任せるとしても、この論文によってその理論化を試みる役割は果たしたと見るべきであろう。

（1） Róża Luksemburg, "Listy do Leona Jogichesa-Tyszki" T. 3. 1971. S. 6. 邦訳、板東宏訳『ヨギヘスへの手紙』

第四巻、河出書房新社、一九七七年、三〇頁。

(2) Rosa Luxemburg, Gesammelte Briefe Bd. 2. Dietz Verlag 1982, S. 350.

(3) Ebenda, S. 351.

(4) Róża Luksemburg, "Listy do Leona Jogichesa-Tyszki" T. 3. S. 18. 邦訳、同前四〇頁。

(5) Tamże, S. 22. 邦訳、四一頁。

(6) Tamże, S. 27. 邦訳、同前四七頁。

(7) Tamże, S. 41. 邦訳、同前五六頁。

(8) Tamże, S. 47. 邦訳、同前六一頁。

(9) Róża Luksemburg, "Prawo narodów do stanowienia o sobie" in: Wybór Pism T. 2. S. 122. 邦訳、加藤一夫・川名隆史訳『民族問題と自治』（論創社、一九八四年）一〇頁。

(10) Tamże, S. 123. 邦訳、一二頁。

(11) Tamże, S. 152-153. 邦訳、四五頁。

(12) Tamże, S. 125. 邦訳、一四頁。

(13) Róża Luksemburg, "Państwa narodowe a proletariat" in: Przegląd Sicjaldemokratyczny, 1908 nr. 7. S. 600. 邦訳、同前六九頁。

(14) Tamże, 邦訳、同前七〇頁。

(15) Tamże, S. 602. 邦訳、同前七一—七二頁。

(16) Tamże, S. 603. 邦訳、同前七三—七四頁。

(17) Tamże, S. 606. 邦訳、同前七五頁。

(18) Róża Luksemburg, in: Przegląd Sicjaldemokratyczny, 1908 nr. 8-9. S. 邦訳、同前九九頁。

(19) Tamże, 邦訳、同前一〇〇頁。

（20）Tamże, 邦訳、同前一〇一頁。

（21）Róża Luksemburg, “Centrallzacja i Samorząd” in: Przegląd Sicjaldemokratyczny, 1908 nr. 10. S. 687. 邦訳、同前一二八頁。

（22）Tamże, S. 687-688. 邦訳、同前一二八―一二九頁。

（23）Tamże, S. 690. 邦訳、同前一三二頁。

（24）ローザ・ルクセンブルクはここで、「地方自治」（Samorząd lokalny）と「地域自治」（Samorząd miejścowy）という二つの言葉をほとんど同意語として使っている。

（25）Tamże, S. 708. 邦訳、同前一六二頁。

（26）Tamże, S. 709. 邦訳、同前一六三頁。

（27）Tamże, S. 710. 邦訳、同前一六四頁。ここではローザ・ルクセンブルクは、Autonomja narodwa（民族自治）という言葉を使っている。

（28）Róża Luksemburg, “Narodowość i autonomja” in: Przegląd Sicjaldemokratyczny, 1909 nr. 12. S. 798. 邦訳、同前一七二頁。

（29）Tamże. 邦訳、同前一七三―一七四頁。

（30）Tamże, S. 799. 邦訳、同前一七五頁。

（31）Tamże. 邦訳、同前一七六頁。

（32）Tamże. 邦訳、同前。

（33）Tamże, S. 804. 邦訳、同前一八二頁。

（34）Tamże, S. 813. 邦訳、同前一九八頁。

（35）Tamże, S. 136. 邦訳、同前二一〇頁。

（36）Tamże, S. 137. 邦訳、同前二一一頁。

（37） Tamże, S. 142. 149. 邦訳、同前二二〇—二三〇頁。
（38） Tamże, S. 152. 邦訳、同前二三五頁。
（39） Tamże, S. 156-157. 161-252. 邦訳、同前二四一—二四三。二四七—二五二。Przegląd Socjaldemokratyczny, 1909, nr. 14-15. S. 354-355. 邦訳、同前二五八—二六〇頁。
（40） Tamże, S. 355-356. 邦訳、同前二六〇—二六一頁。
（41） Tamże, S. 356-357. 邦訳、同前二六二頁。
（42） Rósa Luxemburg, "Zur Verteidigung der Nationalität" in: Gesammelte Werke Bd. 1 / 1. S. 810.
（43） Róża Luksemburg, "Autonomja Królewstwa Polskiego" in: Przegląd Socjaldemokratyczny, 1909, nr. 14-15. S. 376. 邦訳、同前二九四頁。
（44） 『民族問題と自治』への「訳者解説・ローザ・ルクセンブルクの民族理論——その生成と運命——加藤一夫」。同前三五〇—三五一頁。
（45） Róża Luksemburg, Listy do Leona Jogichesa-Tyszki, Tom 3. 1971. S. 24. 邦訳、ローザ・ルクセンブルク『ヨギヘスへの手紙』第四巻（河出書房新社）四四頁。
（46） Tamże, S. 47. 邦訳、同前六一頁。

第七章　『民族問題と自治』への批判と評価

1　レーニンの批判

ローザ・ルクセンブルクの『民族問題と自治』を最も激しく批判したのは、レーニンであった。もっともレーニンが『民族問題と自治』批判を書いたのは一九一三年十月以後で、『民族問題と自治』の発表からまる四年が経っていた。先述したように、レーニンとローザ・ルクセンブルクの関係は、ローザ・ルクセンブルクが『民族問題と自治』を書いた頃は良好であった。ところが一九一〇年以降、とくにローザ・ルクセンブルクとSDKPiLがロシア党のボルシェビキとメンシェビキへの分裂・対立を調停しようとしたことや、ボルシェビキ派の資金問題をめぐるドイツ社会民主党との関係の険悪化や、SDKPiLのワルシャワ派と在外派への対立へのレーニンの介入などが重なって、一九一二年夏頃から関係は悪化した。[1] とくにレーニンが一九一二年後半に、SDKPiLとローザ・ルクセンブルクの政敵であったポーランド独立派のピウスツキと会談していたことが分かり、レーニンとローザ・ルクセンブルク・グループとの関係は極めて険悪になったと言われる。[2]

レーニンがローザ・ルクセンブルクの『民族問題と自治』を最初に批判した論文は、「民族問題についての論評」(一九一三年十―十二月執筆)だが、レーニンの『民族問題ノート』に、一九一三年にオーストリア支配下にあったクラコフ市郊外のポロニノ村で『民族問題と自治』の翻訳を読んだと思わせる記述が残されている。[3] つまりレーニンは、ローザ・ルクセンブルクとの関係が悪化してから、『民族問題と自治』のロシア語訳を読んだものと思われる。

「民族問題についての論評」の主眼は、「文化的民族自治」を掲げていたユダヤ人ブンド批判で、[4] ローザ・ルクセンブルクの『民族問題と自治』への批判は、その最後で行われている。

レーニンは、「ローザ・ルクセンブルクは、資本主義社会にとってもっとも重要な、本質的な政治・経済上の問題はすべて、けっして個々の地方の自治議会《セイム》の管轄のもとにあるべきではなく、もっぱら中央の全国的議会の管轄下になければならないことをみとめている——マルクス主義者であれば、もちろんどうしてもこれをみとめずにはいられない」とローザ・ルクセンブルクの主張に基本的には同調しながら、ローザ・ルクセンブルクを次のように批判する。

「すばらしいわがローザ・ルクセンブルクが、まじめくさった顔つきで、しかも〈純マルクス主義的な〉言葉で、自治の要求がポーランド一国にのみ、例外としてのみ適用されることを証明しようと努力しているのを読むと、微笑をおさえるのに骨がおれる！」(5)。

レーニンは『民族問題と自治』を翻訳で読んだためか、ここで明らかに読み間違いをしている。ローザ・ルクセンブルクは「自治の要求がポーランド一国にのみ、例外としてのみ適用されることを証明しよう」としたのではなく、一般的な「地方（地域）自治」と「民族自治」とを区別して、「民族自治」がポーランド一国にのみ適用されることを証明しよう努力したのだ。そしてすでに私が前章で述べたように、この区別は説得力を持たないのだが、それにもかかわらず、ローザ・ルクセンブルクがこの主張に固執したのは、ＰＰＳのポーランド独立再興論に対抗するためであったのであろう、と私は推測した。

ローザ・ルクセンブルクが「民族自治」がポーランド一国にのみ適用されるとした根拠は、次のようなものだった。

「ある特定の民族的地域の自治という意味での近代的な国内自治は、その民族が、それ自身のブルジョア的発展、それ自身の都市生活、インテリゲンチヤ、文芸・学術生活を有している所でのみ可能である。これらすべての条件を兼ね備えているのがポーランド王国地域である。住民も民族的に一様だと言える。リトアニア人が優勢なスヴァウキ県を除けば、王国地域全域にわたって、ポーランド人が他の諸民族を圧倒的に凌駕しているからである」(6)。

つまりローザ・ルクセンブルクは、資本主義発展と文化的発展が他の地域・民族よりもすすみ、住民が民族的に一様で圧倒的多数を占めて、「二つの県を除くと、ポーランド人は全国的に七〇％以上の人口を占め、王国地域の社会的・文化的な発展を決定する要素となっている」[7]と主張するのだが、「ポーランド人は全国的に七〇％以上の人口を占め」るということは、逆に言えば三〇％近くの少数民族が存在することになる。

しかも地方自治は、「ある民族の他の残りの民族に対する支配などなく、あらゆる民族に文化的に生きる自由を保障する民主的な精神」、「このような自治のみが種々の民族が結集してその地域の経済的・社会的利害を共同で解決することを可能にし」「彼らを民族自治という障壁で互いに隔絶させることでは、この保障は得られない」[8]というのだから、何のためにポーランドにだけ「民族自治」を適用しようとするのか分からない。

だから私は、ローザ・ルクセンブルクが「民族自治」に固執したのは、ＰＰＳのポーランド独立再興論に対抗するためであったのであろう、と推測したのだ。ところがレーニンは、ローザ・ルクセンブルクが立てた一般自治と民族自治の区別を無視して、自治一般を否定する。それは「自治」が「民族自決」に対して根本的に敵対するものだと思い込んだからだ。

レーニンの第二回目の『民族問題と自治』批判は、「民族自決権について」（一九一四年二―五月執筆）というかなり長文の論文だが、ここでのレーニンは極めて感情的で、論争というよりもローザ・ルクセンブルクに対する罵倒に近い。おそらくローザ・ルクセンブルク及びＳＤＫＰｉＬとの関係が極めて悪く、その感情がローザ・ルクセンブルクの民族問題論批判として噴出したのであろう。しかしそのためか、論文としては駄文・愚論で、おそらくレーニンの論文中最低の部類に属するものであろう。

2 「民族国家」vs「自治」

レーニンの民族理論は、この論文では徹底的にカウツキーに依拠している。そして「民族自決とはなにか？」

という冒頭の章でレーニンは、ローザ・ルクセンブルクがカウツキーの理論を受け入れないことに苛立って、「この問題の正確な提起は、ローザ・ルクセンブルクの議論の十分の九を、たちどころにくつがえしてしまうであろう」と恫喝する。

ここでのレーニンの主張は、次の言葉に尽きている。

「もしわれわれが法律的定義をもてあそんだり、抽象的な規定を〈案出〉したりしないで、民族運動の歴史的・経済的諸条件を検討することによって民族自決の意義を理解しようとするなら、われわれは不可避的に次の結論にたっする。すなわち、民族の自決とは、ある民族が他民族の集合体から国家的に分離することを意味し、独立の民族国家を形成することを意味しているのである」(9)。

ここでのローザ・ルクセンブルクとレーニンの対立点を一言でいえば、「独立の民族国家を形成」（と言っても純粋な「民族国家」などというものは存在しないので、イデオロギー的な意味での「国民国家」の形成）vs「自治」だ。ここで注意しておくべきことは、ローザ・ルクセンブルクの『民族問題と自治』は、「民族問題」一般を論じたものではなく、ポーランドの民族問題を自治の観点から論じたものであることだ。ローザ・ルクセンブルクは、ロシアの支配下にあるポーランドで、シュラフタ（貴族）が支配したポーランド国家の再興を夢見るポーランド社会党（ＰＰＳ）に対抗し、同時に支配民族ロシア人の社会民主労働党と相対的独自性を保ちながら連携するという難しい立場から、「民族の独立」ではなく「自治」を主張したのであった。

しかし支配民族に属するレーニンには、ローザ・ルクセンブルクとＳＤＫＰｉＬのこの苦しい立場が理解出来なかった。しかもレーニンはそのことを理解しないままに、あるいは理解しないからこそと言うべきか、自分は一刻も早く支配民族の「くびき」から心理的に脱却しようとして、ロシア帝国支配下の各民族に、相手の都合を無視して「民族自決」を押しつけようとし、それを素直に受け入れないものを、口汚く罵倒した。

例えばローザ・ルクセンブルクに対して、「現在の歴史的時期におけるロシアの民族問題はどういう形で出されているか、この点におけるロシアの特殊性はどのようなものであるか、という問題の検討は、彼女の著作には影も形も見あたらない」(10)と非難する。しかしローザ・ルクセンブルクの論文の目的は、ポーランド問題の解決にあるので、ロシアの民族問題はそれとの関連でしか取り扱われないのは、当たり前のことだ。当然のことながら、ロシアの民族問題を扱うのはロシア人レーニンの役割だ。ところがレーニンはさらに奇妙な批判をする。

「ローザ・ルクセンブルクは、ポーランドの民族主義的ブルジョアジーを〈たすける〉ことをおそれて、ロシアのマルクス主義者の綱領にある分離権を否定することにより、実際には、大ロシア人の黒百人組を助けているのである」(11)。

なぜローザ・ルクセンブルクたちポーランドの社会民主主義者たちが、ロシアの党がその綱領に民族自決権、つまり民族の分離・独立論を掲げていては、ポーランドの分離・独立を主張するPPSと正面から闘ってきたSDKPiLがロシアの党に合流して共同闘争をすることが出来ないので、それを綱領から外して欲しいと言うことが、「大ロシア人の黒百人組を助け」ることになるのか。「大ロシア人の黒百人組」と闘うのは、ロシア人レーニンの役割であって、ローザ・ルクセンブルクたちポーランド人の役割ではない。これは全く論理も道理も無視した無茶苦茶な言いがかりだ。

つまりこの論文でレーニンは、党綱領から民族自決権を外すまいとして、ローザ・ルクセンブルクに対して居丈高に振る舞っている。だからレーニンの論理は先へ行くほど支離滅裂となる。例えばレーニンは、民族自決権、つまり分離の権利と離婚の自由を並べて、民族分離の自由と離婚の自由は同じものだと次のように主張する。

「自決の自由、すなわち分離の自由を支持するものを、分離主義を奨励するものだといって責めることは、離婚の自由を支持するものを、家庭の絆の破壊を奨励するものだと責めるのと同様にばかげたことであり、偽善である」[12]。

何とも目茶苦茶なアナロジーだ。しかもローザ・ルクセンブルクは、民族自決一般に反対したのではなかった。レーニンがこういう暴論を浴びせた『民族問題と自治』のなかでも、ローザ・ルクセンブルクは、「社会主義者が民族問題にどのような態度をとるべきかは、とりわけそれぞれの所与の場合の具体的な状況にかかっているが、それは国ごとにひどく異なっており、しかもそれぞれの国のなかでも時間の経過とともにかなりの変化をこうむっている」[13]と述べていた。

ところがレーニンは、こういうローザ・ルクセンブルクを「クラコフの蟻塚の見地」だと罵倒する[14]。これは大ロシア人レーニンのポーランド生まれのユダヤ人ローザ・ルクセンブルクに対する甚だしく差別的な発言だが、ローザ・ルクセンブルクにとっては、「クラコフの蟻塚」であれ何であれ、ポーランドの社会排外主義、PPSとの対抗上から、ロシア党の綱領から民族自決権を外して貰わないとPPSと闘えず、またロシア党との共同行動が出来ないので、民族自決権を外して欲しいと言っただけで、その立場はどこまでもポーランドの具体的な状況に発したものであった。

ところがレーニンは最後に、「一九〇六年にポーランドのマルクス主義者は入党した。しかも、入党するさいに、またそののちにも（一九〇七年の大会のときにも、一九〇七年と一九〇八年の協議会の時にも、また一九一〇年の総会のときにも)、彼らはロシアの綱領の第九条を修正せよという提案を一度だって出しはしなかった」と言う。

これも黒を白と言いくるめる暴言で、一九〇六年四月両党の合同に当たって、ボルシェビキ側がSDKPiLが提出した契約書の一項目を削ってしまっていたことは、前述した通りだ(第五章第3節)。しかもレーニンがこれほどまで罵倒するローザ・ルクセンブルクの論文『民族問題と自治』は、まさにロシア党の綱領第九条の削除を求めたものに他ならなかった。

3　レーニンとローザ・ルクセンブルクの理論的相違点と歴史の現実

ではこれほどまでもローザ・ルクセンブルクを居丈高に罵倒したレーニンは、その後どうしたのか?

レーニンはその後、「自決に関する討論の総括」(一九一六年七月執筆)で次のように述べた。

「われわれは言葉についてとやかく争いたくない。もし、一つの党があって、その綱領のなかで(もしくは全党員を拘束する決議のなかで――形式は問題ではない)、自分たちは併合に反対し、被抑圧民族を自分たちの国家の境界内に暴力的に引き止めておくことに反対する、と言うなら、われわれは、そうした党との完全な原則上の一致を声明するものである。〈自決〉という言葉にこだわるのはばかげている。もし、わが党内に、言葉を、すなわちわが党綱領第九条の定式を、こういう趣旨で変更しようとのぞむ人がいるなら、われわれは、そういう同志たちとの意見の相違はけっして原則的なものではないと見なすであろう(15)」。

何ということだろうか! これが党綱領第九条の変更を求めていたローザ・ルクセンブルクとSDKPiLを一九一四年二月に、「クラコフの蟻塚の見地」だと居丈高に罵倒したのと同一人物の筆による文章であろうか、と目を疑うほどだ。

もしレーニンたちが、一九〇三年にこういう理性的な判断をしていれば、ロシア社会民主労働党とポーランド王国地域・リトアニア社会民主党（SDKPiL）との合同・共闘はまことにスムースに進んだ筈だ。しかもレーニンはさらにこうも書いた。

「ポーランドの特殊条件をとってみたまえ。ポーランドの独立は、今日では、戦争または革命なしには〈実現不可能〉である。ただポーランドの再興だけのために、全ヨーロッパ戦争に賛成するということは、もっとも悪質の民族主義者となり、少数のポーランド人の利益を、戦争に苦しむ数億の人間の利益に優越させることを意味する。たとえば、口先だけの社会主義者である〈フラキ〉（PPS右派）がまさにこれであって、彼らにくらべれば、ポーランドの社会民主主義者は、あくまで正しい。隣接する帝国主義強国の現在の相互関係の状況下で、いまポーランド独立のスローガンを掲げるのは、実際には空想を追い求め、偏狭な民族主義に陥り、全ヨーロッパ革命、すくなくともロシアとドイツの革命の前提を忘れることを意味する」(16)。

これはまさしくローザ・ルクセンブルクとSDKPiLが主張してきたことに他ならず、レーニンはそれを一九一六年にようやく受け入れるに至ったのであった。ではローザ・ルクセンブルクとレーニンは、理論的に完全に一致したのであろうか。なお相違があるとすれば、それはどこにあったのか？

端的に言えば、両者の理論的な相違は、民族問題の解決に「国家の形成」を介在させるか否かであった。レーニンが、ロシア社会民主労働党の綱領第九条に固執したのは、民族問題の解決には、先ず被抑圧民族の分離・独立、つまり「国家の形成」が不可欠だと主張してきたからだ。例えばレーニンは、一九一六年一―二月執筆のテーゼ「社会主義革命と民族自決権」でも、次のように述べていた。

「勝利をえた社会主義は、かならず完全な民主主義を実現しなければならない。したがって、諸民族の完全な同権を実行するばかりでなく、被抑圧民族の自決権、すなわち自由な政治的分離の権利を実現しなければならない。隷属させられた諸民族を解放し、自由な同盟――分離の自由なしには自由な同盟はごまかし文句にすぎない――に基づいて、これらの民族との関係をうちたてることを、現在も、革命のあいだにも、革命の勝利の後でも、その全活動によって証明しないような社会主義政党は、社会主義を裏切るものである」(17)。

しかし同時にレーニンは、「社会主義の目的とするところは、小国家への人類の細分状態と諸民族のあらゆる分立をなくし、諸民族の接近をはかるばかりか、さらに諸民族を融合させることである」(18)とも述べていた。

レーニンのこうした主張とローザ・ルクセンブルクの主張の相違点は、レーニンが「諸民族の融合」の前提として、まず「諸民族の分離」が必要だと考えたのに対して、ローザ・ルクセンブルクは、大事なのは「民族の自決」ではなくして「民衆の自決」だと考えて、「民族（国民）国家」の形成を強く否定したことであった。

レーニンとローザ・ルクセンブルクのこの相違には、他民族を抑圧してきた大ロシア民族の一員として、その罪悪感からの解放を願うレーニンの心理と、ユダヤ民族の一員として「民族（国民）国家」に親近性をもたないローザ・ルクセンブルクの心的傾向が現れているように思われる。

そして大事なことは、両者ともに「諸民族の融合」をめざしていたことだ。

このようにレーニンとローザ・ルクセンブルクがめざした民族問題の究極的な解決は、「諸民族の融合」であったが、そこに至る理論的な経路は異なっていた。レーニンは先ず被抑圧民族の分離・独立を主張し、ローザ・ルクセンブルクはツァーリ帝国を打倒した後の、大ロシア民主共和国内でのポーランド民族の自治を主張した。

では、その後の歴史はどのように展開しただろうか？

ロシア革命によるツァーリ帝国の崩壊とドイツ・オーストリア帝国の敗戦による崩壊は、それらの帝国の支配下にあった諸民族を一気に解き放って、それぞれの民族内の階級的力関係で動きはじめた。それはレーニンもローザ・ルクセンブルクも予想していなかった成り行きであった。

まずローザ・ルクセンブルクが大ロシア民主共和国内での自治を考えていたポーランドは、分割支配していた三帝国が相次いで崩壊したために、ローザ・ルクセンブルクの意に反して独立して政府を構成し、一九一九―二一年にはレーニンのロシア革命政権と新生ポーランドの間で「戦争」と呼ばれうる軍事的対立が継続した。そして、紆余曲折を経て権力を握ったのは、ローザ・ルクセンブルクの政敵ピウスツキーであった。

一方、レーニンが「分離・独立」を主張してきたツァーリ帝国支配下の諸民族は、フィンランド・エストニア・ラトビア・リトアニア・ポーランドを除いて、結局ロシア社会主義連邦ソビエト共和国を形成し、一九二二年十二月にはアゼルバイジャン・アルメニア・グルジア・ウクライナ・白ロシアが合して、ソビエト社会主義共和国連邦が形成された。

レーニンは、「民族自決権について」で、「マルクス主義者は、連邦制一般の擁護をその綱領のなかに入れることは決してできない」(19)と述べていたが、歴史的現実はレーニンの理論を超えたのであった。(20)

4　ローザ・ルクセンブルクの民族問題論

ローザ・ルクセンブルクが民族問題に関する理論を本格的に展開したのは、むしろ『民族問題と自治』以後であったと言えば、逆説的に聞こえるであろうか？

しかし、再三にわたった述べてきたように、『民族問題と自治』はポーランドの民族問題を「自治」の観点から解決するために論じたものであって、民族問題一般を論じたものではなかった。ローザ・ルクセンブルクの本格的な民族問題論は、その後の『資本蓄積論』、「社会民主主義の危機」や「ロシア革命論草稿」などの獄中メモで、帝国主義論として展開されたのである。[21]

レーニンは、「民族自決権について」で、「資本主義時代の典型的なもの、正常なものは、民族国家である」というカウツキーの理論をローザ・ルクセンブルクが受け入れないことに苛立って、「ローザ・ルクセンブルクの議論の十分の九を、たちどころにくつがえしてしまうであろう」とすごんで見せたが、その時ローザ・ルクセンブルクがカウツキーの民族国家に対置していたのは、帝国主義国家であった。

ローザ・ルクセンブルクは『民族問題と自治』で、次のように述べていた。

「大資本主義国家にとって、国際市場での生存競争、世界政策、植民地領有が必然であり、まさにそのように展開しているのだという観点に立てば、〈現代の諸条件のもとでの自らの課題〉、すなわち資本主義的搾取の要請に〈最もうまく合致している〉のは、カウツキーが主張しているような〈国民国家〉ではなく征服国家なのである。（中略）この課題にもっともよく適しているのは、ヨーロッパおよび全世界のあらゆる場所で、民族抑圧を行っている国家、すなわちイギリスとドイツ、それに化膿した傷として黒人抑圧を内部にかかえながら、アジアの諸民族を征服しつつある北アメリカ合州国である」。[22]

ローザ・ルクセンブルクがこのように書いたのは一九〇八年であったが、その後ローザ・ルクセンブルクは『資本蓄積論』（一九一三）で、ヨーロッパ列強諸国の資本が如何に非資本制地域に浸透し、様々な方法でその地域を侵略・搾取して「征服国家」となりつつあるかを多くの史資料を使って克明に描き出した。ところがその著書の刊行後にレーニンは「民族自決権について」の冒頭で、ローザ・ルクセンブルクのこの主張を、「こうした議論を読むと、物の道理を理解することができない著者の能力に、驚かざるをえない！」と居丈高に一蹴したのだ。(23)

これが一九一四年当時のレーニンの実像であった。

こうしたレーニンについて、高梨純夫は次のように分析する。

> 「論文『民族自決権について』を見るかぎり、レーニン＝ローザ論争は終始まるっきり嚙み合わないまま推移したのである。その原因は、民族問題を論ずる両者の立場が根本的に違っていたのである。すでに確認したように、レーニンはブルジョア民主主義革命の立場から論じていたのに対し、ローザの立論は帝国主義認識を前提としていた。レーニンの立場をさらにつっこんで批判的に見るならば、一四年六月という段階において、レーニンはなおいまだに帝国主義認識を確立していなかった。そのことが、論争を嚙み合わぬものにしてしまった真の原因である、と言わざるをえない」(24)。

これは鋭い指摘だ。特にソ連時代には、レーニン＝ローザ論争については国際的にも日本国内でも、ほとんどの論者がレーニンを基準にして論じていただけに、ソ連末期とはいえ、まだソ連時代に公正な立場から書かれたこの研究は貴重な業績だ。

高梨純夫は同時にそこで、ローザ・ルクセンブルクが第一次世界大戦の勃発後に書いた「社会民主主義の危機」（ユニウス・ブロッシューレ）から一節を引用して、「バルカン諸国に対する諸列強の帝国主義的侵略は、民族統一と独立国家の建設という、被抑圧民族、少数民族の永年のスローガンを変質させずにはおかなかった」と指摘している。

ローザ・ルクセンブルクはすでに十九世紀末から帝国主義の台頭に注目して分析を重ねてきていたが、彼女が帝国主義論を全面的に展開したのは、『民族問題と自治』の執筆以後のことだった。[25] そして彼女の民族問題論は、まさに帝国主義論と表裏して展開された。特に大戦勃発後の「社会民主主義の危機」や獄中メモ「ロシア革命論草稿」「戦争・民族問題・革命についての断片」「第一・第二インターナショナルの歴史への断片」[26]では、社会民主主義の中にも潜む民族主義を動員して戦争体制を作り上げていく帝国主義の姿が絵画的とさえ言える筆致で見事に描き出されている。

しかし『民族問題と自治』の執筆以後のローザ・ルクセンブルクの民族問題論を論じることは、この論文の枠を越えるので、それは別の機会にゆずる。

おわりに

最初の問題に戻ろう。ローザ・ルクセンブルクにとって、民族の問題は、解決不可能な「アポリア」であっただろうか？

ロシアのツァーリ帝国支配下にあったザモシチのユダヤ人の家庭に生まれ、学校ではロシア語を強制される環境のワルシャワで育ち、スイスに亡命してポーランド王国地域社会民主党を設立し、ドイツ人との形式的な婚姻によってドイツ国籍を獲得してドイツ社会民主党員となり、党内でも様々な差別を受けながら、「国際主義者」「第二インター左派の理論家」として活動しぬいたローザ・ルクセンブルクにとって、「民族問題」は日常茶飯の事柄であると同時に、「アポリア」などとは言っていられない死活の問題であった。

ローザ・ルクセンブルクがユダヤ人であったことをどのように考えていたかを象徴的に示すものとして、一九一七年二月十六日にヴロンケ監獄から親友のマチルデ・ヴルムに宛てた次の書簡がある。

「あなたは特殊なユダヤ人の苦しみをどうしようというのですか？　私にとっては、ブトゥマヨのゴム農園の憐れな犠牲者も、ヨーロッパ人によって体を手玉に取られているアフリカの黒人《ネグロ》も、同様に身近なものに思われます。あなたはまだ、カラハリの砂漠でのトロタの作戦に関する参謀本部の報告書のことばを覚えておいででしょう。〈……そして死者の臨終の声や、渇したものの狂気の叫びが無限の砂漠の荘厳な静寂のなかに消えていった〉という。おお、かくも多くの叫びが聞かれることなく消えていった〈無限の砂漠の荘厳な静寂〉が、私のなかで今も強く響いているので、私のなかにはユダヤ人のための特別席を作る余地はないのです。つまり私には、雲と鳥と人の涙があるところ、全世界がわが家に思えるのです(27)」。

ローザ・ルクセンブルクの民族問題に対する考え方を知るためには、このような国際主義を、つまり政策としての、あるいはイデオロギーとしての国際主義を超えた、生き方そのもの、あるいは魂としての国際主義を理解する必要がある

ではこのような国際主義は、どのようにして形成されたのだろうか。

ニューヨーク市立大学で教鞭をとるユダヤ人学者ジャック・ジャコブスは、イディッシュの文献でローザ・ルクセンブルクの父親 Eriasz Luksenburg を研究し、エリアシ・ルクセンブルクはポーランド在住ユダヤ人社会でマスキリム（maskilim）とよばれたユダヤ人啓蒙運動の活動家で、ユダヤ人中心主義のシオニズムに対して、ユダヤの宗教・文化・習慣を守りながらもポーランド社会への融合を主張し、その家庭は開放的だったことを明ら

かにした。そしてジャック・ジャコブスは、ローザ・ルクセンブルクの国際主義は、そういう家庭環境が強く影響したものと推測している。(28)

おそらくこのようなマスキリムの思想とそれに基づく家庭環境は、様々な形でユダヤ人が受けてきた差別・抑圧をはねのける中から創り出されてきたものであろう。そしてその伝統の中から育ってきたローザ・ルクセンブルクは、常に抑圧されるもの、差別を受けるものの側に立った。それが彼女がの民族問題の原点であった。

このようなローザ・ルクセンブルクにとって、民族は互いに支え合うための集団ではあっても、それに依拠して自我を幻想的に拡大する装置ではなかった。つまりローザ・ルクセンブルクにとっては、「幻想の共同体としての民族」（アンダーソン）は無縁であり、したがって国家とは無縁であったのだ。

一方、民族主義者は常に「幻想の共同体としての国家」をいわば衣装とし、住居ともしている。民族主義者はそこにおいて自我の充足が得られると錯覚しているが、実際に民族主義者が求めているのは、生活上の利益の拡大だ。こうして民族主義は「幻想の共同体」＝国家の拡大をめざし、そこに民族問題が生起してくる。つまり諸民族が存在するから民族問題が生起するのではなく、「幻想の共同体としての国家」という装置の中で民族内の矛盾（主として階級的）を外に転嫁し、その結果、他民族を抑圧することから民族問題が生起するのである。

したがって民族問題の解決は、広い意味での民主主義の問題であり、「民主主義国家」という自己撞着した言葉が一般には平然と使われているが、国家と民主主義とは基本的に相容れず、民族問題の解決、つまり諸民族の相互尊重と協力は、国家を超えることで実現される。

ポーランドにおけるローザ・ルクセンブルク研究の第一人者フェリクス・ティフは、東京で開催した国際会議で行った報告「ローザ・ルクセンブルクと民族問題——動機と政治的提案」の最後に、次のように述べた。

「ローザ・ルクセンブルクの立場は、民族問題における進歩を目指したポスト・モダンのビジョン――つまり諸民族の同権の下での超民族的な経済圏と超民族的な共同体のビジョン――の未完成な表現であった。しかしローザ・ルクセンブルクが活動したのはまだプレ・モダンの世界であって、そのために〈不適応〉が生じたのだ。その意味では、彼女は民族問題では、彼女の時代の政治的現実よりも、むしろわれわれの同時代人なのである」[29]。

つまり民族問題の解決こそは人類の二十一世紀の課題であって、それは国家の廃絶という課題とかたく結びついているのである。

（1） Annelies Laschitza, "Im Lebensrausch trotz alledem Rosa Luxemburg", S. 404-409 参照。ロシア党の「シュミット遺産」をめぐるレーニン・ボルシェビキとドイツ社会民主党、とりわけ「遺産管理の受任者」の一人カウツキー（その他の受任者はクララ・ツェトキンとフランツ・メーリンク）との関係に関しては、Dietrich Geyer, "Kautskys Russisches Dossier. Deutsche Sozialdemokraten als Treuhänder des russischen Parteivermögens 1910-1915", Internationales Institut für Sozialgeschichte Amsterdam. Campus Verlag 1981 を参照。

（2） Georg W. Strobel, "Quellen zur Geschichte des Kommunismus in Polen 1878-1918. S. 62-63 参照。

（3） レーニン『民族問題ノート』（村田・坂井訳、大月書店）三九頁。

（4） ユダヤ人ブンドの運動と政策については、相田慎一「カウツキーの民族理論の基本的特質――ユダヤ人ブントの〈文化的民族自治〉論との関連を射程にして」（専修大学経済学論集第三二巻、一九九八年、「ユダヤ人問題と社会主義――カウツキー・バウアー・東欧のユダヤ人社会主義たち」（専修大学環境科学研究所ジャーナル、一九九九年、No. 6.）を参照。

（5） レーニン「民族問題のついての論評」『全集』第二〇巻、三四―三五頁。

(6) Róża Luksemburg, "Kwestja narodowościowa i autonomja. 5. Narodowosc i autonomja", S. 804. 邦訳、加藤一夫・川名隆史訳『民族問題と自治』（論創社）一八二頁。

(7) Tamże, 邦訳、一八三頁。

(8) Tamże, S. 813. 邦訳、一九八―一九九頁。

(9) レーニン「民族自決権について」全集第二〇巻（大月書店）四二三頁。

(10) 同前、全集第二〇巻四二八頁。

(11) 同前、全集第二〇巻四三九頁。

(12) 同前、全集第二〇巻四五一頁。

(13) Róża Luksemburg, "Kwestia narodowościowa i autonomja. 1. Prawo narodów do stanowienia o sobie" in: wybór pism Tom 2. S. 125. 邦訳、『民族問題と自治』一四頁。実際、ローザ・ルクセンブルクは、一八九六年にトルコ帝国内の民族独立運動に関して、「自由を求める努力は、ここでは民族闘争の形でだけ実現される」として、それまでロシア帝国への対抗勢力としてトルコ帝国の維持政策をとってきたドイツ社会民主党に対して、トルコ帝国内の民族独立運動支持への政策転換を要求していた。Rosa Luxemburg, "Nationale Kämpfe in der Türkei und Sozialdemokratie" und "Zur Orientpolituk des〉Vorwärts〈" in: Gesammelte Werke Bd. 1 / 1. S. 57-73.

(14) レーニン、同前、四五五、四六〇、四八五頁。レーニン以前にスターリンが一九一三年三―五月に「マルクス主義と民族問題」を書いていた。スターリンは、レーニンと同じくボルシェビキ派として「民族自決」を主張し、ブンドが主張した「文化的民族自治制」は非現実的だとして強く反対したが、各民族の自治に関してはレーニンよりもローザ・ルクセンブルクに近く「マルクス主義と民族問題」の結論部で次のように主張していた。

「唯一の正しい解決方法は、地方的自治制、すなわちポーランド、リトアニア、ウクライナ、カフカーズ等のような、規定された単位の自治制である。地方的自治制の長所は、第一に、この自治制のもとでは、地域をもたない架空のものを取り扱うのではなく、一定の地域に住む一定の住民を取り扱わなければならない、という点にある。さらにそれは、人々を民族別にわけたり、民族的障壁をめぐらしたりしないで——反対に、この障壁を破壊して、住民を結合し、こうして他の種類の区分に、すなわち階級による区分に道をひらく。最後にそれは、共同の中心部の決定を待たずに、もっとよい方法で、地方の天然資源を利用して、生産諸力を発展させる可能性を与える。これは文化的民族自治制にはない機能である。だから地方的自治制は、民族問題の解決における欠くことのできない条項である」（スターリン全集、大月書店、一九五三年、三九九頁）。

一九二二年に、ソビエト社会主義共和国連邦の形成をスターリンが主導したのは、ゆえなしとしない。

(15) レーニン「自決に関する討論の総括」全集第二二巻、三八三頁。

(16) レーニン、全集第二二巻、四〇九頁。

(17) レーニン「社会主義革命と民族自決権（テーゼ）」、全集第二二巻、一六五頁。

(18) レーニン、同前、一六九頁。

(19) レーニン「民族自決権について」、全集第二〇巻、四七三頁。

(20) ロシア社会主義連邦ソビエト共和国とソビエト社会主義共和国連邦形成の理由については、スターリン「一〇月革命とロシア共産主義者の民族政策」「諸ソビエト共和国の統合ついて」（スターリン全集第五巻、大月書店）参照。

(21) ここで引用・言及しなかったローザ・ルクセンブルクの民族問題についての研究を以下に一括して上げておく。

・Horace B. Davis, "Nationalism and Socialism" Monthly Review Press 1967. NewYork / London.

・Georges Haupt, Michael Lowy, Claudie Weill, "Les marxistes et la question natioanle 1848-1914", François Maspero 1974.

・Jürgen Hentze, "Nationalismus und Internalismus bei Rosa Luxemburg", Herbert Lang Bern 1975.

・Anthony Brewer, "Marxist Theories of Imperialism. A critical survey", Routledge & Kegan Paul 1980.

・A. Walicki, "Rosa Luxemburg and the question of nationalism in Polish Marxism (1893-1914)" in: The

Slavonic and East European Review, October 1983.

・Elżbieta Ettinger, "Rosa Luxemburg. A Life", Beacon Press 1986.

・Anna K. Shelton, "Rosa Luxemburg and the National Question" in: East European Quarterly, September 1987.

・Max Gallo, "Une femme rebelle. Vie et mort de Rosa Luxemburg", Presse de la Renaissance 1992.

・程人乾「罗莎卢森堡——生平和思想」、中国人民出版、一九九四年。

・Norman Geras, "Rosa Luxemburg. Vorkämpferin für einen emanzipatorischen Sozialismus", IPS Köln 1996.

・Virve Manninen, "Sozialismus oder Barbarei? Der Revolutionäre Sozialismus von Rosa Luxemburg 1899-1919", Suomen Historiallinenn Seura. Helsinki 1996.

・Paul Le Blanc, "Rosa Luxemburg. Reflections and Writings", Humanity Books 1999.

なお最近のローザ・ルクセンブルク研究の幾つかについては、拙著『ローザ・ルクセンブルクの世界』増補版の最後に付した補論「ローザ・ルクセンブルク研究の現在」を参照。

(22) Róża Luksemburg, "Kwestia narodowościowa i autonomja. 1. Prawo narodów do stanowienia o sobie" in: wybór pism Tom 2. S. 143. 邦訳、『民族問題と自治』三五頁。

(23) レーニン「民族自決権について」、全集第二〇巻、四二五頁。

(24) 高梨純夫『民族問題とレーニン』、BOC出版部、一九八七年、四七頁。

(25) 伊藤成彦『ローザ・ルクセンブルクの世界』(社会評論社、第二版、一九九八年)第一部第四章「第三世界からの視座と分析——『資本蓄積論』の方法」参照。

(26) この断片はアネリース・ラシッツァによって初めて公表された。Annelies Laschitza, "Im Lebensrausch, trotz alledem Rosa Luxemburg" S. 580-584.

（27） Rosa Luxemburg, "Briefe an Freunde" Herausgegeben von Benedikt Kautsky. Europäische Verlagsanstalt 1976. S. 41. 邦訳、伊藤成彦訳『友への手紙』（論創社、一九九一年）五九―六〇頁。

（28） Jack Jacobs, "On Socialists and ›The Jewish Question‹ after Marx", New York University Press, 1992.

（29） フェリクス・ティフ「ローザ・ルクセンブルクと民族問題――動機と政治的提案」（『東京国際シンポジウム報告集ローザ・ルクセンブルクと現代世界』、社会評論社一九九四年所収）

執筆者紹介（執筆順）

長谷川《はせがわ》　曾乃江《そのえ》　中央大学理工学部兼任講師
尹《ゆん》　健《こん》　次《ちゃ》　神奈川大学外国語学部教授
伊《い》　藤《とう》　義《よし》　明《あき》　中央大学人文科学研究所客員研究員
星《ほし》　野《の》　　智《さとし》　中央大学法学部教授
三《み》　浦《うら》　信《のぶ》　孝《たか》　中央大学文学部教授

モジュタバ・サドリア　中央大学総合政策学部教授
（訳・石《いし》　塚《ずか》　輝《てる》　紀《き》　中央大学大学院総合政策研究科博士前期課程）
伊《い》　藤《とう》　成《なり》　彦《ひこ》　中央大学商学部教授

民族問題とアイデンティティ　研究叢書28

2001年７月20日　第１刷印刷
2001年７月30日　第１刷発行

編　　者　中央大学人文科学研究所
発 行 者　中 央 大 学 出 版 部
代表者　辰　川　弘　敬

192-0393　東京都八王子市東中野 742-1
発行所　中 央 大 学 出 版 部
電話 0426（74）2351　FAX 0426（74）2354
http://www2.chuo-u.ac.jp/up/

十一房印刷工業・東京製本

ISBN4-8057-4206-2

23　アジア史における法と国家

A５判 444頁
本体 5,100円

中国・朝鮮・チベット・インド・イスラム等アジア各地域における古代から近代に至る政治・法律・軍事などの諸制度を多角的に分析し，「国家」システムを検証解明した共同研究の成果．

24　イデオロギーとアメリカン・テクスト

A５判 320頁
本体 3,700円

アメリカ・イデオロギーないしその方法を剔抉，検証，批判することによって，多様なアメリカン・テクストに新しい読みを与える試み．

25　ケルト復興

A５判 576頁
本体 6,600円

19世紀後半から20世紀前半にかけての「ケルト復興」に社会史的観点と文学史的観点の双方からメスを入れ，その複雑多様な実相と歴史的な意味を考察する．

26　近代劇の変貌

―「モダン」から「ポストモダン」へ―

A５判 424頁
本体 4,700円

ポストモダンの演劇とは？　その関心と表現法は？英米，ドイツ，ロシア，中国の近代劇の成立を論じた論者たちが，再度，近代劇以降の演劇状況を鋭く論じる．

27　喪失と覚醒

―19世紀後半から20世紀への英文学―

A５判 480頁
本体 5,300円

伝統的価値の喪失を真摯に受けとめ，新たな価値の創造に目覚めた，文学活動の軌跡を探る．

28　民族問題とアイデンティティ

A５判 348頁
本体 4,200円

冷戦の終結，ソ連社会主義体制の解体後に，再び歴史の表舞台に登場した民族の問題を，歴史・理論・現象等さまざまな側面から考察する．

16　ケルト　生と死の変容

A５判 368頁
本体 3,700円

ケルトの死生観を，アイルランド古代／中世の航海・冒険譚や修道院文化，またウェールズの『マビノーギ』などから浮び上がらせる．

17　ヴィジョンと現実
十九世紀英国の詩と批評

A５判 688頁
本体 6,800円

ロマン派詩人たちによって創出された生のヴィジョンはヴィクトリア時代の文化の中で多様な変貌を遂げる．英国19世紀文学精神の全体像に迫る試み．

18　英国ルネサンスの演劇と文化

A５判 466頁
本体 5,000円

演劇を中心とする英国ルネサンスの豊饒な文化を，当時の思想・宗教・政治・市民生活その他の諸相において多角的に捉えた論文集．

19　ツェラーン研究の現在

A５判 448頁
本体 4,700円

20世紀ヨーロッパを代表する詩人の一人パウル・ツェラーンの詩の，最新の研究成果に基づいた注釈の試み．研究史，研究・書簡紹介，年譜を含む．

20　近代ヨーロッパ芸術思潮

A５判 320頁
本体 3,800円

価値転換の荒波にさらされた近代ヨーロッパの社会現象を文化・芸術面から読み解き，その内的構造を様々なカテゴリーへのアプローチを通して，多面的に解明．

21　民国前期中国と東アジアの変動

A５判 600頁
本体 6,600円

近代国家形成への様々な模索が展開された中華民国前期(1912〜28)を，日・中・台・韓の専門家が，未発掘の資料を駆使し検討した国際共同研究の成果．

22　ウィーン　その知られざる諸相
――もうひとつのオーストリア――

A５判 424頁
本体 4,800円

二十世紀全般に亙るウィーン文化に，文学，哲学，民俗音楽，映画，歴史など多彩な面から新たな光を照射し，世紀末ウィーンと全く異質の文化世界を開示する．

中央大学人文科学研究所研究叢書

1	五・四運動史像の再検討	Ａ５判 564頁 （品切）
2	希望と幻滅の軌跡 ――反ファシズム文化運動―― 様ざまな軌跡を描き，歴史の襞に刻み込まれた抵抗運動の中から新たな抵抗と創造の可能性を探る．	Ａ５判 434頁 本体 3,500円
3	英国十八世紀の詩人と文化 自然への敬虔な畏敬のなかに，現代が喪失している〈人間有在〉の，現代に生きる者に示唆を与える慎ましやかな文化が輝く．	Ａ５判 368頁 本体 3,010円
4	イギリス・ルネサンスの諸相	Ａ５判 514頁 （品切）
5	民衆文化の構成と展開 ――遠野物語から民衆的イベントへ―― 全国にわたって民衆社会のイベントを分析し，その源流を辿って遠野に至る．巻末に子息が語る柳田國男像を紹介．	Ａ５判 434頁 本体 3,495円
6	二〇世紀後半のヨーロッパ文学 第二次大戦直後から80年代に至る現代ヨーロッパ文学の個別作家と作品を論考しつつ，その全体像を探り今後の動向をも展望する．	Ａ５判 478頁 本体 3,800円
7	近代日本文学論　――大正から昭和へ―― 時代の潮流の中でわが国の文学はいかに変容したか，詩歌論・作品論・作家論の視点から近代文学の実相に迫る．	Ａ５判 360頁 本体 2,800円
8	ケルト　伝統と民俗の想像力 古代のドルイドから現代のシングにいたるまで，ケルト文化とその稟質を，文学・宗教・芸術などのさまざまな視野から説き語る．	Ａ５判 496頁 本体 4,000円